"十四五"职业教育国家规划教材

智慧健康养老服务与管理专业

老年社会工作方法与实务

LAONIAN SHEHUI GONGZUO FANGFA YU SHIWU

（第2版）

主　编◎卞国凤

副主编◎董海宁

参　编◎刘艳梅　张跃豪　边娟娟

北京师范大学出版集团

BEIJING NORMAL UNIVERSITY PUBLISHING GROUP

北京师范大学出版社

图书在版编目(CIP)数据

老年社会工作方法与实务 / 卞国凤主编 .—2 版.—北京：北京师范大学出版社，2021.8(2023.8 重印)

ISBN 978-7-303-26736-1

Ⅰ.①老… Ⅱ.①卞… Ⅲ.①老年人—社会工作—高等职业教育—教材 Ⅳ.①C913.6

中国版本图书馆 CIP 数据核字(2021)第 011850 号

教材意见反馈 **gaozhifk@bnupg.com 010-58805079**

营销中心电话 010-58802755 58800035

出版发行：北京师范大学出版社 www.bnupg.com
北京市西城区新街口外大街 12-3 号
邮政编码：100088

印　　刷：保定市中画美凯印刷有限公司
经　　销：全国新华书店
开　　本：787 mm×1092 mm 1/16
印　　张：20.25
字　　数：425 千字
版　　次：2021 年 8 月第 2 版
印　　次：2023 年 8 月第 14 次印刷
定　　价：46.00 元

策划编辑：易 新　　责任编辑：肖 寒
美术编辑：陈 涛 焦 丽　　装帧设计：陈 涛 焦 丽
责任校对：段立超　　责任印制：马 洁

前　言

习近平总书记在中国共产党第二十次代表大会报告中指出，“坚持尊重劳动、尊重知识、尊重人才、尊重创造”“完善人才战略布局，坚持各方面人才一起抓，建设规模宏大、结构合理、素质优良的人才队伍”。加快建设国家战略人才力量，既要努力培养更多“大师、战略科学家、一流科技领军人才和创新团队、青年科技人才”，也要努力造就更多“卓越工程师、大国工匠、高技能人才”。因此，以习近平新时代中国特色社会主义思想为指导的高等职业教育教材建设，是职业技术人才培养的课堂教学实施的重要起点。一部思想方向正确、培养目标明确、培养手段适确的教材能够充分体现“为谁培养人、培养什么人、怎样培养人”的社会主义高等职业教育主旨。本部教材致力于基层社会养老服务领域社会工作者技术技能人才的培养，提升为老服务水平、国家和地方相关福利政策落实水平，为老龄人群生活质量提供关护，是对习近平总书记在党的二十大报告中提出的“实施积极应对人口老龄化国家战略，发展养老事业和养老产业，优化孤寡老人服务，推动实现全体老年人享有基本养老服务。”的积极回应。

随着养老服务的专业化水平逐渐提升，智慧健康养老服务与管理专业教学体系的不断完善，本教材既设置了较合理体例和易学易懂的理论内容，又增加了多年来老年社会工作服务岗位上常见服务内容的应用操作指导，从而为本教材在教学实用性的基础上增加了工作实务参考性。因此，本教材分为“教学篇”和“应用篇”两部分，既可面向高职高专社会工作专业、社区管理与服务专业、智慧健康养老专业方向的专业教学，也可以作为养老服务行业老年社会工作服务内容指导。教学篇定位于高等职业教育“技能化、职业化”的要求，突出老年社会工作过程的方法和技巧，在内容安排上打破以往教材的传统模式，按照实际工作场景，设计有代表性的工作情境，把专业技巧和知识贯穿于每个情境的工作全程之中，既突出技能培养的主旨，又从整体角度引导学生掌握工作的逻辑顺序。应用篇，梳理出老年社会工作实务中常见的工作内容，进行工作应用指导，为老年服务行业的老年社会工作者提供参考。教材通篇始终以“尊老、敬老、爱老”为思政要素，在向学习者传授知识、技能的同时，紧紧围绕“以全心全意提升老年人生活质量”为职业核心价值，将老年社会工作者职业道德贯穿教育教学指导全程。

教学篇按照老年社会工作方法的教学逻辑，按照实际工作进程的要求，从职业岗位需要出发，选择老年社会工作典型案例与常用模式来安排教学内容。其主要内容分为四个部分，分别为：项目一，老年社会工作基本素质培养，侧重学生对老年社会工作基本常识的掌握。该部分含有学生应该完成的四个任务，任务一是了解老年群体的基本特征，是学生应知应会的内容，包括老年群体的生理特征、心理特征、婚姻家庭生活状况和社会参与状态等常识，从高职学生的水平和特点出发，言简意赅；任务二是认知老年社会工作的基本内容，包括老年社会工作的基本概要和常用基本理论；任务三是认知老年社会工作者的角色，包括老年社会工作者的角色定位、必备条件以及老年社会工作的基本原则等；任务四是提升老年社会工作伦理素质，包括老年社会工作的价值观、专业守则、实务原则以及处理伦理困境的策略等。项目二，老年个案工作方法，本部分共有五个内容，理论部分主要介绍老年个案工作的基本常识，其后按照个案社会工作方法中常用的工作模式分为四个教学情境：情境一，危机介入与心理社会模式个案工作过程；情境二，理性情绪治疗模式个案工作过程；情境三，任务中心模式个案工作过程；情境四，家庭治疗模式个案工作过程。项目三，老年小组工作方法，共由三个部分组成，理论部分涉及老年小组社会工作的基本常识；其后按老年小组社会工作方法常用模式设置两个教学境：情境一，互动模式老年小组工作过程；情境二，任务中心模式工作过程。项目四，老年社区社会工作方法，由三个部分组成，理论连接部分主要介绍了老年社区社会工作的常识，其后按照老年社区社会工作常见工作模式安排两个教学情境：情境一，地区发展模式老年社区工作过程；情境二，社会计划模式老年社区工作过程。自项目二至项目四的编写体例采取一致的格式，每个工作方法中的情境一，把工作过程结合工作案例详细分解，并安排学生自我拓展任务。之后每个工作方法的其他情境，明确工作步骤，只提示该工作模式的特殊要点，其他类似操作内容简化，意在培养学生举一反三的能力。此外，在每个项目的情境一模块，对于核心任务内容，课后安排“个人任务工单”和“小组任务工单”，并附加相关微课、动画等互动资源，引导学生进行体验式教学参与，培养其主动探究学习习惯。

应用篇按照养老服务中的适用于老年社会工作应对的常见老年问题，以老年人开启老年阶段人生历程为主线，梳理出老年个案辅导交流方法指导、老年退休综合征社会工作介入指导、老年抑郁症社会工作介入指导、构建老年社会支持资源指导、老年小组培育指导、养老机构内老年社会工作指导、实施死亡教育指导、养老服务志愿者资源开发与管理指导等内容。其中，养老机构内常见老年社会工作包括老年入住评估、入住适应小组指导、治疗小组指导、老年潜能挖掘指导等内容，为养老服务行业的实务工作者提供工作参考。

总之，本教材紧贴高职教育对象的特点和培养目标的要求，以“做”为主导，借鉴老年社会工作岗位实际工作模式，设计了包括教学目标、案例背景、工作任务、术语理解、要点提示、方法技巧、注意事项、实务操作、总结点评、拓展提高等融知识讲解、方法训练、技能操作为一体的课程教学的操作化设计，对提高课程教学实效性、强化教学过程的操作性、增强教学任务的工作体验感奠定了基础。因此，本教材不仅适用于高职高专老年社会工作课程专业教学，也可作为老年社会工作者、社区工作人员的培训教材和自学教材、参考用书和工具书。

本教材注重校企合作、产教融合、双元育人，编写人员既有来自高职高专从事专业教学的教师，也有长期从事养老服务与管理的行业、企业人员，如天津市养老院的专职社工师，京津两地从事专业社会工作服务的社会工作机构、心理咨询机构内的社工师，他们分别在养老机构内、社区社会服务中从事老年服务工作达 10 年以上，有着丰富的实战经历和总结反思能力，为本教材更具有实用性增添了力量。限于主客观条件，本教材的编写仍存在着一定的不足。主观方面表现为编写者的从业地域局限性，客观方面表现为目前我们国家社会工作和老年社会工作职业发展仍处于初始阶段，许多方面的内容尚需完善，这也给本书的编写带来了一定的困难。

本教材的主编为卞国凤(天津职业大学)，副主编为董海宁(浙江义乌工商职业技术学院)，教材的编写大纲由主编和部分编写人员经过多次讨论确定，各章节分工撰写，最后由主编审定。具体分工如下：卞国凤编写项目一、项目三、项目四全部内容；董海宁编写项目二全部内容；刘艳梅(天津市格莱德心理咨询公司)编写应用篇中"老年退休综合征介入指导""老年抑郁症社会工作介入指导"等内容；边娟娟(天津市养老院)编写"机构内常见老年社会工作内容应用指导"；张跃豪(北京市千禾立德社会工作发展中心)编写应用篇中"构建老年人社会支持资源应用指导""养老服务志愿者资源开发与管理指导"。本教材在编写的过程中充分吸纳了行业专家、兄弟院校同行教师的建议与意见；借鉴吸收了目前老年社会工作领域有关教材和研究成果；得到了北京师范大学出版社易新编辑的指导与帮助，在此一并表示感谢。

编　　者

目 录

教学篇

应用篇

教学篇

项目一　老年社会工作基本素质培养

任务一　了解老年群体的基本特征

〉〉〉教学目标

通过本任务教学，学生能了解老年群体的生理特征、心理特征、婚姻家庭生活状态、社会参与状态等，能对老年人常见生理疾病与心理问题进行辨识。

〉〉〉要点提示

1. 老年群体的生理特征。
2. 老年群体的心理特征。
3. 老年群体的婚姻家庭生活状态。
4. 老年群体的社会参与状态。

〉〉〉教学内容

变老是指生物上的人体结构和生理结构上的衰老，受生物学规律和周围环境的制约，与机体生长、成熟这一系列同步，随着时间的推移人体必然老化，具有不可逆转性。从生理学角度考察，进入老年阶段的个体，各种生理功能以及神经、消化、泌尿、循环、呼吸、免疫和骨骼等系统都发生了不同程度的退行性变化。而从心理学、社会学的角度来观察，个体进入老年以后，其人生体验和社会角色等事实上都进入了不同于以前人生的一个特殊阶段。因此，世界卫生组织把 60 岁作为老年的起始年龄，通常年满 60 岁的人被称为老年人。

进入老年期，尽管个体在老化的过程中存在着差异，但从总体来看，老年期无论是生理还是心理都会发生与其他人生阶段不同的变化。我们老年社会工作者只有对老年期的生理、心理特征有深入了解，才能在为老年人提供服务的过程中明白老年人的各种感受与需求，从而更好地为这个群体提供服务。

一、了解老年群体的生理特征

老年期的生理功能会随着年龄的增长发生有规律的变化，身体中的各个组织、器官、系统将会出现一系列慢性退行性的衰老变化，并呈现出各自的特点。

(一)生理老化特征及其后果

1. 生理老化的特征①

①细胞的变化是人体衰老的基础。随着年龄的增长，再生细胞数越来越少，死亡数却越来越多。②内脏器官和组织的细胞数减少，脏器发生萎缩，重量减轻。③毛发变白，并且还会出现脱发甚至秃顶等情况。④皮肤有了褶皱，变得粗糙，弹性减弱，出现老年疣、老年性色斑及角膜上的老年人环等。⑤ 身高逐渐变矮，会出现弯腰驼背等体征。⑥ 肌肉松弛、牙齿松动脱落、语言迟缓、耳聋眼花、手指哆嗦、运动障碍等也是常见的老年人的外在特征。

2. 主要器官老化的成因及表现

(1)心血管系统的老化。

随着老化进程，首先是心肌逐渐萎缩，心脏变得肥厚硬化，弹性降低，从而使心脏收缩能力减弱，不仅心跳频率减慢，并且每次搏动输出的血量也会减少。心排血量随年龄增长而递减；心排血量降低，输送到各器官的血流量也就减少了，供血不足则会影响各器官功能的发挥。

其次是动脉硬化。随着年龄增长，动脉弹性降低，动脉硬化逐渐加重，从而使机体主要器官——心、脑、肾的血管对该器官的供血不足，导致相应功能障碍。如果是冠状动脉硬化，供给心肌的血液不足时，就会引发冠心病，其主要表现是心绞痛、心律失常或心肌梗死等。动脉硬化还会引发高血压。

(2)呼吸系统的老化。

呼吸系统主要包括肺脏和参加呼吸运动的肌肉与骨骼，是人体功能衰退出现最早的系统。一方面，老年人的肺泡总数逐年减少，肺脏的柔软性和弹性减弱，膨胀和回缩能力降低；另一方面，老年人出现骨质疏松，脊柱后凸，肋骨前凸，胸腔形成筒状变形，加上呼吸肌力量的衰弱，限制了肺脏的呼吸运动，造成肺通气不畅，肺活量下降，一般人到 70 岁时，肺活量会减少 25%。老年人的呼吸功能明显退化，肺的通气和换气功能减弱，造成一定程度的缺氧或二氧化碳滞留现象，因而容易发生肺气肿和呼吸道并发症，如老年慢性支气管炎等。

(3)消化系统的老化。

包括口腔和胃肠功能的减弱。我们从消化系统的进程来看，老年人齿龈萎缩，牙齿组织老化，容易松动脱落，造成咀嚼不完善，影响食物消化。这时舌肌也发生了萎缩、体积减小，舌的运动能力减弱，致使咀嚼食物时难以搅拌均匀。口腔内的唾液分泌量减少，牙齿对食物的咀嚼能力下降，碎食不全。由于食管退化，食物在食管内的蠕动幅度降低而使吞咽缓慢。而处于老年期的胃，消化酶分泌减少，导致消化能力减弱，引起消化不良，容易患胃炎。据统计，60 岁以上老年人约 1/3 有胃酸偏低或无胃酸的问题。在小肠和结肠部位，器官组织老化表现为肠道萎缩使其对食物的消化吸收功能减退、蠕动无力，导致便秘。

(4)运动系统的老化。

包括肌肉、骨骼和关节的功能变化。进入老年期阶段，随着年龄增加，肌肉弹性

---

① 仝利民：《老年社会工作》，上海，华东理工大学出版社，2006。

降低，收缩力减弱，肌肉变得松弛，因而老年人耐力减退，难以坚持长时间的运动。而处于老年期时，骨骼中的有机物减少，无机盐增加，致使骨的弹性和韧性降低，因此骨质疏松在老年人中较多见，骨折也易出现。此外，由于关节面上的软骨组织退化，还易出现骨质增生、关节炎等疾病。

(5)内分泌系统的老化。

包括脑垂体、甲状腺、肾上腺、性腺和胰岛等内分泌组织的功能变化。老年人内分泌器官的重量随年龄增加而减少。一方面，到高龄时，脑垂体的重量可减轻20%，供血也相应减少；另一方面，内分泌腺体发生组织结构的改变，尤其是肾上腺、甲状腺、性腺、胰岛等激素分泌量减少，可引起不同程度的内分泌系统的紊乱。例如，胰岛素分泌的减少使老年人易患上糖尿病，性腺萎缩常导致老年人更年期综合征的出现。

(6)神经系统的老化。

包括大脑和神经的功能变化。进入老年期后，人的大脑逐渐萎缩，脑重量减轻，脑细胞数相应减少20%～50%。老年人易患脑动脉硬化，其血流量可减少近1/5。另外，老年人神经传导功能下降，对刺激的反应时间延长，大多数感觉减退、迟钝甚至消失。这些改变标志着老年人的脑力劳动能力减弱，只能从事节律较慢的活动、负荷较轻的工作。由于神经中枢机能衰退，老年人变得容易疲劳、睡眠欠佳、睡眠时间减少。此外，由于脑功能失调而出现的智力衰退还易引发阿尔茨海默病。

(7)感觉系统的老化。

主要包括视觉、听觉、味觉、嗅觉、皮肤感觉等感官功能的变化。在视觉变化上表现为老年人均会出现不同程度的视力障碍，比较常见的是远视(即老花眼)，主要原因是视觉感官的调节功能减退。此外，还会出现视野狭窄、对光亮度的辨别力下降以及老年性白内障等。

在听觉上发生的衰退表现为老年人对声音的感受性和敏感性持续下降，表现出生理性的听力减退甚至耳聋。味觉上的退化是因为舌面上的味蕾数量逐渐减少，使得老年人味觉迟钝，常常感到饮食无味。研究表明，人在50岁以前味蕾数为200多个，70岁时减少到100个以下。嗅觉上的变化是因为老年人鼻内感觉细胞逐渐衰竭减少，导致嗅觉变得不灵敏，而且对从鼻孔吸入的冷空气的加热能力减弱，因此老年人容易对冷空气过敏或患上伤风感冒。皮肤感觉，包括触觉、温度觉和痛觉。由于皮肤内的细胞退化，老年人的触觉减退，故老年人容易被烫伤或冻伤。另外，老年人的痛觉也会变得相对迟钝，有时难以及时躲避伤害性刺激的危害。

3. 生理器官衰退导致生理功能老化的主要表现

(1)机体储备能力减弱。

这是全身组织器官与生理功能退化的结果。对于这些老年人来说，一旦环境发生变化或处于紧张状态时，机体就难以应付，从而影响了其正常的生理功能。例如，运动时供应所需能源的糖原储存不足，机体不能及时提供能量，老年人因此难以承担重负荷或应付意外事件。

(2)适应能力减弱。

老年人机体多种生理功能的减退，往往导致内环境稳定性失调，而出现各种功能障碍。例如，短期内改变老年人的生活环境，可能会导致老年人水土不服、肠胃不适、睡眠不佳等。

(3)抵抗力下降。

随着生理功能(特别是免疫功能)的衰退与紊乱，老年人的抵抗力明显下降，容易患上某些传染性疾病、代谢紊乱性疾病、恶性肿瘤等。

(4)自理能力降低。

随着机体的衰老，体力逐渐减退，老年人往往动作迟缓、反应迟钝，行动多有不便，容易出现意外事故，如老年人容易摔伤、跌伤，或被刀、剪割伤等。

(二)老年常见生理疾病

衰老是人类生命进程中的必经环节和自然现象，在这一过程中，随着人的整个机体的形态、结构与功能的逐渐衰退和老化，难免有身体的某些部位或器官发生功能性障碍，这些障碍如果得不到及时排除和减缓，各种疾病就会随之而来。与年轻人相比，老年人更易患各种慢性疾病，65岁以上的老年人中大约有80%至少有一种慢性病，因而慢性疾病成为老年期主要应对的健康问题。

1. 老年生理疾病的种类和特征

通常，我们把老年期容易出现的一些疾病称为老年病，老年病可以分为三类。[①]

第一类是老年人特有的疾病，即只有老年人才生这类病。如老年痴呆症、脑动脉硬化、老年性耳聋等。

第二类是老年人常见的疾病，这类疾病也会在中年期发生，少数是从年轻时延续过来的。如冠心病、高血压、糖尿病、骨关节病、恶性肿瘤、老年慢性支气管炎等。

第三类是老年人和青壮年都可能发生的疾病，但老年人患发病率与临床症状表现与青壮年有所区别。如肺炎，儿童、青年、老年人都可能患上，但老年人患肺炎往往具有症状不典型、病情较严重的特点。

总结起来，老年期常见疾病有以下五个特征。

(1)患病的多样性。

由于老年人机体各器官的退化，身体抵抗力较差，很容易在老化的基础上发生疾病，而且多种疾病同时存在很常见。一个老年病人不仅在全身，还可能在同一个脏器内同时存在几种病变。据统计，老年人平均同时患有4～6种疾病，有些人甚至超过6种。例如，有的老年人患的是一组相关的疾病，像肥胖、糖尿病、白内障、高血压、冠心病等，这几种病都与动脉硬化、代谢障碍、精神和心理等因素有关。

(2)症状和体征的不典型性。

由于老年人机体形态改变和功能衰退，反应性减退，对于疼痛和疾病的反应会变得不敏感，故病症容易被忽略。加上很多老年人同时患有多种疾病，症状表现往往不典型，一种疾病的症状可能被另一种疾病所掩盖。例如，本来应有高热反应的疾病在老年人身上却因反应减弱而表现为低热或不发热。再如，老年人患心肌梗死很少像中年人那样有剧烈的胸痛，而是几乎没有疼痛的感觉或仅表现为轻微的胸闷感。可见，老年病往往不易察觉，甚至患重病时也毫无感觉，因此容易延误治疗。

---

① 仝利民：《老年社会工作》，上海，华东理工大学出版社，2006。

(3)发病急且进展快。

老年人各脏器功能减退，应激能力及储备力均减弱，因此，发病后病情可能迅速恶化，甚至导致死亡。

(4)容易引发并发症。

所谓并发症是指当患某种疾病时，在该病的基础上并发出其他疾病，并发症较为严重时可能危及生命。由于老年人的免疫能力低，抵抗力差，对外界微生物及其他刺激物的防御能力也弱，所以患病时容易发生并发症，易出危险。例如，合并肺炎就是老年人最常见的并发症，在外科手术后或骨折卧床不起的情况下经常出现，有一些老年人临终前也会出现，后者因此被称为“临终性肺炎”。

(5)对治疗反应差。

随着年龄的增长，老年人机体内环境的变化使药物在机体内吸收、分布、代谢、排泄及反应等方面都发生了变化，对于同样的药物，老年人比青壮年耐受性更差，而且容易出现副作用，造成治疗效果较差。另外，由于老年人用药较多，药物之间的相互作用也会影响疾病的治疗效果。

2. 老年常见生理疾病认知及识别

(1)高血压。

这是老年人常见的心血管疾病，其发病率随着年龄增长而增高。一般认为，在老年时的收缩压(高压)大于等于140和(或)舒张压(低压)大于等于90毫米汞柱，可诊断为高血压。但要注意一点，正常人的血压也会因兴奋、紧张、悲伤、愤怒等情绪或因运动而产生波动，这种情形不能轻易地定义为高血压。

A. 发病原因。

从发病原因来看，遗传、年龄、饮食和心理因素是导致高血压的主要原因。①遗传因素。许多研究表明，高血压具有家族遗传倾向，父母患有高血压，则子女发生该病的概率较高。②年龄因素。高血压的发病率随年龄增长而增加，60岁以上老年人中40%～45%患有此病，且多以收缩压升高为主。③饮食习惯。专家们普遍认为食盐摄入量过多是引发高血压的重要原因，对已患病者更为不利。④心理因素。情绪紧张及精神创伤与高血压的发病有一定关系。人群调查表明：精神紧张而身体活动又少的人比一般体力劳动者的患病率高。此外，烟酒过度、肥胖及一些药物的服用都有可能导致高血压。

B. 临床表现。

在临床表现方面，老年高血压的病程一般进展缓慢，近半数病人可无任何症状，往往在身体检查和因其他疾病就医时才发现。部分病人会有头痛、头晕、失眠、健忘、易疲劳、注意力不集中等症状。有的老年人还会出现手指麻木或有僵硬感、肢体皮肤有蚊虫爬过感或肌肉跳动等现象。部分患者可能有出血倾向，多为流鼻血，也有其他部位出血等情况。

C. 预防。

老年人可通过以下建议做好预防。

首先，要注意膳食结构。老年人日常饮食要以低脂低盐为主，严格控制热量和胆固醇的摄入，少吃甜食，多吃水果和蔬菜，尤其要戒除烟酒等。

其次，要坚持运动和锻炼。锻炼能加强肌肉、内脏器官和神经系统的活力，加大血液循环量，但运动不宜过于剧烈。

最后，要保持良好和稳定的情绪。老年人应该心平气和，学会控制自己的情绪，尽量回避不愉快的人与事，这样也有助于控制血压。

在日常生活中，首先，要按时按量服用降压药，并监测血压。其次，要定期检查，做好自我保健。最后，在家中常备或随身携带降压药，同时自己和家人应掌握一些发病时的紧急救护方法。

(2)呼吸系统常见病。

进入老年期之后，人的呼吸功能日渐衰退，各种呼吸系统疾病容易发生，加之环境污染日益严重，就更增添了老年人患病的可能，呼吸系统疾病已成为老年人的常见疾病。

①感冒。急性上呼吸道感染是鼻咽或咽喉部的局部性急性炎症的总称，我们俗称为“感冒”，是老年人最常见的一种传染性疾病。

A. 发病原因。

感冒大多数是由病毒感染引起的，比例占到70%～80%，少数是由细菌感染所致。还需注意的是，当机体抵抗力下降时更易诱发感冒，如身体淋雨、受凉、疲劳过度等，加上老年人年老体弱，呼吸道的防御功能减退，使病毒或细菌容易侵入并迅速繁殖，引起感冒。

B. 临床表现。

一般感冒起病较急，病毒性感冒通常以打喷嚏、鼻塞、流清鼻涕、咽部干痒为首发症状，可伴有全身不适、头痛、乏力等，有些人会出现低热甚至高热。2～3天后，病人会鼻涕变稠，呈黏液状，并出现咽喉肿痛、声音嘶哑或咳嗽等症状，一般5～7天即可痊愈。如果是细菌性感冒，全身症状会较重，咽痛会尤为明显，通常不会打喷嚏和流鼻涕。

C. 预防。

老年人感冒的预防应从平时做起，养成户外活动的习惯，并适当增加营养，进食富含维生素和蛋白质的食物，以增强体质，提高抵抗力。同时调理好生活起居，保证充足的睡眠，特别要注意室内通风，留意天气的变化，及时添衣保暖。一旦患病，应卧床休息，进食宜清淡，多饮水，根据医嘱服药。

②慢性支气管炎。是指气管、支气管及其周围组织的慢性炎症，病情进程缓慢，常会诱发肺炎、心脏病等疾病，是一种严重危害老年人健康的常见病。

A. 发病原因。

老年人的慢性支气管炎通常是内外多方面因素共同造成的。从外部因素来看，病毒和细菌的侵入与感染是慢性支气管炎发生的常见的因素。而一些外界刺激，如烟雾、粉尘、大气污染、花粉等往往是慢性支气管炎的诱发原因。寒冷的冬季是慢性支气管炎的高发季节。此外，长期吸烟与慢性支气管炎发生也有密切关系，大量研究显示，吸烟时间愈长，烟量愈大，患病率也愈高。从内部因素来看，老年人由于年龄增大导致全身或呼吸道局部的防御及免疫功能衰退，这为慢性支气管炎的发病创造了条件。

B. 临床表现。

慢性支气管炎发病缓慢，病程较长，主要症状是咳嗽、咳痰和喘息，一般无发热。轻微者仅有微咳和咳少量痰，较重的则频繁咳嗽，咳痰较多，甚至全年不断。咳嗽方面，一般清晨起床后咳较多，白天较少，临睡前有阵咳。在排痰方面，排痰时间多为清晨，痰液一般为白色黏性，偶带血。有些患者还会出现支气管痉挛、喘息。本病每于秋冬季节气候突变、患感冒时、受粉尘等刺激后加重或呈现急性发作。

C. 预防。

老年人预防慢性支气管炎有四个要领。

首先，注意饮食。在饮食方面，老年人应以清淡饮食为主，不宜过甜、过咸或过于油腻，同时适量补充蛋白质和维生素含量较高的营养食品。

其次，拒绝吸烟。对于老年慢性支气管炎患者来说应该坚决戒烟，戒烟后一般可使症状减轻或消失，使病情缓解甚至痊愈。

再次，防寒保暖。每当天气寒冷或突变，老年人着衣应以保暖为度，不必穿得太厚实，因为穿得过多不利于活动且容易出汗，反而会招致感冒。

最后，锻炼身体。老年人应该积极锻炼身体，提高免疫力，如进行适当的耐寒锻炼和呼吸锻炼。

(3)消化系统常见病。

消化系统疾病是老年人的常见病。随着年龄的增大，老年人的消化系统出现一系列的老化反应，各器官组织功能衰退，口腔、食道运动功能发生障碍，胃肠功能也出现紊乱，因此消化系统容易出现病变，如慢性胃炎、消化性溃疡、便秘、痔疮、食道癌、胃癌等。以下重点介绍老年人常患的慢性胃炎和便秘这两种消化系统疾病。

①慢性胃炎。慢性胃炎是由多种原因引起的慢性胃黏膜的炎性病变，是一种常见病、多发病，而且年龄越大，发病率越高。据统计，50 岁以上的老年人患有慢性胃炎的占 50%，其发病率位居各种胃病之首，是老年人的常见疾病之一。

A. 发病原因。

胃黏膜病变是引发慢性胃炎的直接原因，而导致胃黏膜病变通常有三种情况：一是患急性胃炎后没有很好调治，胃黏膜病变持续不愈演变而来。二是长期服用对胃黏膜有刺激的药物如阿司匹林等，或烟酒茶过渡而引起的胃黏膜受损。三是口、鼻、咽等局部的细菌、病毒侵吞入胃，长期刺激胃黏膜而致。此外，老年人体内胃酸分泌不足，使细菌易于繁殖，或体内长期缺乏蛋白质、B 族维生素等引起营养不良，也会引发慢性胃炎。

B. 临床表现。

大多数病人没有明显不适，一般情况下只表现为胃胀或隐痛、食欲不振等，有时可见持久的上腹部不适或疼痛，尤以进餐后为甚。

C. 预防。

有效地预防慢性胃炎应从保护胃黏膜、防止其病变开始。因此，患有急性胃炎者不可掉以轻心，应积极治疗并彻底治愈以防转变为慢性。

第一，饮食要有规律。定时定量，冷热适度，避免过饱或过饥，食物宜软、易消化、低盐，忌食辛辣刺激之物，戒烟酒，少喝浓茶或咖啡，养成良好的饮食卫生习惯。

在治疗其他病的过程中，尽量少用或不用对胃有刺激的药物，可选择其他药物替代或在饭后服用。

第二，心态要平稳。心理因素也会影响消化系统，在日常生活中老年人还应避免抑郁、动怒，以免肝气犯胃，应保持乐观的心态和豁达的心胸，多参加一些有益身心的社会活动。

第三，治疗要得当。在治疗上，要注意对症下药，胃酸过多或过少的，有明显胃痛症状的，胃动力不足的，营养不良的等情况要区别对待。

②便秘。便秘是指连续48小时不排大便或排便有困难的情形，是老年人最常见的胃肠道症状之一，且随着年龄的增加，便秘的程度有日渐严重的趋势。便秘不仅给老年人的日常生活带来了困扰，而且会对老年人的全身性疾病产生不良影响，尤其是对心脑血管疾病有影响，如心绞痛、心肌梗死、高血压等。便秘也会导致多种并发症，因而对此病不容忽视。

A. 发病原因。

便秘形成的原因主要有以下几个方面。

第一，消化系统本身的胃肠炎症或消化系统以外的一些病变，会引起胃肠运动功能减退，形成肠道阻塞而影响排便。

第二，在饮食方面，进食过少或食品过于精细，使粪便缺乏残渣，减少对胃肠运动的刺激而发生便秘。

第三，老年人运动或活动过少，或长期精神过度紧张，或生活规律发生变化如长途旅行等也会引发便秘。

B. 临床表现。

便秘的主要临床症状是排便次数减少，三四日一次或一周一次。大便量少质硬、秘结。排便费力，便后没有畅快感，甚至会引起肛门疼痛或撕裂。便秘严重时，会出现腹痛、恶心、食欲减退、疲乏无力、头痛头昏等情形。需要注意的是，老年人便秘往往还会引起一些并发症。

C. 预防。

首先，老年人要养成正确的卫生和饮食习惯。日常生活中要定时排便，最好是每日晨起后排便，这样有助于建立良好的条件反射，也有助于排出前一天的体内垃圾。要多吃纤维素含量较高的食物，如新鲜的蔬菜、水果，适量进食粗粮，如粗制的大米和面粉、玉米等，以刺激、加快胃肠运动。

其次，保持良好的精神状态。克服抑郁或动怒，心情舒畅，使大肠的传导功能处于正常状态，能有效预防便秘。当便秘出现时，老年人应注意消除排便的心理障碍，勿要精神紧张，必要时应当寻求医生帮助。

最后，进行适度的体育活动或体力劳动来提高胃肠的蠕动能力，并有针对性地加强锻炼相应肌肉的能力，俯卧撑、仰卧起坐、反复进行深呼吸等都是有效的运动方式。

(4)运动系统常见病。

肌肉、骨骼和关节共同构成了人的运动系统，同时也形成了身体的支撑结构。人体的所有运动，都是在三者的协同作用下完成的。步入老年期后，身体内部的这些结构受内分泌和营养等因素的影响，会发生很大的变化，甚至因此出现疾病，其中的常见疾病是老年性骨质疏松症。

随着年龄的增加，人体内的骨质减少，骨量降低，骨强度随之减弱，骨质疏松由此形成。据统计，60 岁以上男性有 10%患有骨质疏松症，女性的发病率高于男性；70 岁以上者则有 21%，80 岁以上者比例高达 100%。

A. 发病原因。

缺钙性的骨质疏松症在老年人中比较多见，因为老年人对钙的摄入量相对减少，对钙的吸收功能减弱。再有，老年人性激素减少导致内分泌失调，也加速了骨质流失和疏松的过程，这在更年期后的妇女中体现得最为明显。此外，老年人如果缺乏一定的体育锻炼或体力劳动，骨内血液循环衰退，也会导致骨质疏松。

B. 临床表现。

骨质疏松症的主要临床症状是腰背疼痛。疼痛沿脊柱向两侧扩散，仰卧或呈坐姿时疼痛减轻，直立、弯腰、咳嗽和大便用力时疼痛加重。一般白天疼痛不明显，夜间和晨起时则加重。另一典型症状是发生骨折，骨头的脆性增大使老年人易发生骨折。

C. 预防。

骨质疏松症的预防主要在于饮食和运动。老年人应多食用高钙、高蛋白、维生素丰富的食物，如鱼类、牛奶、豆制品等。同时老年人应坚持适当的体育锻炼，促进血液循环，从而增强对钙的吸收。

老年人可以服用一些钙片和维生素 D，前者补充钙质，后者可促进钙的吸收、维持钙平衡。针对性激素缺乏的情况，可以采用性激素治疗以减少骨质的流失。出现骨折情况时，应及时就医。

(5)内分泌系统常见病。

人在老化过程中，各种激素分泌逐渐减少，内分泌系统出现功能紊乱而引起代谢障碍，疾病因此产生，其中糖尿病最为常见。

糖尿病是指由于胰岛素分泌的减少，引起人体内部糖、脂肪和蛋白质等的代谢紊乱，而导致血液中糖分(即血糖)增加和排泄糖尿的一种疾病。糖尿病是一种慢性终身性疾病，难以根治。同时也是一种全球性疾病，发病率逐年升高，老年患者占患病总人数的 40%。

A. 发病原因。

糖尿病的病因和发病原理目前尚未完全明确。肥胖是该病的重要诱因之一，因为糖尿病患者的体重大多超过正常标准。饮食习惯也与糖尿病的发生有一定关系，有人发现其发病率与人口食糖消费量成正比。遗传也可引起糖尿病，如夫妻双方皆为糖尿病患者，其子女患病率也会更高。在遗传因素存在的前提下，手术、感染、体力活动减少、长期进食过量、精神紧张等也是糖尿病常见的诱发因素。

B. 临床表现。

糖尿病的主要特征是血糖过高并有糖尿现象。作为一种慢性终身性疾病，糖尿病起病隐蔽，早期无明显症状，症状期中则出现典型的“三多一少”，即多尿、多饮、多食、消瘦。

由于机体血糖浓度增高，大量的糖以尿液形式排出，带走大量水分，导致多尿。尿量增加，为补充失去的水分而导致患者多饮。而且，胰岛素分泌不足导致大量葡萄糖流失，机体常处于饥饿状态，因而患者会食欲亢进、多食。但是，由于机体不能充分利用葡萄糖，尽管多饮多食，患者仍然体重趋减、逐日消瘦。

C. 预防。

预防该病的有效手段如下。

首先，要合理饮食。暴饮暴食是老年人的大忌，老年人的膳食应以蛋白质和素食为主，多吃富含维生素的新鲜蔬菜和瓜果，少吃甜食，少食多餐。

其次，要劳逸结合。过于劳累或缺乏运动也不利于预防，老年人的日常生活应该劳逸适度。

最后，要心态健康。情志不舒、气郁不展、急躁愤怒均是糖尿病的诱因，所以老年人应该保持心情舒畅、胸怀宽广、遇事乐观。

此外，因为糖尿病早期无明显症状，所以老年人定期进行健康检查，关注血糖的变化情况是非常必要的。

二、了解老年人的心理特征

在人的整个生命历程中，生理和心理的变化是两个重要、不可分割的方面，而且生理和心理这两个要素是相辅相成、相互作用的。生理因素会影响人的心理过程，心理情境也会反过来影响人的生理健康。

(一)老年人的心理变化

1. 老年人记忆的变化

记忆是人类心理功能的重要组成部分。成人的记忆活动随年老而发生变化。我们可以从与记忆相关的三个内容变化上来了解老年人记忆的变化特点。

(1)从记忆过程来看。

瞬时记忆(即保持1～2秒的记忆)随年老而减退，短时记忆(即保持1分钟以内的记忆)变化较小，老年人的记忆衰退主要是长时记忆(即所记内容在头脑中保持超过1分钟直至终生的记忆)。实验研究发现，老年人对年轻时发生的事往往记忆深刻，对中年之事的回忆能力也较好，而对进入老年后发生的事遗忘较快，记忆事实经常混乱，情节支离破碎，甚至张冠李戴。

(2)从记忆内容来看。

老年人的意义识记(即在理解基础上的记忆)保持较好，而机械识记(即靠死记硬背的记忆)减退较快。例如，老年人对于地名、人名、数字等属于机械识记内容的记忆效果不佳。

(3)从再认活动来看。

老年人的再认活动(即当所记对象再次出现时能够认出来的能力)保持较好，而再现活动(即让所记对象在头脑中呈现出来的能力)则明显减退。

由此可见，老年人的记忆衰退并不是全面的，而是部分衰退，主要是长时记忆、机械记忆和再现记忆衰退得较快。以美国前总统里根为例，他在晚年时患有严重的老年痴呆症，记忆力急剧下降。当里根的养子去探望他时，里根常想不起养子的名字，只当想起他是谁时，才紧紧地拥抱他。里根对他的护士说，他觉得前来探望他的人好像是一个大名鼎鼎的人物，但又记不起他叫什么名字。里根的这一系列表现说明，老年人记忆力的减退主要是信息提取过程和再现能力的减弱，而识记的信息事实上仍然可以很好地保持或储存在大脑中。根据以上生理规律，如果能够经常提醒老年人回忆往事，是有助于减缓其记忆力的衰退速度的。

当然，记忆力的下降也给老年人的生活带来了许多的不方便。例如，有的时候老年人的眼镜明明架在鼻梁上却到处找眼镜，出门经常忘带钥匙，水烧开了不记得关火，饭煮熟了忘了关煤气，记忆力不好在无形中增加了老年人的危险。

2. 老年人智力的变化

智力是一种稳定的心理特征，它是在人们具体的行为活动中显示出来的。人的智力可以分为“晶态智力”和“液态智力”两种形式。晶态智力主要是后天获得的，它与知识、文化、经验积累和领悟能力有关，包括认知调适能力、动机、常识、语言理解能力和社会认知等。液态智力主要与大脑、神经系统、感觉和运动器官的生理结构和功能有关，而与知识、文化背景关系较小，包括记忆力、推理能力、计算能力和联想能力等。许多研究证实，老年人的智力并非人们所认为的那样全面退化，退化的主要是液态智力。与此相反的是，老年人的分析能力、判断能力和思维能力等晶态智力不仅没有衰退，反而会有所提高。因此，智力是个复杂的问题，文化、职业、健康、体育锻炼和性别，以及自信心的缺失与否等因素都会影响老年人智力水平的提高和发挥。

3. 老年人情绪、情感的变化

情绪、情感是人对客观事物是否符合自己的需要而产生的如喜、怒、哀、乐、惧、爱、恨等内心的主观体验。进入老年期后，老年人的生理机能老化和健康状况衰退，其离退休后脱离了原有的工作岗位，家中子女又逐渐独立并成家立业，生活环境和角色地位发生了较大改变，因此，老年人的情绪和情感也呈现出新的特点。

(1)老年人关注自身健康状况的情绪活动增加。

随着年龄增长，健康状况日益不佳，老年人变得更加关注自己的身体，对于疾病较为重视。尤其是老年女性，怀疑自己患病和有失眠现象的显著多于男性。

(2)老年人对自己的情绪和情感流露更倾向于掩饰。

老年人在日常生活中常常会掩饰自己的真实情感，如遇喜事，他们不再会欢呼雀跃，如遇悲事，也不易痛哭流涕。

(3)消极悲观的负性情绪逐渐占上风。

一般来说，老年人会比较多地表现出失落感、孤独感、疑虑感、抑郁感、恐惧感等消极的情绪和情感。

(4)老年人的兴趣发生变化。

这种变化主要表现为对事物关注程度的淡化，对事物的关注面趋于狭窄，对新事物缺少激情等。一般来说，老年人的兴趣范围随着年龄的增长会逐渐缩小，好奇心逐渐减弱，对各种事物的态度变得冷淡，对新鲜事物的探索欲望也渐趋下降，表现出心理上的“惰性”。

4. 老年人性格的变化

一般而言，性格是一种对现实的态度和相应的行为方式中的比较稳定而持久的心理特征。人到老年，性格会发生较大的变化。例如，有些老年人会变得固执、刻板、退缩、墨守成规，对人或事产生明显的偏见，不听从任何劝说。有些老年人会变得自私，出现以自我为中心的倾向，对周围亲友很冷淡，不再体贴关心别人，甚至要求别人服从他，按他的需求行事。还有些老年人会变得好猜忌、多疑，总怕儿女算计自己，对周围人也不信任。所以，我们经常说一些老年人年纪越大，脾气越怪，这实际上就是因年老而出现的性格变化现象。

5. 老年人自我意识的变化

老年人的自我意识，主要体现在他们如何看待自己和人生，如何正确对待即将走完的人生历程。老年期是个体老化衰退的时期，在这一阶段，老年人如何认识和体验自己的老化和衰退，并控制由此而产生的情绪反常，构成了老年人自我意识的主要内容。因为年老体弱，大多数老年人的失落感和无助感会越来越强烈，这会使他们感受不到目前有什么幸福，还有什么未来。随着年龄的增长，“我已经老了”这一观点会逐渐渗透到老年人的脑海中，成为自我意识的一部分。这时老年人逐步表现出对生活的淡漠，对未来不再抱有希望，只是对生存还有种强烈的留恋，这更加深了老年人特有的衰老意识。

6. 老年人需要的变化

人的需要可以分为生物性的需要和社会性的需要两种。一般来说，进入老年期以后，人的生物性需要降低，表现在老年人对衣、食、住、行等方面的物质需求缩减，但在社会性需要或心理需要方面，却出现了一些新的特点，我们把老年人的心理需要归纳为以下几点。

(1)老有所养。

老年人在丧失全部或部分劳动能力和经济来源时需要子女等后代的赡养和照顾，老有所养是老年人最基本、最底层的心理需求。

(2)后继有人。

在中国人的传统观念中，儿孙满堂被认为是老年人幸福的标志之一，即所谓“多子多福”。在当代老年人中，仍有不少人希望家庭人丁兴旺。自从计划生育政策实施以后，许多老年人更注重后代的素质，而不再看重数量的多少，他们希望儿孙长大后能有出息，以实现其后继有人的心愿。

(3)老有所归。

在子女纷纷“离巢”后，老年人的孤独感也产生了，这时的老年人需要精神上的归属感以排解孤独。许多老年人在退休后都渴望回到自己的家乡，安度晚年。这体现的就是老年人落叶归根的心理。

(4)老而有爱。

人对爱的需求贯穿整个人生，因此，老年人也同样需要爱，这是老年人的一种精神需求。从夫妻关系来看，爱情在老年夫妻之间更多地以相互扶持和照顾的方式表现出来。从亲子关系来看，老年人也需要子女的关爱。如果老年人缺少子女的关爱，往往会产生孤独感和失落感。充分享受天伦之乐，拥有亲情的精神支持，是老年人最大的幸福。

(5)老而受尊。

老年人都有被尊重的心理需要，这种需要表现为别人能够听取他的意见、看重他的经验、肯定他的过去。而反映在日常生活的各种礼仪中的对老年人的尊重会让老年人获得受人尊重的心理满足。

(二)老年人常见心理或精神疾病

由于生理和社会的多种原因，老年人可能会出现孤独、恐惧、抑郁等心理障碍或精神疾病。

1. 离退休综合征

所谓离退休综合征是指老年人由于离退休后不能适应新的社会角色、生活环境和生活方式的变化而出现的焦虑、抑郁、悲哀、恐惧等消极情绪，或因此产生偏离常态的行为的一种适应性的心理障碍，这种心理障碍往往还会引发其他生理疾病，影响身体健康。

(1)症状表现。

离退休后的心理不适主要表现为。

其一，躯体出现各种不适症状。如坐卧不安、行为重复、做事犹豫不决、不知干什么好，甚至出现强迫性定向行为。

其二，出现焦虑情绪。如由于注意力不集中有时发生做错事的情况，性情变化明显，易急躁和发脾气，对任何事情都不满意，总是怀旧。易猜疑和产生偏见。

其三，处于抑郁状态。退休后，脱离了原来充实、忙碌的生活状态，交往圈子变窄、人情变淡，让老年人在退休前后的强烈对比中极易陷入抑郁状态，并出现失眠、多梦、心悸、阵发性全身燥热等生理反应。

(2)成因。

一般而言，造成老年人离退休后不适应的因素有多种，可归纳为以下几点。

第一，离退休前形成的工作态度和习惯与离退休后的生活状态形成强烈反差导致老年人有失落感。如老年人离退休后，社交圈的缩小，人际关系的改变，一些愿望落空等，都会干扰情绪而影响心理平衡。

第二，对离退休的认识及准备不足导致老年人无所适从。在离退休前，有些老年人把今后的生活看得很乐观，没有充分考虑到离退休后生活内容发生重大改变的影响，等这一天真的到来时，生活和情绪都陷入空虚状态。

第三，由于个人适应能力或个性的差异导致不适应。如老年人在离退休之前生活适应能力较差，个性固执、急躁，或过于内向等，都会使老年个体陷入生活状态发生改变后的不适状态。

第四，经济收入状况的改变导致不安全感产生。老年人离退休后的经济收入状况较工作时大幅降低，使老年人担心今后的生活保障问题，尤其是本来经济条件就不是很好的老年人，这方面的忧虑更甚，加重了老年人的焦虑和抑郁。

第五，社会支持状况减弱导致孤独感产生。退休后远离同事、朋友，再加上熟人作古、老来失伴，儿女都忙于各自的小家庭等，老年人常常会感到凄凉悲切，忧郁孤独。

(3)防治措施。

老年人应该努力适应离退休带来的各种变化，积极地去预防和治疗离退休综合征。通常可参考以下几种方法。

第一，调整心态，顺其自然。老年人应在心理上认识并接受因衰老而退休这一不可避免的事实，消除“树老根枯”的悲观思想和消极情绪，将离退休生活视为另一种生活状态的开始，重新安排自己的学习和生活，做到老有所为、老有所学、老有所乐。

第二，发挥余热，重归社会。老年人在自身条件允许的前提下可以积极寻找机会，做一些力所能及的工作。一方面，发挥余热，实现自我价值。另一方面，使自己精神上有所寄托，使生活充实起来。

第三，培养爱好，寄托精神。老年人可在退休后培养一项或几项业余爱好，享受其中的乐趣，并以此会友，积极主动地去建立新的人际关系。良好的人际关系可以开拓生活领域，排解寂寞，增添生活情趣，营造和睦的气氛。

第四，采取必要的药物和心理治疗。老年人出现身体不适、心情不佳、情绪低落时，应该主动寻求帮助，切忌讳疾忌医。对于患有严重的焦虑和失眠的离退休综合征的老年人，必要时可在医生的指导下服用药物或接受心理治疗。

2. 老年抑郁症

抑郁症是指以持续的情绪低落为特征的一种情感性的心理障碍，是老年人常见的精神疾病之一。老年抑郁症大都在60岁以后发病，有的人虽然会在青壮年时发病，但进入老年期后常加重或发作次数增多。

(1)症状表现。

老年抑郁症在症状上表现出与其他年龄段抑郁症不同的特点，具体表现为情绪低落、压抑、焦虑、沮丧、悲观、厌世、自责，甚至出现自杀倾向或自杀行为，以及食欲下降、失眠早醒等症状，而且一般病程较长，且具有复发倾向，部分患者愈后不良。

(2)成因。

主要有三方面的原因影响老年抑郁症的产生。

第一，身体健康状况不佳，患有慢性疾病使老年人处于抑郁状态。老年人长期患有各种慢性疾病，如高血压、冠心病、糖尿病及癌症等，这些疾病都可能引发抑郁症。

第二，老年人本身的人格特征也是引发老年抑郁症的一个重要因素。有研究表明，老年抑郁症患者有明显的人格缺陷，与正常的老年人相比，有突出的内向、过于好强、回避和依赖型人格特征。

第三，社会与心理因素也是老年抑郁症发病和加重的一个重要原因。如抑郁症的出现与老年期的各种社会关系丧失有较大的关系，这些丧失包括工作的丧失、收入的减少、健康的丧失、亲友的离世、人际交往的缺乏等。有研究表明，老年抑郁症与其自身的健康状况不良有着密切的关系，同时，独居、文化程度低、兴趣爱好少、无独立经济收入的老年人也是容易发病的群体。

(3)防治措施。

由于老年抑郁症经常具有其他生理疾病的背景，所以：

首先，要尽量把已有的身体疾病治疗好，对不可治愈的疾病也应设法减轻痛苦。

其次，要调理好离退休后的心理状态，克服自身的性格缺陷，保持一种积极向上的心态，培养兴趣和爱好，扩大人际交往范围，多参加一些社会活动。

最后，改善家庭环境也是非常重要的，丧偶的老年人如条件允许可以考虑再婚，再婚对缓解老年人的抑郁心理有较大的帮助，当然，子女晚辈对老年人也应给予充分的关心和照顾。

老年抑郁症在治疗上，通常采用心理治疗和药物治疗相结合的方法。一方面，心理治疗在本病治疗中的地位十分重要，通过倾听、理解、疏导、鼓励、保证等方式，使患者产生安全感，树立自信，帮助患者扩大活动能力，增强适应社会、适应环境的能力。另一方面，药物治疗对于抑郁症的缓解有效率可达70％～80％。

3. 老年失智症

老年失智症是指老年人因生理、心理机能的衰老，在外界强烈刺激作用下所引起的缓慢发展的智力缺陷症。它是人体脑功能失调的表现，是以脑组织的退行性变化和智力衰退缺损为特征的一种高级神经活动功能障碍。

(1)症状表现。

老年失智症常常发生在50岁以后，起病隐潜，发展缓慢，呈行进式，最早期往往以逐渐加重的健忘开始，同时还可能伴有比较明显的情绪和人格的改变以及整个机体的衰老。与年龄相关的智能损害多在65岁以后加速，根据该病的发展过程，可分为三个阶段。

第一阶段称为遗忘期(初期)。主要表现为记忆力明显减退，但患者本人未必能意识到。比如，有些患者上街买菜，走到半路发现没有带钱，折返回来进了家门，又忘了回来干什么，于是又出去，反反复复。性格也会有所改变，有些患者一反病前的性格，变得任性、多疑、敏感、自私、暴躁等，有的还会出现如神经衰弱的症状，感到头晕目眩、容易疲倦、食欲不振、心慌失眠等。

第二阶段称为混乱期(中期)。这一时期的病人，除了第一阶段的症状加重外，很突出的表现是对时间、空间的辨认障碍明显加重，记忆力严重衰退。例如，有些患者出门认不得回家的路，分不清东南西北，刚吃完饭又要进餐，亲人和自己的姓名和年龄也想不起来。此外，患者在情绪、人格、智力等方面也出现了严重的障碍，精神日益衰退，行为紊乱，言语重复，食欲亢进，动作幼稚，甚至出现一些怪异和不知羞耻的行为，如把别人扔掉的垃圾视为珍宝并收藏，当众大小便或非礼异性等，生活自理能力越来越差，睡眠时间明显减少，睡眠规律发生紊乱或颠倒。

第三阶段称为极度痴呆期(晚期)。患者进入全面衰退状态，智能完全丧失，情绪反应迟钝或缺乏，运动障碍日趋明显，大小便失禁，丧失言语能力，身体日益消瘦，生活不能自理。

(2)成因。

老年期发生失智症的原因相当复杂。

首先，随着年龄增长，脑本身出现退行性变化，如脑组织萎缩等，使脑功能出现失调。

其次，与脑血管相关的一些脑部疾病，如帕金森病、脑外伤后遗症等，以及酒精中毒、营养失调等其他因素，也可能导致老年人失智。

此外，本病有一定遗传倾向，而且女性比男性的发病率高。

(3)防治措施。

在老年失智症的预防方面有以下措施。

首先，老年人保持一个良好、积极的心理状态尤其重要。老年人要乐观自信、心胸开阔，保持活跃的思维状态，养成多看书、勤思考的好习惯，同时要保持广泛的社会联系，坚持社交活动，使脑细胞处于活跃状态，防止脑功能的退化，延缓智力的衰退。

其次，老年人应起居有常，适当锻炼。老年人空闲时间较多，一定要合理安排时间，生活作息要有规律，这对保持身体健康很重要。前面介绍过，老年人的智力衰退并不是全面衰退，主要是与生理因素相关的液态智力的衰退，所以，老年人应该经常参加体育锻炼，增强体质，加速血液循环，增强脑的活动。

最后，饮食调养对预防老年人失智有一定作用。老年人在饮食方面应提倡清淡，多吃新鲜的水果、蔬菜以及富含维生素、蛋白质和胡萝卜素的食品，以满足大脑营养的需要，防止脑细胞的衰老。老年人应少吃油腻、辛辣、过咸的事物，戒除烟酒，忌暴饮暴食。

此外，老年人的家庭关系也是调节其晚年生活的重要因素。随着年龄的增长，老年人体质下降，疾病增加，需要家庭和亲人的关心和照顾，儿女要理解老年人的心理变化及需要，从物质和精神生活上给予保障，帮助老年人做好心理保健工作。同时，也要尊重老年人，切莫冷落或忽视老年人。

关于老年失智症的治疗，目前在医学领域尚无特效疗法，因此，早发现、早治疗就显得更为重要，在老年人出现先兆性症状如记忆力明显下降时就应及时治疗，阻止病情进一步发展。

4. 老年疑病症

老年疑病症就是以怀疑自己患病为主要特征的一种神经性的人格障碍。

(1)症状表现。

①患者长时间地相信自己患病。

②患者对自身变化特别敏感和警觉，哪怕是一些微不足道的细小变化也特别关注，并且会不自觉地加以夸大或曲解。

③患者常常感到烦恼、忧虑甚至恐慌，认为病的严重程度与实际情况极不相符，别人劝得越多，疑病症就越重。

④即便客观的体检结果和医生的解释证实患者没有病变，患者仍然不能消除疑虑，甚至会认为医生有故意欺骗和隐瞒行为。

(2)成因。

老年疑病症的产生主要有以下原因。

①认识能力下降。面对身体素质的下降，一些老年人总要求自己的身体状况像年轻时一样旺盛和强壮，对生物性衰老、健康状况的“自然滑坡”认识不够，对一些慢性病未引起足够的重视，并由此产生疑病心理。

②敏感多疑。性格内向孤僻、敏感多疑、谨小慎微的老年人容易产生疑病症，患者往往有较强的自恋倾向，过度关心自己的身体，对周围的事物和环境却不感兴趣。老年人往往多思善虑，经常把自己身上的不适与医学科普类文章中的种种疾病“对号入座”，表现出高度的紧张和恐惧。

③环境的刺激。老年人经常去医院探望其他病人或参加追悼会，看到别人的疾病与去世就觉得别人的今天就是自己的明天，并因此常怀疑自己也患病，惶惶不可终日。

(3)防治措施。

老年疑病症的治疗主要以心理辅导为主。

①适当进行心理调节。患疑病症的老年人都过度关注自己的身体，所以要设法转移其注意力，可以使老年人专注于某一项工作，或者热衷于某一种业余爱好，或者多交一些朋友，倾诉情感。

②定期进行体检。老年人应建立定期体检的习惯，对自己的身体状况及时了解。当身体感觉不适时，要及时到医院检查就诊，不要胡思乱想、自作主张、随便服药。即使患病，也要正确对待，积极治疗，积极生活。

③保持乐观、开朗、自信的心态，学会宣泄恐惧情绪。

三、了解老年人的婚姻家庭状态

进入老年期后，由于家庭成为老年人越来越主要的活动场所，老年人对家庭、老伴的依赖也越来越多。随着老年人社交范围向家庭回归，老年人的婚姻、家庭关系越来越成为其主要的支持关系，婚姻家庭状态成为影响老年人晚年生活质量的关键因素之一。

(一)老年人的家庭状态

1. 家庭结构状态

一般一个家庭要经历“新婚无孩期—生育期—教育期—离巢期—空巢期—鳏寡期”这样一个生命周期。从家庭生命周期来看，老年人的家庭状态处于空巢期、鳏寡期。

(1)空巢期——子女长大后从父母家庭中相继分离出去，只剩下老年一代的父母独自生活。子女长大离开原家庭，自己成家立业，新家庭与原家庭分离，意味着原家庭走向衰落，子女的离家给老年父母留下空虚、孤独。由于现代社会人口平均预期寿命延长，空巢期比较长，一般有20年时间。

(2)鳏寡期(孤独期)——从夫妇一方死亡到另一方也死亡为止。该阶段一般为6～10年。由于期望寿命的性别差异，该阶段女性老年人比例要高于男性老年人。由于期望寿命与健康寿命的差异，该阶段老年人家庭更需要社会支援。

家庭的分化对老年人的生活和心理都会产生一定的影响，老年人与子女的分居以及配偶的去世，不仅使老年人的日常生活难以得到无微不至的照顾和关心，而且对老年人的传统家庭观念也有着较大的冲击。处于空巢期、鳏寡期的老年人普遍有强烈的求助需求、亲和需求。

2. 家庭经济状态

在家庭经济状况方面，对于老年人来说，如果有足够的退休金或养老金，基本的物质生活有保障，则其经济环境会比较宽松，对子女和外界的经济依赖很弱。如果老年人既丧失了劳动能力，又没有固定的收入来源，那么经济状况就会比较拮据，老年人常为生计发愁，便会产生焦虑不安的情绪。特别是如果老年人百病缠身，又没有钱治疗，处境就会更艰难。这种情形下，老年人时常需要子女或亲友的接济，对外界的依赖较强。

(二)老年人的婚姻状态

1. 丧偶

老年阶段，高丧偶率是世界各国老年人口的共同特点。目前，在我国的低龄老年人中，男女老年人比例相差无几，这时老年丧偶率很低。在高龄老年人中，男女比例悬殊，女性老年人丧偶率要高于男性老年人。

丧偶对老年人心理的影响是严重和剧烈的，有研究表明，老年丧偶者在配偶去世后头 6 个月的死亡率比平均死亡率高 40%。丧偶后，老年人的心理变化复杂，悲伤感和孤独感最为典型。许多老年人以泪洗面，悲痛欲绝，有的出现不思茶饭、抑郁、疲乏等现象，有的老年人甚至会因过度悲伤而患病。

2. 离婚

一般情况下，老年人的婚姻稳定性很高，很少有离婚情况发生。但也有因种种原因导致的少数老年离婚现象。离婚的原因主要有：长期性格不合，日久积怨成仇；子女未成年时，因养育子女需要，夫妻凑合着过，子女长大后，夫妻不用再凑合下去了；发生婚外恋；更年期不能适应。

一般来说，对于要求离婚的一方，离婚后往往感到轻松和如释重负，而被迫离婚的一方则会有痛苦和被抛弃的感觉，但是双方老年人都将面对孤独和再婚的困扰。

3. 再婚

老年人离婚或丧偶后，生活面临种种困难，失去相互体贴、相互照顾的伴侣，精神上失去依赖，缺少感情的交流对象，特别在病中更苦恼，常会由此引起情绪波动，失去生活信心。子女的关心无法替代老伴的体贴与关心。于是，部分离婚或丧偶的老年人会选择再婚，为晚年寻找伴侣。晚年有伴侣的老年人的生活满意度会远远高于没有伴侣的鳏寡老年人，再婚对老年人身心健康的帮助很显著。

四、了解老年人的社会参与状态

老年人社会参与状态是指老年人以各种形式与社会保持联系的状态。老年人虽然因年龄关系退出了工作领域，但心理上仍想在社会上有所作为，需要受人尊敬，希望能做些自己觉得、有趣有意义的事。为社会做一些力所能及的工作，不但能够减少他们退休后的内心失落感，也可以使他们的生命更有活力。

(一)老年人社会参与的范围

《老年人权益保障法》第四十一条对老年人社会参与的内容概括为：

(1)对青少年、儿童进行社会主义、爱国主义、集体主义和艰苦奋斗等优良传统教育。

(2)传播文化和科技知识。

(3)提供咨询服务。

(4)依法参与科技开发和利用。

(5)依法从事经营和生产活动。

(6)兴办社会公益事业。

(7)参与维护社会治安、协助调解民事纠纷。

(8)参加其他社会活动。

(二) 老年人社会参与的原则

老年人退休后重新参与到社会工作和活动中时，需要注意以下几个原则。

1. 要根据自己的特长选择工作

因为老年人长期从事某一方面的工作，积累了丰富的知识与人生经验，因此他们是社会的宝贵财富。退休后老年人要根据自己的特长，选择自己擅长的工作，这样就能驾轻就熟，工作起来得心应手。如果不能如愿以偿，就应正确分析自己，看看自己熟悉什么工作，体力和智力是否适应，选择什么样的工作最适宜。

2. 要根据自己的兴趣，量力而行

老年人退休前所从事的工作，有些并不是自己选择的结果。退休后，老年人可以根据自己的兴趣与爱好来选择工作。这时选择工作时也要量力而行，根据实际情况调整自己的目标和期望值。

3. 要讲精神寄托，还要有益于社会

老年人的社会参与活动，应以精神寄托为主，通过参与社会活动充实自己的生活，减少孤独感和失落感，所选活动应有益于社会和自己的身心健康。

〉〉〉任务体验式教学参与

个人任务工单1

组号：________ 姓名：________ 学号：________

引导问题：请观察你身边的一位老年长者，结合本节知识点完成下列操作训练

老年长者的基础信息：性别________ 年龄__________

1. 老年人在老年期生理特征及其需求。

认识老年期生理特征及需求

2. 请列出你了解的老年期生理老化的几个方面。

认识老年期生理老化的几个方面

3. 你觉得进入老年期后，老年人会有哪些社会角色的变化？

老年期社会角色变化

小组任务工单 2

组号：________　　姓名：________　　学号：________

引导问题：根据对老年长者的观察，请分析下列问题。

1. 老龄阶段生理与心理的相互关系。

2. “老有所为”与“ 老有所乐”“老有健康”的关系。

3. 女性老年长者与男性老年长者在生理、心理、社会参与等方面存在哪些不同？

4. 我们在开展老年服务时应注意或重视老人的哪些情况？

〉〉〉思政导航

习近平总书记在中国共产党第二十次全国代表大会报告中，关于我国老龄化问题和养老服务的内容是这样论述的：“实施积极应对人口老龄化国家战略，发展养老事业和养老产业，优化孤寡老人服务，推动实现全体老年人享有基本养老服务。”(2022 年 10 月 16 日)

请结合当地老龄化进程相关数据，讨论“应对老龄化为什么成为国家层面的战略问题”。

任务二　认知老年社会工作的基本内容

〉〉〉教学目标

通过本任务教学，学生能知道老年社会工作的概念、工作对象、工作目标；掌握老年社会工作的常见内容、工作类型；理解老年社会工作的相关理论。

〉〉〉要点提示

1. 老年社会工作的基本概要。
2. 老年社会工作的基本理论。

〉〉〉教学内容

一、认识老年社会工作的基本概要

(一)老年社会工作的概念

老年社会工作是指受过专业训练的社会工作者在专业价值理念的指导下，充分运用社会工作的专业知识和技能，为在生活中遭受各种困难而暂时丧失社会功能的老年人解决问题、摆脱困境、改善功能并同时推动老年人晚年获得进一步发展的专业服务活动。

这个定义我们可以从以下几个方面来理解。①

(1)为老年人服务是一种由价值理念支配下活动，在开展老年社会工作的过程中，时刻需要秉持社会工作的信念以及专业的基本原则。

(2)为老年人提供社会工作服务需要在理论的指导下运用许多专业的方法，以提高服务的有效性和针对性。

(3) 老年社会工作的最终目标是挖掘老年人的潜能，提高老年人的能力和促进老年人的发展。

(二)老年社会工作的对象

老年人是老年社会工作者的主要服务对象，但是由于老年人的问题、需求以及环境有所不同，可以把老年社会工作对象进行以下大致的划分。

1. 以被服务的对象来划分

(1)遭遇各种困难的老年人。进入老年期，老年人会遇到很多困难，只要老年当事人要求帮助或者有接受服务的意愿，那么他们就是老年社会工作的服务对象，社会工作者应采用专业的方法帮助老年案主解决问题。

(2)老年人的家人或亲友。进入老年期后老年人的各项机能开始退化，社会参与越来越少，活动范围越来越狭窄，最后完全限制在家庭内，这时候发生的问题会增多和凸显出来，如老年人和家庭成员的关系问题、久病卧床老年人的照顾问题、老年人遭

① 范明林、张钟汝：《老年社会工作》，上海，上海大学出版社，2005。

虐待或遗弃等。这时，处于此种情形中的老年人及其家人都应该是老年社会工作的服务对象。

(3)为老年人提供服务的其他人员。随着家庭的核心化，不少人进入老年期后其子女并不在身边或者忙于工作无暇顾及，老年人便由雇用的护工或家庭以外的亲友来照顾生活起居。这些人员长时期服侍老年人，有的会深感压抑或体力不支，从而容易有冲动的行为，如冷淡、责骂老年人，或者不满足老年人的基本需要。所以，除老年人外，这些人也需要老年社会工作者的帮助和辅导。

2. 以老年人问题的种类来划分

(1)长期患病、生理机能严重衰退或者残疾的老年人。这类老年人由于久病不愈，对医疗性护理照料资源的需求较大，家庭由此受到影响并可能引发其他问题，如家庭经济困难、家人因长期照顾老年人患者而病倒、家中儿童及少年得不到良好照顾等。

(2)经济困难的老年人。这类老年人退休后收入减少，而支出却随着身体的衰退和医疗费用的增加而增多，逐渐会陷入入不敷出的困境。

(3)退休后生活无法调适的老年人。这类老年人退休以后始终生活寻找不到支点、心理始终处于波动的状态之中。

(4)人际关系不良的老年人。这类老年人包括与配偶相处不和睦；与儿子、媳妇或其他家庭成员有家庭冲突；与家庭以外的人，如亲家、邻居等有矛盾纷争等。

(5)受虐的老年人。这类老年人受虐的种类包括忽视(如不提供老年人日常生活所必需的用品、不给饭吃，对老年人提出的正当要求不理不睬等)，身体虐待(如对老年人进行各种形式的殴打)，精神虐待(如对待老年人态度恶劣，时常怒骂、讽刺或者故意损坏、丢弃老年人喜爱的物件等，从而导致老年人在情绪和精神方面遭受严重伤害)。

(6)丧亲的老年人。这类老年人丧偶或者子女早逝，心中悲痛欲绝，无法化解。这时特别需要社工的介入，为老年案主提供心理上的支持和物质上的帮助。

(三)老年社会工作的目标

根据老年社会工作的定义与服务对象，老年社会工作的目标中涉及以下五项内容。

(1)调适老年人的生活环境，协助老年人适应不良社会环境，如经济、疾病、家庭关系、孤独等问题，鼓励老年人安度晚年。

(2)促进老年人的人际关系，鼓励老年人参与社会活动，鼓励老年人与他人互动，满足其精神生活的需要。

(3)协助老年人增强个人能力，预防其生理或心理功能的迅速退化，以促进老年人的身心健康。

(4)帮助老年人充分利用各种社会资源，使老年人有一个健康和愉快的晚年。

(5)提供老年人福利、老年人保障、老年人服务等各个方面的实际经验和理论总结，作为有关部门制定、修正各项老年人政策和措施的参考。

(四)老年社会工作的常见内容

1. 老年权益保障工作

老年人享有公民应有的权利。除此之外，作为特殊的群体，老年人还享有宪法和法律规定的特殊权益，如有从国家和社会获得物质帮助的权利，有得到成年子女赡养扶助的权利，有享受社会发展成果的权利和参与社会发展的权利。老年人作为社会处境不利群体，其合法权益容易受到损害。老年权益保障工作就是社会工作者依法维护老年人权益，防止老年人的权益受到损害，让老年人安度晚年。

下面简要介绍一下老年人的相关权益。

(1)老年人的政治权利。

老年人的政治权利主要包括：选举权和被选举权；言论、出版、集会、结社、游行、示威的自由；对于国家机关和国家工作人员，有提出批评和建议的权利；对于国家机关和国家工作人员的违法失职行为，有向有关国家机关提出申诉、控告或者检举的权利；由于国家机关和国家工作人员侵犯公民权利而受到损失的，有依照法律规定取得赔偿的权利。

(2)老年人的人身自由权。

老年人的人身自由权主要包括：公民的人身自由不受侵犯；公民的住宅不受侵犯；公民的通信自由和通信秘密受法律保护；禁止虐待老年人；严格禁止侵犯公民的生命健康权；公民的姓名权受法律保护；公民的肖像权不受侵犯；公民的名誉权受法律保护；公民的荣誉权受法律保护；公民的婚姻自由权不受侵犯(老年人有权按照法律规定，自主自愿地决定自己的婚姻问题，子女或者其他亲属不得干涉老年人结婚、离婚、再婚以及婚后的生活)。

(3)老年人的宗教信仰自由权。

老年人既有信仰宗教的自由，也有不信仰宗教的自由。任何国家机关、社会团体和个人不得强制老年人信仰宗教或者不信仰宗教，也不得歧视信仰宗教的老年人或不信仰宗教的老年人。

(4)老年人的社会经济权利。

老年人的社会经济权利主要有三个方面，一是劳动权：老年人在退休后有继续劳动、参与社会发展的权利。劳动者的休息权，即在劳动过程中享有休息权。

二是退休人员生活的保障权：指退休人员的生活受国家和社会的保障。国家建立养老保险制度，保障老年人的基本生活，老年人依法享有的养老金和其他待遇应当得到保障。有关组织必须按时足额支付养老金，不得无故拖欠，不得挪用。国家可以根据经济发展、人民生活水平提高和职工工资增长的情况增加养老金。

三是物质帮助权：老年人无劳动能力、无生活来源、无赡养人和扶养人或者赡养人和扶养人确无赡养或者扶养能力的，在城市的，由当地人民政府给予救济；在农村的，由农村集体经济组织负担保吃、保穿、保住、保医、保葬的五保供养。老年人患病无力支付医疗费用的，当地人民政府可以给予适当帮助，并提倡社会救助。老年人因其合法权益受侵害提起诉讼交纳诉讼费有困难的，可以缓交、减交或者免交。需要律师帮助但无力支付律师费的，可以获得法律援助。健全和完善社会救助制度，对于生活水平达不到城镇居民最低生活保障线的老年人和老年人家庭由政府实行货币或实物救助。

(5)老年人有享受社会发展成果的权利。

随着社会经济发展和生活水平提高，老年人的生活水平和社会福利待遇也应随之增高，如工资上涨时，老年人的退休金应相应上涨。生活水平提高后，老年人的福利待遇如养老保险金或救济金也应上涨，以满足老年人与社会其他人群保持同等或相近的生活水平状态的需要。这是对老年人过去劳动价值的补偿和社会发展中人人平等的体现。

(6)老年人有受赡养扶助的权利。

老年人享有受赡养扶助的权利，赡养人应当履行对老年人经济上供养、生活上照料和精神上慰藉的义务，照顾老年人的特殊需要。赡养人对患病的老年人应当提供医疗费用和护理。赡养人应当妥善安排老年人的住房，不得强迫老年人迁居条件低劣的房屋。赡养人有义务耕种老年人承包的田地，照管老年人的林木和牲畜等，收益归老年人所有。赡养人不得以放弃健康权或者其他理由，拒绝履行赡养义务。赡养人不履行赡养义务时，老年人有要求赡养者给付赡养费的权利。同时，老年人与配偶有相互抚养的义务。由兄姊抚养的弟妹成年后，有负担能力的，对年老无赡养人的兄姊有抚养的义务。

(7)老年人的财产权。

老年人的财产所有权，是指老年人对其所有的财产享有占有、使用、收益和处分的权利。老年人个人的财产包括：合法收入、房屋、储蓄、有价证券、文物和图书资料、生活用品、林木、牲畜和其他合法财产、法律允许公民所有的生产资料。老年人有权依法处分个人的财产，子女或者其他亲属不得干涉，不得强行索取、侵占、毁坏老年人的财物。老年人有权拒绝有独立生活能力的成年子女提出的经济资助的要求。

(8)老年人的知识产权。

知识产权是指公民和法人根据法律规定，对其在科学技术和文学艺术等领域内创造的知识产品、智力成果所享有的专有权利。许多老年人虽然已从工作岗位上退下来，但仍在从事著述或科技开发工作，保护老年人的知识产权也是一项重要工作。

(9)老年人的继承权。

继承权是指继承人依法所享有的继承被继承人遗产的权利。老年人有依法继承父母、配偶、子女或者其他亲属遗产的权利，有接受赠予的权利，任何人不得侵犯，不得侵吞、抢夺、转移、隐匿或破坏应由老年人继承的遗产。

(10)老年人的住房权。

这项权利内容主要包括四点。

一是老年人的住房权包括房产权、房屋租赁权和使用权。老年人自有的或者承租的住房，子女或者其他亲属不得侵占、损毁，不得擅自改变产权关系或者租赁关系。

二是赡养人应当妥善安排老年人的住房，不得强迫老年人迁居条件低劣的房屋。赡养人对老年人自有的住房有维修的义务。

三是老年人与子女或者其他亲属共同出资购买、建造的住房，老年人依法享有相应的产权和使用权。子女或其他亲属出资购买老年人原来承租或居住的住房，必须保证老年人继续居住的权利。

四是老年人所在组织分配、调整或者出售住房，应当根据实际情况和有关标准照顾老年人的需要。

2. 老年社会保障工作

老年人社会保障是指对退出劳动领域或无劳动能力的老年人实行的社会保护和社

会救助措施。我国由于历史和经济的原因，老年社会保障制度的建立相对滞后，到今天，老年社会保障制度和措施虽然取得很大的成就，但是面对人口老龄化、生产现代化、经济市场化的新形势，老年社会保障领域依然存在着很多问题。社会工作者在对老年案主实施与社会保障相关的服务时，一方面，要积极为老年人争取国家社会保障尤其是老年保障制度和措施中规定的权利；另一方面，要通过工作实践去影响和推进老年社会保障的不断改进和完善。

目前，涉及我国城乡老年人的社会保障制度和福利措施如下。

(1)退休制度。

公民到了法定退休年龄，不必再付出劳动也可享受退休工资待遇。随着经济的发展和工资结构以及物价体系的变动，我国会对离退休人员实行养老金补贴制度。

(2)养老保险。

国家根据社会主义市场经济的需要，建立起了社会统筹和个人账户相结合的国家、企业、个人三方负责的多层次社会保障制度。公民在工作期间，定期缴纳收入的一部分与国家、企业补贴缴纳的金额共同组成个人养老保险账户，公民在退休后可享受支取养老保险金作为生活中的经济来源。随着养老保险体系的不断完善，目前广大农民也逐渐被纳入国家的养老保险制度中来，参与农村养老保险的农民越来越多。

(3)城乡社会救助制度。

在我国城镇和乡村，由政府对丧失劳动能力、无依无靠的老年人实行“五保”制度，即保吃、保穿、保住、保医、保葬，使困难老年人的基本生活得到保证。

(4)医疗保障措施。

目前我们国家的医疗保障主要针对的是在岗职工，针对老年人的医疗保障措施还很欠缺，这也是国家今后的医疗保障改革需要重点完善的内容。目前涉及老年人的医疗保障措施主要有：公费医疗，享受这一待遇的老年人主要是行政事业单位的退休人员、伤残军人；公费医疗，享受这一医疗保障的老年人主要是国有企业退休职工，这种医疗保险的经费是由企业按工资总额的一定比例提取的福利费，属于企业保险型；福利和救济性的医疗保障，城镇未正式就业的老年人和农村老年人中的一部分五保户、生活困难户，还有住在福利院和敬老院中的老年人，医疗费由国家和集体保障。

3. *老年教育工作*

随着社会发展步伐的加快，人们越来越强调“终身学习”，只有不断学习才能更好地适应社会发展。因此，做好老年教育工作，使老年人老有所学，并增强其老有所为的本领，也是老年社会工作的一项重要内容。

老年教育工作指通过对老年人进行知识和技能传授，使老年人跟上社会和时代的步伐，丰富老年生活知识，增加生活技能，提高老年人的身心素质，增强其自我服务和继续为社会服务的能力。老年教育是一种社会文化和生活教育，它体现了现代社会中人的价值和社会的文明与进步。

老年教育应根据老年人不同的需求，安排广泛的内容。从大的范围来说，老年教育的内容可做如下分类。

(1)思想修养方面。

为提高老年人的思想修养，老年教育应着重传授老年心理学、老年社会学、老年生活科学等知识，帮助老年人了解、适应老年生活方式，尽快进入正常的生活秩序。这是老年教育的首要任务，对刚离开劳动岗位的老年人尤为重要。

(2)卫生保健方面。

为增进老年人的身体健康，老年教育可安排诸如卫生保健、常见老年病防治、老年饮食营养、老年体育等课程，以增强老年人的自我保健能力，鼓励老年人养成并保持有利于健康的生活方式，改变不良的行为和习惯。自觉参与和改进个人和集体的卫生状况，提高健康水平。

(3)增加知识方面。

为增加老年人的知识，老年教育可以安排其使用诸如电脑、手机进行文学、历史、地理、法律、外语、园艺等方面的学习，充实老年人的精神生活。

(4)兴趣爱好方面。

为满足老年人发展兴趣爱好的需求，老年教育可以安排如书画、球类、棋类、唱歌、乐器演奏、戏曲欣赏、摄影、手工艺品制作等课程，增添老年人晚年的情趣。

(5)生活需要方面。

为满足老年人的生活需要，老年教育可安排一些烹调、服装裁剪、针织工艺、家用电器的使用和保养等课程，帮助老年人掌握各种生活技能。

(6)专业技能方面。

为让老年人更好地发挥余热，为社会服务，老年教育可安排一些能够参与社会服务的专业知识和技能课程，提高老年人的社会活动能力，让老年人在发挥余热、服务社会中体现自己应有的价值。

4. 老年文化工作

进入老年期之后，文化娱乐活动成了老年人的“第二生命”。怎样组织和指导老年人从事或开展文化娱乐活动，使老年人老有所乐，成了老年社会工作者的一项重要工作。

老年文化工作是指根据老年人的生理和心理特点，组织和引导老年人开展各种各样的文化娱乐活动，丰富老年人的生活，使其老有所乐。

老年文化工作的具体内容包括：指导老年人怎样科学合理地看电视；指导老年人怎样欣赏音乐以陶冶身心；指导老年人怎样从事合理适度的棋牌活动；指导老年人怎样进行科学的体育锻炼。总之，通过社会工作者的指导和帮助，使老年人学会和掌握科学、适度的文化娱乐活动，丰富老年人的生活，愉悦老年人的身心。

5. 老年心理疏导工作①

进入老年期的人，因身体功能、社会功能的衰退，会引发一系列的心理不适问题，因此，从事老年社会工作时，其中重要的一个工作内容就是为老年案主提供心理疏导，解除老年人心理、精神上的困扰。

老年人心理疏导主要是运用心理学的一些知识和方法来引导其走出心理困境，常见的老年人心理疏导工作内容包括：协助老年人应付生活压力；帮助老年人进行与他人关系的调适；帮助老年人克服衰老感；帮助老年人应对离退休综合征，调整心态；

---

① 本部分具体工作细节和技巧将在后续的老年个案工作、小组工作和社区工作中给予介绍。

帮助老年人克服老年期疑病症；帮助老年人解决“空巢”孤独感；协助老年人解决社交困难；等等。所有涉及老年人心理和情绪健康的问题，老年社会工作者都可以通过专业方法和技术进行心理疏通，让老年人保持开朗、乐观、积极的心态以适应老年生活。

6. 老年生活照顾服务与护理工作

由于生理机能的衰退和疾病困扰，老年人在行动上会有诸多不便，这时就需要他人给予照料和护理才能正常地生活。老年社会工作者也会提供一些老年护理方面的服务。

老年护理工作包括日常生活照料与老年病人护理两大类。其中日常生活照料主要涉及对老年人起居、饮食、活动的合理安排与帮助。老年病人护理的内容相对来说要复杂一些，包括用具消毒，卧床病人护理(翻身、口腔护理、排便、排痰、擦澡)，常见疾病护理，常见急救帮助，临终护理与关怀等。

老年社会工作的内容总结起来主要是为了满足老年人两方面的需求，即老年人日常生活需求和老年人社会生活发展需求。

(五)老年社会工作的类型

老年社会工作可以依据不同的标准划分出不同的类型。

依老年案主的年龄划分，老年社会工作可分为低龄老年(60～69岁)社会工作、中龄老年(70～79岁)社会工作、高龄老年(80岁及以上)社会工作。在不同年龄段，老年社会工作的侧重点是不同的。一般来说，对于低龄老年人来说，社会工作的重点是解决其角色转换和再社会化的问题。对于中龄老年人来说，社会工作的重点在于协助其处理好日常生活、人际关系和社会交往问题。而对于高龄老年人来说，社会工作的重点在疾病护理、生活照顾和临终关怀等方面。

依据工作方法，可以把老年社会工作分为：老年个案工作、老年小组工作、老年社区工作和老年行政工作等。老年个案工作是为老年个体及其家庭提供服务，以解决有关的问题。老年小组工作是以团体的方式开展工作，通过团体活动来改善老年人的社会适应性或是增进老年人解决问题的能力。老年社区工作是立足于社区，挖掘社区资源为老年人创设良好的颐养氛围，提高社区服务的水平。老年行政工作是从宏观管理层面促进老年社会政策的制定和实施，通过行政管理的程序来推动老年社会工作的开展。

依据工作关系划分：直接老年社会工作、间接老年社会工作。直接老年社会工作，通常是指微观层面的为老服务。这些工作直接与老年人打交道，运用的手法主要是个案与小组的方式。间接老年社会工作是指对老年社会工作进行组织领导、理论研究和政策开展等，即宏观层面的为老服务。

二、认知老年社会工作的基本理论

(一)人生回顾理论

1. 理论内容

这一理论认为有许多老年人在老年期的一个基本的人格特征就是喜欢回顾往事。这种特征的产生主要缘于老年人的一种观念，认为自己已经日渐暮年，余日无多，因此在心理上产生人生回顾过程。老年人们回顾往事的方式如下。

(1)与亲朋好友或晚辈谈论往事。

(2)怀念家乡，尤其怀念自己孩童时期家乡的生活情景。

(3)对镜凝视追忆自己从前的容貌，与目前的鸡皮鹤发相比较，并且发出由衷的感慨。

(4)一些有较高文化水平的老年人还喜欢撰写怀旧的文章。

2. 对老年社会工作的启示

人生回顾理论对老年社会工作的启发在于：在对老年人开展辅导或个案工作时，恰当地引导老年人回顾往事，对老年人的自信心和能力的提升有极大的帮助。

(二)社会撤离理论

1. 理论内容

这一理论认为老年人因活动能力的下降和生活中角色的丧失，希望摆脱要求他们具有生产能力和竞争能力的社会期待，愿意扮演比较次要的社会角色，自愿地脱离社会。在社会撤离理论看来，老年人减少他们的活动水平、减少与人交往、关注内心的生命体验，会使老年人过上一种平静而令人满意的晚年生活。而且，老年人主动地撤离社会，能使社会权力井然有序地实现交接，社会也不会因老年人的死亡而功能受损。因此，社会撤离理论认为，老年人从社会主流生活中撤离，无论这一过程是因老年人自愿还是由社会起动，对社会和个人都会产生积极影响。

2. 对老年社会工作的启示

这一理论对社会工作的启示主要体现在宏观社会工作中，既然老年人撤离社会让位给年轻人是新陈代谢的规律，是很正常的现象，那么社会就应该有相应的政策来保障老年人这种“撤离”的顺利进行，给已撤离的老年人更好的保障。

(三)活动理论

1. 理论内容

活动理论与社会撤离理论的基本观点正好相反，其认为活动水平高的老年人比活动水平低的老年人更容易感到生活满意和更能适应社会。活动理论主张老年人应该尽可能长久地保持中年人的生活方式以否定老年的存在，用新的角色取代因丧偶或退休而失去的角色，而把自身与社会的距离缩小到最低限度。

2. 对老年社会工作的启示

活动理论对老年社会工作的意义在于，无论从医学和生物学的角度，还是从日常生活观察表明，“用进废退”是生物界的一个规律，因此，社会工作者不仅要在态度和价值取向上鼓励老年人积极参与他们力所能及的一切社会活动，而且更需要为老年人的社会参与提供更多的机会和条件。

(四)连续性理论

1. 理论内容

连续性理论认为，不论是年轻还是年老，人们都有着不同的个性和生活方式，而个性在适应衰老时起着重要的作用。总是消极或退缩的人不可能在退休后成为积极的人。同样，一贯活跃、自信和参与社会的人在老年时不可能安静地待在家里。人主要的个性特点和价值观念会随着年龄的增长变得更加突出。在连续性理论看来，如果一个人在老年时仍能保持中年时代的个性和生活方式，那么他便会有一个幸福的晚年。

因此，每个人不用去适应相同的规范，而是应该根据自己的个性来规定标准，这是老年人对生活感到满意的基础。

2. 对老年社会工作的启示

在老年社会工作辅导过程中，可以根据老年人固有的内在性格特征和外在的兴趣爱好，引导老年人按照自己的个性来适应晚年生活，以降低进入老年期的不适感。但是，我们也应该注意到，每个老年案主的个性不同，运用这一理论时应根据老年案主的具体情形而定。

(五)符号互动理论

1. 理论内容

符号互动论认为，人们是在具体的社会环境中，在与他人交往的过程中获得自我概念的。人们一旦获知他人对自己的评价，便会不由自主地按照他人的看法对自己做出反应，从而形成自我概念。比如，当整个社会都对老年人采取否定的态度，把老年人描绘成昏庸、退化、无用、依赖等形象时，就会影响老年人对自我的认知，带给他们对自身消极的评价，让他们感到自己不再有能力，自己对于家庭和社会都是一种负担。

2. 对老年社会工作的启示

在与老年案主互动的过程中，引导案主去发现自身的特长及优点，并积极给予鼓励和认可，让老年人形成“有意义”的自我形象和意识。同时老年社会工作者也要去影响社会意识，利用所有可利用的机会去纠正人们对老年人的刻板印象。

(六)社会交换理论

1. 理论内容

在社会交换理论看来，人们是通过掌握物质财富、能力、成就、健康、美丽等社会认可的权力资源来确认自己的社会地位的。在社会中，大多数老年人掌握的权力资源比年轻人少，因此，他们的社会地位便相应下降。由于老年人缺乏可供交换的资源，所以他们在社会中只能扮演屈从和依赖的角色。基于此，社会交换理论提出，发展与老年人有关的政策和社会服务的原则就是力求最大限度地增加老年人的权力资源，以保持老年人在社会互动中的互惠性、活动性和独立性。

2. 对老年社会工作的启示

这一理论有助于我们了解老年撤退、依赖、忧愁现象的原因，可为老年心理疏导提供原因分析。同时，老年社会工作者要尽量让老年人感到他们仍然是有用的。

三、实务操作

训练任务：运用本任务内基本常识进行情境处理

[工作情境]

赵先生，现年67岁，丧偶独居，身患肛瘘。平时自己可以独立生活，但病情严重时，经常卧床不起。赵先生有固定足额的退休金，生活上还算过得去。有一儿一女，但他们都在国外工作，由于工作原因很少回来探望赵先生。赵先生曾经想再找个老伴，可以相互照顾，但担心影响与子女的感情，因此没有向子女们提及这一想法。随着年龄增长，赵先生记忆力下降，外出经常忘记锁门或关煤气，有一次差点引起火灾。最近病情加重，赵先生的肛门脓肿血流不止，生活无法自理。受医疗条件限制，赵先生所在的社区医院(无肛肠科)束手无策。大医院因赵先生年龄较大、心脏又不太好，不能动手术，婉拒了他的求医要求。上门送医送药也不现实。后来赵先生几次写信、打电话给某医院肛肠科求助，但该科青年医务志愿者帮助的对象是经济特困老年人，出于道义，该科青年医务志愿者免费上门送医送药三次，帮助赵先生缓解病情，但要根治暂时还不可能。再加上一个人生活，面对生活中遇到的种种困境，赵先生常常感到孤立无援、焦虑不安。

请根据这一工作情况，处理以下问题：

上述案例中的赵先生面临着哪些困境？分别涉及老年社会工作的哪些内容？

情境处理：

赵先生面临的困境主要有：如何及时治愈肛瘘(疾病治疗和护理工作)；如何进行健康维护以预防其他慢性疾病发生(疾病保健知识教育工作)；如何缓解或消除老年人的孤独和焦虑（心理情绪疏导工作)；如何协助老年人处理再婚问题(婚姻与子女关系等家庭工作)；如何减少或消除家庭安全事故的发生概率(日常生活照顾工作)。

案例点评：

老年人在遇到疾病等生理原因造成的困境时，往往也伴随着生理之外的问题。由此可见，老年案主这一群体的复杂性。这也要求老年社会工作者在处理老年案主的问题时要有全面、综合的视角，以“人在情境中”的思维来分析和解决老人的困境。

〉〉〉任务体验式教学参考

个人任务工单1

组号：________　　姓名：________　　学号：________

引导问题：根据本单元所学知识尝试总结。

1. 老年社会工作概要。

老年社会工作概要

小组任务工单 2

组号：________ 姓名：________ 学号：________

引导问题：根据本单元的相关内容讨论下列问题。

1. 养老机构内应开展的老年社会工作内容有哪些？

2. 日间照料中心应开展的老年社会工作内容有哪些。

3. 社区居家养老服务开展的老年社会工作内容有哪些。

〉〉〉思政导航

“实施积极应对人口老龄化国家战略。制定人口长期发展战略，优化生育政策，增强生育政策包容性，提高优生优育服务水平，发展普惠托育服务体系，降低生育、养育、教育成本，促进人口长期均衡发展，提高人口素质。积极开发老龄人力资源，发展银发经济。推动养老事业和养老产业协同发展，健全基本养老服务体系，发展普惠型养老服务和互助性养老，支持家庭承担养老功能，培育养老新业态，构建居家社区机构相协调、医养康养相结合的养老服务体系，健全养老服务综合监管制度。”——十九届五中全会《中共中央关于制定国民经济和社会发展第十四个五年规划和二〇三五年远景目标的建议》(2020 年 10 月 29 日)

请根据上述规划内容，讨论“积极老龄化”应从哪些方面着手。

任务三　认知老年社会工作者角色

〉〉〉教学目标

通过本任务教学，学生可以全面把握老年社会工作者的角色内涵、能力、知识结构以及素质要求，灵活掌握老年社会工作的基本原则。

〉〉〉要点提示

1. 老年社会工作者的角色定位。
2. 老年社会工作者的必备条件。
3. 老年社会工作的基本原则。

〉〉〉教学内容

随着老龄化社会的来临，老年人日渐增多，社会需要更多的专业工作者加入到老年服务与工作的队伍中来。老年社会工作者专指遵循助人自助的价值理念，综合运用社会工作专业知识和方法，为有需要的老年个体，老年机构，老年人所在的家庭、社区提供专业社会服务，帮助老年人发挥自身潜能、协调社会关系，解决和预防社会问题，创造安乐的晚年环境，从而促进社会公正和谐发展的专业人员。老年社会工作者是老年社会工作的主体，是老年社会工作的构成要件之一。老年社会工作者与护工、义工和志愿者有着本质的不同。

一、老年社会工作者的角色定位

(1)服务提供者：这是老年社会工作者的首要角色，其为有困难的老年案主提供帮助性的服务。

(2)支持者：通过适当的方式和方法鼓励老年案主自立，支持老年人充分挖掘自身的潜能，达到“助人自助”的服务宗旨。

(3)倡导者：启发或引导老年案主适应新的生活环境和社会环境，引导老年人尝试进行行动方式和思维方式的调适或改变。

(4)管理者：当老年案主需要多种服务时，老年社会工作者要通过计划与安排来协调不同服务机构所提供的服务，并把这些服务和资源与有需要的案主进行有效的连接。

(5)政策影响人：当老年案主的问题或困难是由社会政策不完善造成的，或与社会政策不完善相关时，老年社会工作者应该积极去影响政府政策的制定，实现政策的优化，从根源上解决案主的困难。

二、老年社会工作者的必备条件

一个合格的老年社会工作者必须具备一定的专业素质，除了要有深厚的感情、热情的服务态度和耐心细致的工作方法外，还要有丰富的知识、熟练的技术和充沛的精力。

(一)老年社会工作者应具备的个人品质

1. 有爱心

老年期是生理机能逐渐衰退的时期，任何人到了这个时期，都会日渐失去各种自理的能力，这时候的老年人无论是生理上还是心理上都越来越脆弱了，特别需要他人的关心与照顾。当今社会中，老年人之所以成为很多社会问题的主角，就是其亲友因老年人各种自理能力的丧失产生的厌恶所致，老年人被看作负担、麻烦。我们老年社会工作者尤其需要有爱心，从内心接纳老年人，帮助和关心老年人就像在对待将来的自己一样。

2. 有耐心

老年人会有心理上、精神上的变化，有时会比中青年人更容易陷入孤僻、固执、神经质等状态中，这些状态会使他们对认准的事情坚持、不通融，即使认准的事情是错误的。这就需要老年社会工作者有足够的耐心，在加入这一行业之前就有心理准备，在服务与辅导的过程中不能急躁，要去适应老年人的节奏。

3. 有责任心

与老年人打交道，为老年人提供服务的工作，会因各种各样的因素困难重重。有时候老年人的困难迟迟得不到解决会给老年社会工作者造成巨大的心理压力，这时作为老年社工不能退缩，不能回避问题，要担负起责任，为老年人服务到底、直到服务有了结果。这对老年社工的责任心提出了很高的要求。

4. 要细心

老年人的心理会因生理机能的退化变得越来越敏感，这种情况会使老年人对他人尤其是服务者的要求变得苛刻，更追求细节，有时甚至会有些挑剔。老年社会工作者在服务过程中要仔细体察老年人的需求，细心地给予关注，让老年案主获得被关注与关心的心理满足感。

(二)老年社会工作者的知识结构

1. 要有广博的知识

老年社会工作涉及医学、生物学、心理学、政治学、社会学、经济学、法学、教育学等多种学科，内容广博。对于以上这些知识，老年社会工作者都应该有所了解并掌握。例如，要进行老年人护理工作，基本没有的医学知识是难以胜任的；要为老年人争取合法权益，则必须依靠法律武器；对老年人心理的辅导离不开心理学、教育学等基础知识。由此可见，老年社会工作者应具有广博的知识面，涉猎多种学科领域。

2. 要有专业的老年社会工作知识

老年社会工作者除了要有广博的社会基础知识，不同的工作岗位对从业人员也有不同的要求。例如，作为老年社会工作行政机构的管理人员，除了要有以上基础知识外，还要有组织学、行政管理学、人口学、伦理学、社会调查研究方法等专业知识。掌握这些专业知识，行政管理机构的管理人员就能有针对性地制定解决老年问题的政策和具体措施，促进老龄事业的发展。老年社会机构的管理人员应具备社会管理学、公共关系学、人才学、经济管理学等专业知识，这是管理好老年社会机构的必要条件。对从事简单劳动的老年护理人员也有专业知识的要求，他们除了需要掌握一般的医学知识外，还应具备老年护理学、老年营养学、老年康复学等专业知识。另外，老年社会工作的方法和技巧是老年社会工作专业知识的核心内容。老年社会工作者由于专业方向或专长不同，担负的具体工作也就不同，有的做老年个案工作，有的做团体工作，有的做社区工作。从中国当前的现实条件来看，老年社会工作者最好是“通才”，即应该通晓老年社会工作涉及的专业知识，这样才能妥善地解决各种问题，更好地适应新形势的要求。

(三)老年社会工作者的能力要求

老年社会工作直接面向老年人，工作对象的特殊性决定了工作任务的复杂性。由于老年人存在的问题多种多样，这要求老年社会工作者必须具有较强的工作能力。

1. 社会交往能力

老年社会工作是同人打交道的职业，是帮助老年人及其亲友摆脱痛苦与困境的活动，这些任务的艰巨性、复杂性要求老年社会工作者须具有高水平的、熟练的社会交往能力，学会做沟通工作。

老年交往对象的多样性对老年社会工作者的交往能力提出了高要求。随着老年人数的增加，老年人的物质、精神需求，已从过去的低层次向高层次发展变化，同这些人打交道，没有较强的交往能力、社交能力是无法开展工作的。同时，老年社会工作者要做好老年社会工作，还要与社会方方面面的关系打交道，没有较强的社会交往能力是难以胜任的。

交往环境的复杂性要求老年社会工作者具有娴熟的交往能力。情境是老年社会工作者社会交往的背景，它对社会交往有直接影响。老年社会工作者的工作环境是时常变化的，因此，它对老年社会工作者的交往能力有不同的要求。比如，在与同一个工作对象交往的过程中，由于对方的态度、行为以及具体情境的变化，交往的情境也随之发生变化，这一点老年社会工作者必须要有心理准备。例如，老年社会工作者做老年人心理咨询时，工作的对象可能会随着咨询的进展有不同的反应。老年社会工作者应该审时度势，正确地给出情境定义，做出适当的反应，千万不能手足无措，陷入被动。另外某些老年社会工作的情境具有综合性，常常要求老年社会工作者在短时间内解决各种问题，提出正确的意见和主张，使事情有个妥善的解决办法。总之，每个老年人都有不同的情况，即使有相似的情境，专业守则也要求我们在对待案主时要“个别化”，不能套用以前的经验，这就要求老年社会工作者不断提高交往能力。

2. 组织协调能力

老年社会工作对工作者的组织协调能力也提出了一定的要求，这在老年小组工作和老年社区工作中体现得最明显。小组工作的实质是一个组织过程，是将有共同需要的工作对象组织联系起来的活动，小组工作可以看作是社会工作者的组织协调能力的集中展示。例如，在养老机构中，工作人员帮助机构内老年人筹划、组织各种文体活动，或创造一定的途径让老年人们接受继续教育等。老年社区工作以更复杂的情境、更艰巨的任务向老年社会工作者的组织能力提出挑战。

3. 决断能力

老年社会工作者的服务对象尽管都是老年人，但服务的情况是复杂多样的，其工作情境也变化多样，必须要面对现实，针对不同情况做出恰当的回应。老年社会工作强调个别化原则，个别化原则不是倡导标新立异，而是要在老年社会工作基本模式的指导下，实事求是地采取有差别的处理方法。恰当的、有差别的处理方法向老年社会工作者的决断能力提出近乎苛刻的要求。因为，老年社会工作的服务对象需要全社会的关爱与保护，避免错误决策是老年社会工作者的基本信条。而要做到这一点，需要老年社会工作者有良好的判断能力，遇事敢于决断、善于决断。

三、老年社会工作的基本原则

老年社会工作属社会工作中的一种，因此社会工作的基本原则都适用于老年社会工作，除此之外，由于老年群体有着与其他群体不同的生理特点和心理特点，老年社会工作除了要遵循社会工作的一般原则外，还有其自身独特的要求。

(一)秉承老年人可以成长和改变的观念

在为老年人提供服务时，老年社会工作者应该摒弃对老年人的排斥与歧视等，去尊重老年人继续成长和改变的权利。要通过提供各种机会，让老年人自我选择适当的生活方式，鼓励他们在一定范围内自我负责。工作者应尊重老年人自我选择、自我引导的权利，尽量让老年人以自己的方式去解决问题和适应环境。工作者只有发自内心地尊重老年人并相信他们有能力改变自己的生活，才会有信心通过适当的协助去改变老年人的生存环境，提高他们的生活质量。

(二)承认老年人与社会整合的重要性

社会工作者不能套用某一种固定的模式去指导老年人的生活。只要老年人愿意参与社会活动，我们就应该为他们创造机会和条件。老年人的社会活动权利应该受到尊重。社会工作者应当看到老年人和社会互动的重要性。在处理老年人问题时，要结合老年人的个性特点和生活环境，促进老年人和社会之间的联系，防止老年人社会功能的衰退。

(三)心理协助和资源提供并举

老年人所处的环境与自身生理机能的退化会使其出现各种心理问题。因此，社会工作者在协助老年人的过程中必须做好老年人的心理疏导工作，帮助他们适度宣泄不良情绪，缓解心理压力。除了协助其心理上的适应以外，社会工作者还应力争为老年人提供现实的资源：在为老年人提供服务时，应当力求心理协助和资源提供并举，使老年人得到全面的帮助和关心。

(四)注重发挥老年人的社会功能

老年人社会功能的不充分发挥，有时候并不是全由老化引起的，老年人的能力不能充分发挥或者使用不当也是老年人功能受损的重要表现。所以，在协助老年人发挥其功能时，社会工作者应当注意以下两点：第一，为老年人提供一定的渠道，让其就他们即将接受的服务表达一下自己的想法，从而使他们有参与感。第二，让老年人有自主选择的权利。社会工作者不仅要相信老年案主有能力做出决定，而且应积极鼓励老年案主参与计划的制订与策略的选择。让案主参与决定的过程，能使案主在实施决定的过程中更具积极性和主动性。

四、实务操作

训练任务：运用本任务内基本常识进行情境处理

［工作情境］

小王是某大学社会工作专业的毕业生，她工作后被安排到街道社会事务科。因为她接受过专业的社会工作教育，上班后不久科长告诉小王，希望她以后从专业特长入手，主要开展老年人服务工作。刚刚走上工作岗位的小王有着满腔热情，非常高兴能从事与专业相关的工作。于是她为了能给今后开展工作打好基础，先进入街道所辖的社区了解本街道社区内老年人的情况。与社区老年人接触后，小王感觉老年人的境遇不容乐观，老年社会工作困难很大。特别是当她看到社区有些老年人病危时，就会联想到自己将来也要经历这一切，并且会因此感到痛苦。有时她甚至害怕辅导还没有做完，老年人就去世了。这样的情形逐渐让小王产生了很大的心理压力，常常感到自责或力不从心。工作一段时间后，她认为，老年人体弱多病，改善的机会不大，因此在制订一些活动计划时，显现出保守和消极态度，并且在辅导老年人的过程中经常为了避免麻烦而代劳代办。这样，小王需要处理的事情越来越多，自己有些应付不来。因工作压力大，小王慢慢地对老年人表现出不耐烦和不满，当发泄完情绪后她又非常自责和内疚，但就是无法控制。小王对于将要从事的工作以及对自己的能力评价变得越来越悲观和消极。

假设你是小王的同事，请帮助小王分析她有哪些不当造成了她自己的困扰。

情境处理：

造成小王困扰的主要原因在于她没有把握好老年社会工作者的角色和工作原则。具体的不当表现为：

(1)当挽救老年人的努力失败后，小王容易把挫败感转变成对老年人的愤恨和敌意。小王应该时常反思自己对老人的反应，反思自己处理老年事务的方式和心态。

(2)小王没有贯彻老年社会工作的关键——“助人自助”。小王不该把所有的事情都包揽在自己身上，这样就失去了让老年案主自助的机会。

(3)小王对于老人死亡这一不可避免的事实没有形成正确客观的态度。小王应该明白出生到死亡的不可逆转性，这是自然、客观的规律，小王需要社工督导来教会她正确审视自己对老年人死亡的感受。在从事具体的社会工作任务之前，小王应该把自己的问题处理好。

(4)小王没有找其他同事帮忙，忽略了老年社会工作是一门跨学科、跨专业的综合学科，团体合作才能取得更好的效果。

处理点评：

(1) 社会工作者在工作过程中要把握好工作原则，处理好自己所担当的角色，避免因角色混乱而造成的巨大压力。

(2) 社会工作的服务宗旨是“助人自助”，即使面对生理机能已经衰退的老年人案主，也要充分认识到他们的能力，让老人在引导和帮助下发挥潜能，而不是社会工作者包办代替。

〉〉〉任务体验式教学参考

个人任务工单 1

组号：________　　姓名：________　　学号：________

引导问题：结合本单元所学内容尝试进行知识再现。

1. 在老年服务实践中如何理解老年社会工作者角色。

社工协助老人自理

小组任务工单 2

组号：________　　姓名：________　　学号：________

引导问题：根据本单元的相关内容讨论下列问题。

1. 老年社会工作者个人品质对于从事老年社会工作的重要意义。

2. 优势视角、“积极老龄化”等理论和观念对老年社会工作实务的影响。

〉〉〉思政导航

党的二十大报告指出，“坚持尊重劳动、尊重知识、尊重人才、尊重创造”“完善人才战略布局，坚持各方面人才一起抓，建设规模宏大、结构合理、素质优良的人才队伍”。加快建设国家战略人才力量，既要努力培养更多“大师、战略科学家、一流科技领军人才和创新团队、青年科技人才”，也要努力造就更多“卓越工程师、大国工匠、高技能人才”。（2022 年 10 月 16 日）

请结合养老服务行业人才的特点讨论：养老服务高技能人才应具备的知识、技能、素养有哪些。

任务四　提升老年社会工作者的伦理素质

〉〉〉教学目标

通过本任务教学，学生应当熟悉老年社会工作的价值观和专业守则；重点掌握老年社会工作的实务原则，学会处理工作中的伦理困境。

〉〉〉要点提示

1. 老年社会工作的价值观。
2. 老年社会工作的专业守则。
3. 老年社会工作的实务原则。
4. 价值伦理困境中的策略。

〉〉〉教学内容

社会工作是一种高度注重价值和伦理的专业和职业，价值观是社会工作的“灵魂”和“基础”。老年社会工作是社会工作的一个重要实务领域，更加注重职业伦理道德与行为规范。

一、熟知老年社会工作的价值观

老年社会工作的价值观就是对老年人的种种看法和判断，它是老年社会工作实务的指导原则，以及老年社会工作者在从事老年人服务时的行为准则。其具体内容包括：

(1)每一个老年人都有改变的能力和要求发展的内在潜能。

(2)每一个老年人都享有与他人同样的生存权利。

(3)每一个老年人都是一个独特的个体。

(4)每一个老年人都享有尊严，并且必须受到尊重。

(5)每一个老年人都应该受到社会的关怀，尤其是受到贫困、饥饿、疾病和其他困难困扰的老年人更应该得到社会的重点照顾。

(6)每一个老年人都有权利享受经济、社会发展带来的成果。

(7) 一个理想的社会应该不断修订和完善有关老年人的社会政策与法规，为老年人的生存与发展提供良好的社会环境。

(8)在一个现代社会中，每一个老年人都享有这些最基本的权利：生存权、健康权、教育权、居住权、休息权、选举权以及享受社会福利和人道服务的权利。

二、熟知老年社会工作的专业守则

社会工作的专业守则是将社会工作价值观转化为监管专业工作的行为和职业道德的原则。随着社会工作在世界上许多国家和地区的职业化发展，各地社会工作界都制定了相关社会工作专业守则。专业守则要求所有从事社会工作的人都必须遵守，所以，社会工作的专业守则同样也适用于老年社会工作。

(一)对老年案主的工作守则

(1)对案主负责。

(2)让服务对象了解本身的权利和协助他们获得适切的服务，且应该尽量使服务对象明白接受服务所要做出的承担和可能会产生的后果。

(3)让案主了解保密原则的限制性。

(4)不得滥用与服务对象的关系，谋取私人的利益。

(5)如果服务需要收费，社工应尽量使服务对象不会因为经济能力不足而不能及时地获取所需要的服务。

(二)老年社会工作者的工作守则

(1)社工从事其专业工作时，应该持诚实、诚信和尽责的态度。

(2)社工应该持守专业的价值观和道德，并提升专业的知识。

(3)社工对专业提出评论时，应该持有负责任和有建设性的态度。

(4)社工不可以就其专业资格、服务性质、服务方法及预计成效提供有误导性或不真实的资料。

(5)社工有责任不断增进自身的专业知识和技能。

(6)社工有责任协助新加入社会工作专业的同事建立、增强与发展其职业道德、价值观及专业上的知识和技能。

三、掌握老年社会工作的实务原则

社会工作实务是相对于社会工作的实践性而言的，强调的是社会工作是一种具体的助人活动和过程，除此之外，社会工作还有专业性和制度性。实务强调的是通过服务、行动、解决问题等实际工作过程来为案主提供帮助。社会工作是十分注重实务的职业，经过长期的发展和实践，社会工作已经形成了一套指导社会工作实践运作过程的实务原则，即个别化、有目的的情感表达、接纳、非批判的态度、案主自决、保密等。这些实务原则适用于社会工作所有的实务领域，所以它们也适用于老年社会工作实务领域。下面结合老年社会工作实务给予重点介绍。

(一)个别化原则

个别化就是把每个人都看成独立的、有独特性的个体，社会工作者虽然在工作生涯中会遇到许多有共同特征的案主或问题，但要相信每一次的案主或问题都有其独特性，有其尊严或特有的价值。个别化原则应用于老年社会工作实务，是指社会工作者应该坚信每个老年人皆有独特之处，所以，社会工作者必须充分理解每一个老年服务对象的特殊性，并根据这种特殊性选择独一无二的介入策略和提供具有针对性的服务。它体现了对老年人的尊重及以人为本的服务理念。

(二)有目的的情感表达原则

在接受服务的过程中，每一位老年案主都有权利去表达自己的情感，尤其是负面的。如果案主们的情感没有得到适当的释放，将会损害社工与案主之间的专业关系，以及案主自己和他人关系。因此，社工应当重视老年案主的情感表达，通过积极倾听，鼓励老年案主宣泄情绪，解除老年案主的心理防卫，促成专业关系的建立。

(三)接纳原则

老年案主在接受服务的过程中，有权利成为自己想成为的人，而不是成为社会工作者所期望的人。因此，社会工作者应该接纳他们的感受，帮助他们重新塑造尊严和价值观。接纳指的是接纳案主本人和他的感受，而不一定要接纳案主的行为，不表示社工要放弃自己的价值观而同意或支持案主错误的行为或价值观。老年案主是特别需要接纳的人。因为社会固有的对老年人排斥和歧视的态度，把老年人看成社会和家庭的负担，这种观念导致老年人形成了“自己就是昏庸、无能”的消极观念。因此，只有给予老年人尊重和接纳，相信他们有能力改变自己的生活而不是顽固不化，才会有信心改变老年人的生存环境，帮助他们提高生活质量。

(四)非批判的态度原则

社会工作者要能够接受老年案主的问题、缺点、消极的情绪以及破坏性的态度和行为，并且采取不抗拒和不排斥的态度。因为对老年案主的批判只会增加他们的焦虑和恐惧，导致其不能对社工敞开心扉。社会工作者要知道，人的行为会受到社会环境的影响。不批判的态度并非代表道德观念上的模棱两可，而是尽力去理解老年案主行为背后的理由和动机，从而能够更加冷静地去处理问题，营造一种有助于建立专业关系的氛围。非批判的态度还表现在社会工作者应该帮助老年案主正视自己的问题，并且做出积极的改变。

(五)案主自觉原则

案主自觉是社会工作“助人自助”服务理念的具体应用。它指社会工作者通过创造条件，激发案主适当地运用资源，由案主自我决定其想要的生活方式或措施。案主自决意味着社会工作者要为老年案主们提供两个及以上的机会供其选择，在尊重案主生存发展的前提下，帮助案主发现和确定问题，并寻找和发掘解决方案，给案主提供自我选择和自我决定的空间。老年案主虽有自己特有的问题，但他们也是独立、自主的个体，应该对自己负责。因此，社会工作者要积极鼓励老年案主参与计划的制订和策略的选择，让老年案主有权利和机会做出自己的选择与决定。这样可以发挥老年人的主动性，增加老年人的成就感，让他们获得自信和力量。

(六)保密原则

保密原则是社会工作中的一项基本实务原则，是指社会工作者要保守与老年案主有关的、在助人过程中透露给他们的秘密。保守秘密能使案主说出生活中隐私的部分而不必害怕万一泄露出来，他们的声望和地位受损。老年人比较敏感和多疑，老年社会工作者对于这一实务原则要尤其重视。但这一原则不是绝对的，社会工作者应告知老年案主保密原则在什么情况下可以被打破。

四、灵活运用价值伦理困境中的策略[①]

所谓伦理困境是指当专业核心价值中专业人员的责任与义务发生冲突时，社会工作者必须决定何种价值优先。这是社会工作实践过程中社会工作者经常会面对的两难情境。

---

① 邓恩远、卞国凤：《社会工作方法与实务》，北京，北京大学出版社，2009。

(一)伦理困境的内涵

第一，伦理困境是带有伦理特性的困难和问题。社会工作者在实务工作中会面临多种问题和困难，涉及伦理和道德牵连的问题只是其中的一个部分，但往往是不可避免的部分。因为社会工作实践中社工必须处理与协调与案主、与同事、与机构等的多种关系，使伦理困境的存在成为必然。

第二，伦理困境是发源于价值观冲突的困难和问题。社会工作专业与价值观有密切的联系，在社会工作实践中起作用的价值观是一个包括社会价值观、职业价值观、个人价值观等内容在内的复杂体系，而且是随着时代、文化、地区、民族等因素的不同而改变的动态体系，不同的价值观要求不同的协调关系和指导行为的伦理原则，当不同的价值观同时起作用时，伦理困境的产生也就不可避免。

第三，伦理困境是诱发伦理抉择的情形。社会工作实务中的伦理困境往往使社会工作者处于两难的抉择之中。所谓两难的抉择，是指抉择做出者必须在两个或更多有同样分量、同样吸引力(或没有吸引力)的意见中做出选择。比如，案主的福利和自由是被社会工作专业给予同等重视的两种案主的权利，但当福利的获得必须以牺牲自由为代价，或者案主的决定会直接影响到他的福利获得时，社会工作者要做如何的选择呢?

第四，伦理困境是关系到道德责任感的困难和问题。伦理困境的解决需要社会工作者有高度的道德责任感。

(二)常见伦理困境

为案主保守秘密与生命价值优先原则之间，个人价值与职业价值之间，个人利益与职业界限之间，案主自觉与家长作风之间产生冲突导致的伦理困境是社会工作中常见的伦理困境。

(三)面对伦理困境时实施伦理的顺序

当社会工作伦理实施时，在一般情况下，应该采用普遍性原则。一旦遇到伦理冲突，伦理原则顺序将有助于社会工作者进行恰当的衡量。顺序衡量是自上而下的思考运用。

1. 保证生命原则

每一个人的生命是最基本的、最重要的，保证案主和所涉及人员的生命安全是首要原则，而且超乎其他原则优先考虑。

2. 差别平等原则

对处于权力不平等情况下的人，应有不同的对待标准。例如，即使未成年人本人同意，成年人也不可与之发生性关系。社会工作者应该视案主特质、身份、年龄等条件及所处生活环境，给予最适当的差别待遇。但不论差别有多大，都必须平等对待。

3. 案主自决原则

尊重案主自决，但对每一个人的自决仍要有最低标准，即自决不可以夺取自己的生命，自决不可以伤害别人。

4. 最小伤害原则

当冲突发生时，如果有选择的机会，社会工作者应该选择一个限制最小、最容易让老人恢复到原本生活状态的安置环境。如处理受虐老人安置时，须先将老人与施虐者隔离，而非直接报警。

5. 生活质量原则

以维持案主基本的生活质量为主，应当尽量让案主维持原有的生活质量，不可因冲突发生而牺牲案主生活的水准。例如，不因提供服务时经费有限，给予案主一半的服务，影响其原先的生活。

6. 保守隐私的原则

在与案主接触及服务时获得的所有信息以及会影响案主的相关资料应当保密，确保案主隐私的保证及专业关系的维持。

7. 真诚原则

无论案主的个性及特质怎么样、遭遇的问题及陷入的困境如何，都必须真诚面对，给予协助，摒除个人价值观及理念，诚实面对案主，为案主提供服务。

(四)处理伦理困境的方法技巧

处于伦理困境之下做伦理抉择时主要步骤如下。

1. 澄清价值观和伦理原则

社会价值观、职业价值观、个人价值观，尤其是三者之间冲突的责任和义务要求。排列各种伦理原则及其优先次序。

2. 排列所涉及的人员和利益

排列出案主、亲属及其他相关人员，他们与案主的关系如何，他们各自的利益和要求如何，利益的冲突何在。

3. 评估各种可能的计划和可替代方案

评估计划是否符合相应的价值观和伦理原则要求，各种可能计划实施的效率与效果，对所涉及人员的益处或伤害，计划的可行性，对于各种可能后果的预防和处理措施。与督导或有经验的同事讨论各种计划，征询他们的意见。

4. 做出抉择并在实施中及时修正

做抉择时不应过多地犹豫、徘徊，更不能折中。做出抉择并不意味着不可更改，在具体实施中一旦发现问题，勇于承认和改正错误是智慧的表现。

5. 记录并总结抉择的结果

抉择做出和实施过程中的每一个重要步骤，采取的相应措施都应当记录在案，以供将来查对，同时也有利于社会工作者自己总结经验教训。需要我们注意的是在伦理困境下进行伦理抉择后，案主与社会工作者间的信任关系可能会受到威胁甚至被破坏，因此，社会工作者在做出伦理抉择前就应做好与案主重建信任关系的准备，在伦理抉择做出后根据案主的情绪状况及时采取重获案主信任的措施。

五、实务操作

训练任务：运用本任务内基本常识进行情境处理

[工作情境一]

小贾最近一段时间一直在为本社区内的一名82岁的老太太提供个案服务。这位老太太承受着晚期癌症的折磨，每天都很痛苦。老太太虽有重病在身，但意识一直很清醒。一天晚上，她告诉小贾，她弄来一些药物准备结束自己的生命。她向小贾道别，并对小贾这段时间的关心和帮助表示感谢，最后她请求小贾不要干涉她的决定，不要向其他人透露这个计划。面对饱受病痛折磨的老人，小贾该怎么办呢？

情境处理：

(1)做出基本判断，进行伦理困境抉择：根据生命价值优先原则，生命权是人的最根本的权利，列于首位，在任何办法都不能促使老人改变决定的情况下不应给予保密。

(2)稳定老年人情绪：作为社工，我们尊重案主，给她自我决定的权利，但是当她的决定会危害到自身时，案主自决的原则就不适用了。社会工作者应试着再劝导老人，让她知道解决问题的方法有很多种，希望她能认真再考虑一下，并陪在她身边。

(3)准备通知医院及家人：如果观察到老人的决定的确是没有任何回转的余地，则立即向院方和她的家属透露这个情况，加以干涉。

案例点评：

(1)这一情境涉及的是案主自决权、保守案主秘密与生命价值之间的伦理困境。这是老年社会工作实践中常见的伦理困境内容。

(2)社工在打破“保守案主秘密”这一职业伦理道德前，还是要尊重案主，尽力去帮助案主自行改变想法，不能不做任何尝试。

(3)当打破职业伦理道德后，社工与案主之间的信任会受到冲击，社工应该及时采取行动，弥补这种信任关系的危机。具体做法是：首先，向案主真诚地道歉。其次，主动要求案主做出对社工的惩罚。最后，在案主因社工泄密而产生的激动情绪平复之前，社工要陪伴在案主的身边，并真诚地继续提供照顾和关心。

[工作情境二]

小张是某街道的社工，对工作所辖几个社区内的老年人情况很熟悉。其中有一位独居老人王爷爷，这位老人今年已经 79 岁了，没儿没女，除了低保没有其他经济来源，他自己住在平房里，生活基本能自理。由于王爷爷的年纪大了，小张很担心老人会因为身边没人照顾而在突然发生什么意外时没人知道。街道社会事务科在向上级有关部门反映了王爷爷的情况后，很快得到了回应，要求小张他们把老人送到本市的一所老人院，让老人进入机构生活，以确保老人有人照管。小张很高兴王爷爷有了着落，于是找王爷爷商量搬进老人院的事。谁知当王爷爷得知这一安排后非但没有感谢小张，还很生气，说他自己不用人照顾，他在这里已经生活了 50 年，街坊四邻都熟悉，他不会搬到别处去的。尽管小张找王爷爷商量了几次，但是王爷爷一直很坚持。

这时小张面临的伦理困境是什么？他应该怎么处理才合适呢？

情境处理：

(1)做出基本判断，进行伦理困境抉择。

在这一情境中，社工小张出于社会工作的职业道德，希望王爷爷随时有人在身边照顾，他这样做的出发点是为王爷爷着想，但是案主王爷爷并不愿意离开他熟悉的环境，而是决定留在原来的社区中。所以小张面临的伦理困境是维护案主利益与案主自决之间的矛盾，也是机构要求与案主个人价值观之间的矛盾。因此，这时社工小张应该以案主自决和案主个人价值观为首要考虑因素，在劝说无效的情况下，尊重案主的选择。

(2)尊重案主的决定，为案主改善生活环境，创造社区支持网。

小张考虑到王爷爷在他生活的社区中住了几十年，社区中的青年人和老人都跟他很熟悉，小张决定为王爷爷建立一个社区支持网络，鼓励老人多与外界进行互动。于是小张重点联络了一位青年人和两位老人，请他们当照看王爷爷的志愿者，老人与王爷爷每天一起聊天解闷，青年人定期帮王爷爷检查居家安全情况，小张也定期上门了解王爷爷有什么需求。

案例点评：

(1)社工在提供服务时，往往会面临自身或是机构要求与案主价值观之间的矛盾，这时候便面临专业判断与尊重案主的问题。在老年社会工作中，这是非常常见的一类现象。

(2)在服务案主的同时，老年社会工作者个人的经验想法(意见)通常可为推动社会福利或关注案主的起始点，然而，单纯的想法并不能保证处理措施一定正确。因此，为避免经验直觉的决断对案主造成负面影响，社会工作专业伦理守则和义务就显得格外重要。

〉〉〉任务体验式教学参考

个人任务工单1

组号：________ 姓名：________ 学号：________

引导问题：结合本单元所学内容尝试进行总结。

1. 老年社会工作者的伦理素质应该包括哪些内容？

老年社会工作伦理素质

小组任务工单 2

组号：________ 姓名：________ 学号：________ 检索号：1—4—2

引导问题：根据本单元的相关内容讨论下列问题。

1. 在做出伦理抉择后，可能使社工与案主间的信任关系被打破，请思考如何去重建或恢复这种信任关系。

2. 请与工作岗位上的老年社工就实际工作情境中的伦理困境问题，讨论伦理抉择判断与伦理困境处理的技巧。

〉〉〉思政导航

党的二十大报告内容中，对于教育、人才培养的重要意义明确指导“教育是国之大计、党之大计。培养什么人、怎样培养人、为谁培养人是教育的根本问题。育人的根本在于立德。全面贯彻党的教育方针，落实立德树人根本任务，培养德智体美劳全面发展的社会主义建设者和接班人。”(2022 年 10 月 16 日)

请结合本单元内容讨论：老年社会工作者的伦理素养、孝亲敬老的价值观在服务老年群体实践中应该如何体现。

项目二　老年个案社会工作

〉〉〉理论连接

人口老龄化是当今世界各个国家共同面临的一个社会现象。随着我国社会经济的发展和人口老龄化的加剧，老龄化对我国社会各个方面的影响逐渐凸显，老年人问题也变得日益多元和复杂。因此，老年个案工作在老年社会工作中发挥着越来越重要的作用。

一、老年个案工作含义

老年个案工作是以生活适应不良的老年人个体及家庭为对象，以专业社会工作的价值观念为基础，运用有关人类关系与个人发展的各种科学知识和专业技术，针对老年人的特殊情况和需求，以个别化的方式帮助其个人或家庭减轻压力，调适其与外在环境之间的关系，并运用社会资源来改善或恢复其社会功能，激发个人的潜能，增强社会适应能力，提高其生活质量的工作过程。①

二、老年个案工作要点

为了充分理解老年个案工作的含义，我们从以下四个方面来分析这个概念。

第一，在工作对象上，老年个案工作是以老年人及家庭成员为对象。主要解决老年人及家庭成员生活中所遇到的困难和问题。老年个案工作主要围绕老年人及家庭成员，积极提供和寻求资源，解决老年人的经济生活问题和心理问题，调整老年人及家庭成员的人际关系、婚姻关系。

第二，在工作方法上，老年个案工作要求工作者具备一定的专业知识、方法和技巧。老年个案社会工作者受过专业训练，能够运用社会学、人际关系学、心理学等社会科学知识，按照科学合理的步骤为老年案主提供服务，因此，老年个案工作区别于一般志愿者的公益活动，具有很强的专业性。由于老年群体有着与其他群体不同的生理特征和心理特征，因此，老年个案工作除了要遵循一般个案工作的方法与原则外，还有它自身独特的方法和原则。

第三，在工作过程上，老年个案工作采用一对一的专业服务方式。在助人过程中，重视一对一专业关系的建立和运用，社会工作者能用自己的真挚和诚实及专业方法和技巧获得老年案主的信任，因此能够深入探索老年案主的问题，理解其独特的处境，并有针对性地帮助老年案主解决所遇到的问题。这种专业服务方式也充分实践了个案社会工作尊重人的个性、差异性、独特性这一基本价值理念。

---

① 仝利民：《老年社会工作》，上海，华东理工大学出版社，2006。

第四，在工作目标上，老年个案工作是以提高老年人的能力和促进老年人的发展为目标的。老年个案工作是帮助老年人挖掘老年人的潜力和资源，提高老年人的自助能力，维护老年人的身心健康，促进老年人的发展，增进老年人的社会功能，使其安度晚年。

三、老年个案工作的常用模式

老年个案工作在实践的过程中，积累了很多工作方法和模式，本教材结合老年个案工作的特点，选择了在我国老年个案工作中常用的几种个案工作模式予以介绍。其中，最常用的几种个案工作模式的具体方法在后续的不同情境中会有详细介绍。

(一)危机介入模式

危机介入又称危机干预、危机管理或危机调解，是给处于危机中的个体提供有效帮助和心理支持的一种技术，通过调动他们自身的潜能来重新建立或恢复到危机前的心理平衡状态。该模式的基本假设是：每一个人在成长与发展的人生阶段都会遇到压力事件，这些压力事件导致原有的平衡状态失衡，从而造成危机。危机不是疾病也不是偏差，而是正常人在遇到情绪烦恼和行为阻碍时的一种挣扎状态。危机事件可能是可预期的，也可能是不可预期的。该模式的特点是能够迅速了解案主的主要问题，快速做出危险性判断，有效稳定案主的情绪，积极协助案主解决当前面临的主要问题。因此，该模式较适合老年个案工作。

(二)理性情绪治疗模式

理性情绪治疗模式是由美国临床心理学家埃里斯于1950年创立的，该理论又被称为ABC性格理论。埃里斯认为，人的情绪困扰表面上看是由客观的事件造成的，其实不然，人的情绪困扰产生的根本原因在于人类自身对于该事件的主观解释和选择，是我们自己的非理性信念系统导致了我们的情绪困扰。因此，解决情绪困扰的根本出路在于纠正非理性信念系统的偏差。理性情绪治疗模式在现代生活中应用非常广泛，中国传统的思想政治工作在某种意义上也可以视为一种理性情绪治疗。

(三)任务中心模式

在个案社会工作发展过程中，传统的长期治疗由于目标过分远大而显得效率低下。雷行和爱泼斯坦在他们的《任务中心个案社会工作》一书中提出了任务中心模式。该模式认为案主具有解决问题的能力和潜力，强调充分发挥老年案主本身的能动性。社会工作者的职责在于帮助老年案主界定问题，设定目标，指导和鼓励老年案主去完成这些目标。任务中心模式所持的短期治疗的观念，在时间短的压力下，对问题的解决采用较快见效的调适方法。任务中心模式可以为老年人提供及时有效的服务，在老年个案工作中是一种普遍的工作模式。

(四)结构家庭治疗模式

结构家庭治疗模式是由美国的米纽钦与他的同事在20世纪60年代创立的，结构家庭治疗模式并不直接解决个人行为问题，而是致力于改变案主家庭的交往方式。该模式认为，个人的问题只是表象，家庭的问题才是导致案主个人问题的真正原因，因此，结构家庭治疗模式主张通过多元化、多层次的家庭介入，解决家庭的问题，最终解决案主个人的问题。

家庭治疗模式认为，家庭是一个系统，家庭成员是构成家庭这个系统的基本元素，构成家庭的每个成员彼此之间相互影响、相互依赖，并共同隶属于家庭，家庭的变化直接影响到每个家庭成员，反过来，家庭成员的变化也会对家庭本身产生改变作用。家庭系统要求用整体的眼光来看待家庭，家庭系统之下同样可能会进一步产生家庭次系统，如父母次系统、亲子次系统等。

（五）心理与社会治疗模式

心理与社会治疗模式是老年个案工作最基本的理论分析模式之一，该模式注重借助“人在情境中”，该模式把案主的问题看作生理、心理和社会各方面的因素共同作用的结果，心理与社会治疗模式的治疗技巧分为两大类，直接治疗和间接治疗。直接治疗是指个案社会工作者直接对案主进行辅导、治疗，不需要借助第三者。相反，间接治疗则是指个案社会工作者通过改善外部环境或者辅导第三者，从而间接影响、帮助案主。心理与社会治疗模式广泛吸收不同理论和见解的结果，融合了心理学、社会学、文化人类学、病理学和系统理论等的有关认识，并加以发展，形成独特的治疗模式。该模式具有开放性和综合性，可以用于老年个案情境的分析治疗。

（六）行为修正模式

行为修正模式以案主的行为作为分析的起点，探讨案主不良行为产生的外部条件、机制以及具体发展过程，以便指导案主调整或矫正其不良行为，更好地适应外部环境。该模式在20世纪70年代应用于老年机构当中，主要处理的是一些目标性问题，如老年人的自我照顾、行动、进食和排泄控制等，以及老年人的一些心理方面的问题，如孤独、自闭、焦虑、沮丧、妄想等。一些行为治疗专家认为，案主缺乏示范性的社会技巧是问题行为发生的诱因。

四、老年个案工作实务基本原则

在老年个案工作实务中，社会工作者要遵循一些基本的原则。由于老年群体有着与其他群体不同的生理特点和心理特点，因此，老年个案工作除了要遵循一般个案工作的方法与原则外，还要遵守它自身独特的原则和要求。

（一）个别化的原则

个别化原则是个案工作的重要特征，遵循这一原则，不允许简单地用一个标签或者根据自己的经验刻板地对待老年案主及老年案主的问题，而要充分尊重老年案主的独特性、差异性，并为老年案主提供有针对性、个别化的服务。人们总是容易认为老年人大多残弱、贫穷、孤寂、固执。事实上每一个老年人都是一个独特的个体，都有他们自身的个性和特点，我们切不可用某一固定的模式去套他们的生活。

（二）接纳和信任原则

能否与老年案主建立起相互信赖的关系，是老年个案工作能否进行下去的保证。只有那些与老年案主接触时持不批判态度并能给予老年案主积极支持的社会工作者，才可能与老年案主建立信赖关系，真心去关心老年案主，了解他们的真实感受，并对他们的感受做出积极的反应，老年案主从这种回应中得到安慰，使他们感到自己不再孤单，这样方能营造一个老年案主自由倾诉的环境氛围。

(三)耐心和鼓励原则

对于沉默寡言的老年人，在最初交谈时先不要涉及存在的问题，而是聊一些与他有关的日常小事，让老年案主感到你对他真诚的关心。而对于反复唠叨、说话啰嗦的老年人，我们可以在适当的时候告诉他“这事你已经提及了，我已知道”，但语气要委婉，否则会使老年案主认为自己讨人厌。

(四)案主自决原则

要相信每个老年人对于自己能够做出决定还是十分高兴的，这能让他们感到自信和力量。因此，我们不仅要相信老年案主有能力做出决定，而且应积极鼓励老年案主参与计划的制订与策略的选择。让老年案主参与决策的过程，能使老年案主在实施决定更具积极性和主动性。

(五)保密原则

很多老年人的问题是长久积累的家庭内部问题和矛盾。这要求社会工作者对老年人的个人隐私必须予以小心处理。这样才能够给老年人带来安全感，使其与社会工作者能无顾忌、深入地探讨自己的问题和感受，但是社会工作者在遵守这一原则时，应当认识到无法向老年案主承诺绝对保密，只能承诺相对保密，如涉及违反法律、老年人安危等情形时，无须遵守保密原则。

五、老年个案工作的基本程序

老年个案工作的基本过程与个案工作基本过程比较一致。国内外学者对个案工作的过程划分各有不同，本书结合国内外学者的划分以及老年个案工作的特征，把老年个案工作的程序归纳为接案、收集材料和诊断、制订服务计划、实施服务计划、结案与评估五个步骤。这里先简要介绍一下老年个案工作的程序，至于这些程序的运用将会体现在后续的教学情境和任务中。

(一)接案

接案是个案工作实务过程的第一步，也是整个助人过程的基础和起点。成功地接案是专业助人活动的前提。这一阶段的目的是通过与案主的初步接触，了解老年案主的问题并决定是否提供服务或是转介。如果能够继续提供服务，社会工作者应与老年案主建立起专业的关系。

(二)收集资料和诊断

老年人成为个案工作案主之后，就进入了第二个阶段。这一阶段的主要目标是尽可能详细地收集与案主所带来的问题有关的资料，从中了解问题的成因，确定问题的性质，发现解决问题的切入点。根据“人在情境中”原理，对老年案主的问题进行诊断，为制订服务计划奠定基础。

(三)制订服务计划

当我们明确了老年案主的问题之后，就可以制定明确的改变目标以及具体实施的方案。这一步的主要任务是在诊断的基础上，社会工作者与老年案主一起确定合适的目标，围绕目标，确定具体的、可操作的计划，并签订服务协议。服务计划不是随意制订的，要考虑为老年案主提供最合适的服务、机构所能提供的资源和帮助、社会工作者的能力以及社会工作者对资源的了解和掌握程度等。

(四)实施服务计划

这一步是个案工作过程中的关键步骤，也是个案工作中最主要和时间最长的阶段。不同学派有不同的治疗方法和模式，彼此有很大的区别。个案社会工作者要积极灵活地运用专业的知识、方法和技巧，实施工作计划，以改变老年案主的环境状况。

(五)结案与评估

结案与评估阶段是个案工作中一个重要的过程，是将整个助人过程加以总结的过程。其任务是结束社会工作者与老年案主体的专业关系，并对整个服务过程进行回顾、总结和评估。处理适当会使老年案主将整个服务中的收获转化为正向的力量，但是处理不当也可能出现前功尽弃的局面，因此处理结案对社会工作者来说是一个很大的挑战。

〉〉〉学习评价

"老年个案社会工作理论链接"学习任务自我检测

老年个案工作含义	助困 增能 潜能挖掘 资源链接
老年个案工作要点	工作对象 工作方法 工作过程 工作目标

续表

老年个案工作的常用模式	危机介入模式 理性情绪治疗模式 任务中心模式 结构家庭治疗模式 心理与社会治疗模式 行为修正模式
老年个案工作实务基本原则	个别化的原则 接纳和信任原则 耐心和鼓励原则 案主自决原则 保密原则
思考与拓展	个案社会工作方法适合解决哪些常见的老年困境和问题 居家养老服务中，老年个案工作方法服务的对象还包括老人的照护者和其他家庭成员，这一原理是什么

教学情境一　危机介入与心理社会模式个案工作过程
——以老年丧偶与自杀危机介入个案为例

任务一　接　案

〉〉〉教学目标

通过教学，学生掌握接案的任务要点，掌握初次面谈前的准备工作，并具备与老年案主进行初次面谈、建立专业关系的能力，学会撰写接案报告。

〉〉〉案例情境

案主赵某，女，年龄67岁，高中文化，年轻时是单位会计，性格内向，有一儿一女，儿子在上海某外资企业工作，女儿在本市从事教育工作。儿子和女儿都很孝顺，时常回家探望父母，案主退休后与丈夫每天早晨到社区附近的广场打太极拳，晚上到社区散步，老两口还经常到全国各地旅游，邻居和亲戚都十分羡慕案主老两口，案主也十分满意这种生活。可是天有不测风云，一天老两口去散步回来，案主的丈夫突然胸口不舒服，案主扶丈夫上床休息，没有想到过了一会儿案主的丈夫就快要不行了。案主急忙拨打了急救电话，案主丈夫被送到医院后抢救无效。她目睹了丈夫的猝死，后来得知丈夫死于心肌梗死，对丈夫的思念与日俱增，她变得沉默寡言，每天将自己关在家中，以泪洗面。儿子要接案主去上海居住也被拒绝，女儿和外孙经常来陪伴和劝说案主也未能让她的情况有所好转，案主每天思念和丈夫在一起的点点滴滴，在亲友面前经常流露出随丈夫而去的想法。

案主的儿子和女儿担心母亲的状况，求助社区服务中心，服务中心在了解案主的情况后，决定让社工小李负责处理该个案。

工作任务：

1. 了解案主的基本情况。
2. 与案主面谈前的心理准备。
3. 安排与案主的会谈。
4. 拟订与案主的初次面谈纲要。
5. 与案主进行初次面谈。
6. 撰写接案报告。

〉〉〉教学内容

一、术语理解

(一)接案

接案是通过对老年案主问题的初步评估，根据机构的功能和目标，决定老年案主能否被接受为案主。接案是社会工作者与潜在的案主通过沟通达成共同解决问题初步协议的整个助人过程的开始。接案期的工作非常重要，它的目标是要与案主建立一个良好的专业关系，为后续的诊断和介入打下良好的工作基础，以便社会工作者和案主能以此为起点一道工作，实现社会工作的助人目标。

（二）面谈

面谈是社会工作者与案主之间一种面对面地讨论问题以确定是否建立专业协助关系的过程，同时也是一种有意识、有目标的人际互动。社会工作者与老年案主建立专业关系，面谈工作是基础。所以如何做好面谈工作，显得极其重要。

（三）专业关系

专业关系是社会工作者基于专业目标，运用专业知识、技巧和方法与老年案主之间发生的一个双向动态的互动过程。在此过程中，社会工作者与老年案主两者之间持续地进行着包括性格、态度在内的全面互动。建立专业关系的目的就是社会工作者与老年案主建立信任与合作的专业关系。

（四）转介

转介是指对本机构不能提供服务的个案，转送到其他服务机构，使老年案主能够获得适宜的社会工作专业服务的一种工作过程。转介通常在关系建立阶段做出，也有老年案主在经过一段时间服务后，社会工作者发现老年案主的真正问题或需求，本机构无法提供服务时而做出。

二、要点提示

（一）个案社会工作者在接案时的主要工作内容

1. 做好接案前的准备工作

接案前的准备工作关系到接案的成败，老年个案工作的特点是老年人的生理和心理情况与其他个案群体不同。因此，要花较长的时间做准备工作，主要围绕老年人的生理特征和心理特征做准备。具体如下。

(1)资料准备。社会工作者要认真了解老年案主的档案材料，还可以向老年案主周围熟悉的人收集老年案主的资料。同时还要收集与老年人相关的生理、心理方面的资料，以便更好地了解老年人心理和生理特征，必要时还需进行专家咨询。

(2)心理准备。进入老年期后，老年人的认知既表现出成熟和稳定的一面，又表现出衰退的一面。他们原来较为活跃的社会角色逐渐消退，这种角色的转变会使老年人产生失落感，甚至产生无用感。因此，面对老年案主既要表现出尊重的一面，又要表现出积极关心的一面。

(3)事务准备。会谈内容的选择要注重助人目标的达成，且要在面谈场所的安排方面进行精心设计和准备，以便为面谈顺利进行创造条件。在见老年人前要准备好一些辅助工具，如老花镜、助听器、纸、笔等，并鼓励老年人在跟自己交流的时候使用这些辅助工具。社会工作者还须注意自己在初次面谈时的穿着符合老年人的审美要求，不要过于花哨。

(4)拟订初次面谈大纲。为了明确面谈目的，社会工作者应在面谈前草拟一份面谈大纲。一般而言初次面谈大纲包括以下方面：介绍自己和自己所在的机构；了解老年案主的困难，确定老年案主的期待；简要说明本次会谈的目的和内容；社会工作者和老年案主双方的角色和义务；小结本次面谈，探讨下次面谈的时间、地点和内容。

2. 进入初次面谈

初次面谈是接案阶段的重要工作，重点在于确定是否能建立专业协助关系。其主要任务是让老年案主对社会工作者及其服务开始产生信任，界定案主的问题，澄清角色和义务，激励并促进案主进入角色，达成初步协议，决定工作进程(终结服务、转介其他服务、进入下一个助人阶段)。社工要娴熟地运用面谈的技巧。以下是初次面谈的工作要点。

(1)自我介绍。面谈一般从自我介绍开始，通过介绍自己的姓名、工作部门、工作内容、特长等来表明自己的身份。在进入正题前，也可以稍稍寒暄一下，这样有助于营造好的谈话气氛，缓解老年案主紧张的情绪，让自己更容易接近老年人。

(2)界定案主的问题。要了解是什么使得案主寻求帮助，在界定案主问题时社会工作者对案主表达同感的能力是很重要的，它能够帮助社会工作者通过表达同感创造鼓励案主诉说问题的气氛。

(3)澄清角色期望和义务。面谈的一个重要任务是澄清社会工作者与案主对各自的期望，通过协商减少差异，同时要互相澄清并讨论彼此对对方的角色期望。

(4)激励并促进案主进入角色。初次面谈是建立社会工作者与案主专业关系的开始，此时，社会工作者要帮助及引导案主逐渐接受自己的案主角色，以便双方能够相互配合工作。

(5)达成初步协议。经过以上的初步接触阶段，社会工作者与案主对对方已有了一个基本的了解，此时社会工作者与案主就可以达成一个初步的协议。内容包括：①机构和社会工作者可以提供的服务。②对案主问题的初步界定。③相互的角色期望及暂定的工作时间长度。协议的形式可以是书面的，也可以是口头的，主要目的在于让双方有一个目标与约束，以便后续工作富有成效。

3. 撰写接案报告

撰写接案报告就是对整个接案过程的回顾和记录，报告可以是详尽的接案过程记录，也可以是简要的接案摘要记录。

(二)初步接触后的两种处理方法

1. 转介

转介是指对本机构不能提供服务的个案，转送到其他服务机构，使老年案主能够获得适宜的社会工作专业服务的一种工作过程。转介服务发生在两种情况下：一是社会工作者判断案主所须解决的问题不属于本机构服务的范围；二是服务机构仅仅为某一个区域的人提供服务，案主不属于这个区域就要实行转介。

2. 接案

在初步了解老年案主的情况后，社会工作者和机构可以为老年案主提供适当的服务。老年案主希望社工和机构提供服务，双方可以签订初步协议，进入下一步的工作。

三、方法技巧

(一)建立专业关系的技巧

在接案阶段，与老年案主建立专业的助人关系时，有三个技巧是需要我们经常使用的：一为积极倾听技巧；二为同理的沟通技巧；三为真诚的沟通技巧。

1. 积极的倾听技巧

积极倾听是指社工并非仅仅是用耳朵听，更重要的是要用心去听，去设身处地感受。不但要听懂对方通过言语、行为所表达出来的东西，还要听出对方在交谈中所省略的和没有表达出来的内容。积极倾听，不仅在于听，还在于要有参与，有适当的反应。反应既可以是言语性的，也可以是非言语性的。比如，用“嗯”“是的”“然后呢”“请继续”等语言来鼓励对方继续说下去，或者用微笑、眼睛的关注、身体的前倾、相呼应地点头等。倾听更重要的是理解对方所传达的内容和情感，不排斥、不歧视，把自己放在对方的位置上来思考，鼓励其宣泄，帮助其澄清自己的想法。

2. 同理的沟通技巧

同理的沟通技巧是指社工对老年案主的一种“感同身受”和投入理解。同理心有高低层次之分。低层次的同理心仅仅表明社工只是进入了老年案主的浅层的内心世界，并把对老年案主的感觉与理解作了一定的表达。高层次的同理心则是在良好的专业关系的基础上，社工尝试运用专业的力量去影响老年案主，引导老年案主从更客观的角度看待自己的问题，同时能够明察出潜在的、隐含的或透露不足的部分并对此进行有效的沟通。同理的第一个要素是同理的了解，也就是社工对老年案主内在经验感受的了解。第二个要素是将这种了解用准确的语言传递给老年案主。使用同理的沟通技巧能够创造一种接纳的气氛，使老年案主愿意探索个人的想法和感受。

3. 真诚的沟通技巧

真诚沟通是指社工以自然、诚实、开放的态度与老年案主沟通，真诚地表示愿意协助的态度。真诚需要社工对老年案主真心接纳，对人有乐观的看法与基本的信任。社工要有一个健康的自我形象，要有充分的自信，以真实的自我对待老年案主，这样可以有效地降低老年案主的自我防御。真诚并不意味着社工可以口无遮拦，想说什么就说什么，社工应基于老年案主的利益来表达自己的感受。社工的真诚有助于其与老年案主的专业关系的建立。

(二)面谈的技巧

老年个案工作面谈是指社工与老年案主相互接受有特定目的的一种专业性谈话。在这个过程中，双方交换观念、表达态度、分享情感、交流经验，老年案主向社工袒露心声，社工向老年案主表达协助意愿的态度，并借此收集有用的资料，同时向老年案主传递一种新的观念、希望、支持、信心，以提升老年案主的能力。老年人面谈时常用的技巧有：支持性技巧、引领性技巧和影响性技巧，现简要介绍如下。

1. 支持性技巧

支持性技巧是指社工通过身体及口头语言的表达，令老年案主感到被尊重、被理解、被接纳，从而建立老年案主的信心的技术。常用的支持性技巧主要有专注、同理心、鼓励支持等。

(1)专注。专注是社工对老年案主的语言、情绪、心理的高度关注。这种专注既有非语言的肢体专注表达，如社工要面向老年案主，面部表情要松弛，手势要自然，眼神亲切，身体适当倾向老年案主等；也有非语言的心理专注表达，如注意倾听老年案主的说话，观察老年案主的手势、神态、身体动作及语气语调，揣摩老年案主的心理以及体会老年案主的“言外之意”。

(2)同理心。同理心是指社工进入并了解老年案主的内心世界，并将这种了解传达给老年案主的一种技术与能力。同理心包括情绪同理和角色同理两个层面的内容，情绪同理即同感，是指社工如同亲身体验一样感受老年案主的感受，是一种受他人状况感动的能力。角色同理是指社工了解老年案主的情境、参考构架及观点的能力，角色同理要求社工尽量放下自己的文化背景，站在老年案主的角度去理解老年案主的问题及其相关的行为。

(3)鼓励支持。鼓励是指社工通过恰当的话语和身体语言，去鼓励老年案主继续表达他们的感受和看法的技术。鼓励的技巧可以起到让老年案主表达、支持老年案主去面对和超越心理上的挣扎、增强老年案主自信及创造彼此信任的专业关系的目的。鼓励应该在社工察觉到了老年案主的退缩行为之后运用。社工通过专注与倾听，发现老年案主有沉默、逃避目光接触、避免直接对话、吞吞吐吐等情形时，应当给予及时的鼓励。鼓励老年案主继续表达可以用话语如“请继续”“你说得很好”，也可以用身体语言的支持，如身体前倾、微笑地注视、点头、用手示意、眼神鼓励等。

2. 引领性技巧

引领性技巧是指社工引导老年案主具体、深入地探索自己的经验、处境、问题、观念等的技巧。运用引领性技巧的目的是促进老年案主在相关主题上做出较为具体、深入、有组织性的表达和探讨，增进社工对老年案主的认识和了解。引领性技巧主要有澄清、对焦、摘要等。

(1)澄清。社工引领老年案主对模糊不清的陈述作更详细、清楚的解说，使之成为清楚、具体的信息。澄清也包括社工解说自己所表达的不甚清楚的信息。沟通本来就是困难的事情，每个人的内心都是一个独特的世界，各自拥有不同的生活空间，不是通过几句话就可以了解的。个案社工与老年案主之间不是一般的人际沟通，而是要深入地互动，社工必须对老年案主有较全面、深刻的了解才能真正按照其需要提供帮助。

(2)对焦。对焦是将游离的话题、广泛的谈论范围，或数个同时提出欲讨论的问题收窄，点出重心，再继续进行商讨。对焦可以使会谈减少离题、纷乱及模糊不清的状况，以促进在相关的主题上作具体的讨论。社工要留意谈话内容是否出现散乱、偏离话题、失去方向的情况，在此情况下，社工要把谈话的重点再次带回主题。因此，对焦技巧的运用不可生硬，应考虑偏离主题的程度及所持续的时间，来决定在恰当的时机进行对焦。

(3)摘要。社工把老年案主过长的谈话或不同部分所表达的内容进行整理、概括和归纳，并对重点进行简要摘述。摘要技术的运用，可以帮助老年案主理清自己混乱的思路，突出老年案主在想法、感受、行为、经验上的特点或模式，促进老年案主对自己有较清晰的了解。另外，社工做完摘要后，还应向老年案主查证摘要是否准确，容许老年案主否定，接纳或更正社工的摘要。

3. 影响性技巧

影响性技巧是指社工通过影响老年案主，使其从新的角度或层面理解问题或采取方法解决问题的技巧。影响性技巧主要有提供信息、自我披露、建议、忠告。

(1)提供信息。社工基于专业特长和经验，向老年案主提供所需要的知识、观念、技术等方面的信息。提供信息包括老年案主不知晓的新信息和帮助老年案主改正已有的错误信息。社工在提供信息的时候首先要了解老年案主的知识背景，分析其对信息的敏感度和接纳能力，选择适当的方式提供信息。

(2)自我披露。自我披露是社工有选择性地向老年案主披露自己的亲身经历、处事方法和态度等，从而使老年案主能够借鉴他人的经验作为处理自己的问题的参考。自我披露可以引导老年案主从其他的角度去思考问题，或参考别人的方法解决自己的问题。自我披露还可以为老年案主树立坦诚沟通的榜样，社工的坦诚开放、与人分享自身的经历和感受的做法，会感染老年案主使其愿意表露自己的内心世界。自我披露对促进工作关系也十分有利，社工的自我披露可以拉近与老年案主的心理距离，发展融洽的专业关系。

(3)建议。建议是社工对老年案主的情况、问题有所了解和评估后，提出客观、中肯和有助于解决问题的意见。作为专业的助人活动，在个案会谈中，社工通过对老年案主问题及相关信息的了解，总会发展出具体的解决老年案主问题的思路，社工应该向老年案主提出这些意见。但是社工首先需要考虑清楚意见或方法的可行、背后的理念及理论的正确性。而有时如何向老年案主提出这些建议比方法本身的意义还要重大，如果社工生硬地强行要求老年案主按照自己的意见做，违背老年案主的个人意愿，反倒会造成不进反退的后果。因此，如何向老年案主提建议非常重要。

(4)忠告。忠告是社工向老年案主指出老年案主行为的危害性或老年案主必须采取的行动。忠告通常是针对一些比较严重的事件或行为的，但是，是否严重是一种价值的、道德的判断，是很主观化的。因此，社工一定要反复斟酌自己的判断，而忠告之后，社工应该耐心地讲清道理，提供老年案主不知晓的知识和视角，使老年案主有所领悟。

四、注意事项

接案期最重要的工作是了解案主的需要和问题，及时回应他们最急迫的需要，并提供相应的帮助。接案时要注意以下事项。

(一)决定是否需要紧急介入

社工要谨记，并非每个案例都是从接案开始的，遇到紧急情况(如自杀、性暴力问题)时，就需要社会工作者直接进入干预程序。社工要辨别案主问题的迫切性和严重程度，从而决定何时和如何开始工作。例如，有自杀倾向的老年人，社工首先需要保障老年人的生命安全。发现有被虐待危险的老年人，则要提早进行预防。这些都需要决定是否跳过接案阶段，而提供紧急介入服务。

(二)权衡是否有能力处理问题

案主的需要是多方面的，接案面谈提供了机会使社工通过与案主的沟通交流来了解他们的需要，权衡是否有足够的能力提供案主所需的服务。例如，在处理离婚案、老年人婚外恋案时，社工需要权衡要处理和协助的案主的问题是否与自己的价值观和专长符合，如果与之有严重冲突并影响到自己对他们的态度和行为时就要及时进行转介。通常是向机构的督导、行政领导报告，由他们安排合适的人选或者机构为案主继续提供服务。

(三)决定问题的优先次序

很多时候案主的问题不止一个，故需要协助他们理出问题的轻重缓急，以便能及时满足他们的需要，同时使服务有效果。要注意的是，社工需要与案主共同决定优先次序。此时需要：尊重案主意向，使其愿意努力做出改变。先易后难，这样既能增强案主的信心，又使其认识到自己解决问题的能力，从而成功地与他们建立专业关系。

(四)保证案主所要求的服务符合服务机构的工作范围

社工要保证满足案主需要，不因机构和社工的原因阻碍和延迟案主需要的满足，致使问题延续或者恶化。例如，在现时情况下，一个非营利机构是不能为案主提供最低生活保障服务的，对于那些希望通过机构获取生活救助的案主，社工要向他们说明情况。

五、案例操作

(一)了解老年案主的基本情况

社工接到了社区服务中心的工作任务以后，立即认真阅读分析老年案主服务申请表(见表 2-1)，并在信息栏中标出重要信息。通过初步分析，社工决定尽快安排与老年案主面谈，尽快缓解老年案主的精神状况，稳定老年案主情绪。及时进行自杀风险评估和自杀倾向干预，确保老年案主的安全。

表 2-1　××街道社区服务中心服务申请表

<table>
<tr><td>姓名</td><td>赵某</td><td>性别</td><td>女</td><td>年龄</td><td>67</td><td>婚姻状况</td><td>丧偶</td></tr>
<tr><td>家庭住址</td><td colspan="2">××街道××社区</td><td>联系方式</td><td>010-×××××××</td><td>工作</td><td colspan="2">退休</td></tr>
<tr><td>求助途径</td><td colspan="2">家人转介
(老年案主儿女求助)</td><td>主要问题</td><td colspan="4">老年案主丈夫突然去世，老年案主情绪不稳</td></tr>
<tr><td>背景资料</td><td colspan="7">老年案主的状况：
老年案主退休前为单位会计，性格内向。与丈夫感情很好。前不久丈夫突然病故，导致老年案主非常自责，不能接受丈夫的突然离去，情绪发生很大变化，变得沉默寡言，对丈夫的思念与日俱增，对生活失去信心，不愿意接触任何人，表露出轻生的念头。
老年案主的家庭状况：
老年案主有一儿一女，儿子在上海外资企业工作，女儿与案主居住在同一个城市，是一名教师。丈夫退休前是大学教授，老两口住在单位分的老房子里。
女儿女婿带着孩子每周探望父母。儿子由于工作忙不定期回家探望父母。案主夫妇感情甚好，相敬如宾，案主平时对丈夫很依赖。
老年案主的社会状况：
案主退休前在单位做会计，性格较内向，人缘较好。退休后，与丈夫一起每天参加社区太极队活动。经常参加社区其他文娱活动，与社区邻居和居民接触仅限于社区活动，不过案主人缘和口碑较好。</td></tr>
<tr><td>服务中心意见</td><td colspan="7">由于案主情绪变化很大，有自杀倾向，拟派社工尽快介入。</td></tr>
</table>

社工除了了解老年案主的基本信息以外，还要检查和增加自己的专业知识储备，通过阅读专业书籍、浏览互联网信息、咨询专业督导等途径增加包括老年社会工作、老年心理学、老年生理知识等方面的知识储备。在此过程中，如果社工发现自己不能

胜任该个案服务工作，应该及时进行转介。

(二)与老年案主面谈前的心理准备

社工在与老年案主面谈前，应该尽量感受老年案主的心情，感受老年人失去挚爱丈夫的感受。老年案主对丈夫的朝思暮想已经影响了其正常的生活。而且老年案主思想保守固执，容易钻牛角尖儿，发生意外的可能性很高。掌握老年案主心情的同时，社工还应反省自己的价值观是否适合处理该个案。

(三)安排与老年案主的面谈

社区服务中心个案工作室温馨舒适，隔音效果很好，能让老年案主觉得有足够的安全感。但社会工作者考虑到老年案主的状况，老年案主不是主动求助，且最近情绪不稳，所以社工决定选择在非机构面谈。把第一次面谈的地点放在老年案主家中，社工在老年案主女儿的陪同下，主动登门拜访老年案主，社工还应注重着装自然大方、朴素干净，以拉近与老年案主的距离。

(四)拟订与老年案主初次面谈纲要

社工在初次面谈之前，要拟订一个初次面谈纲要，在面谈纲要中，社工要明确列出本次会谈的目的，以保证面谈围绕目的进行。以下是社工与老年案主初次面谈的纲要。

面谈目的：建立与老年案主的信任合作关系，稳定老年案主情绪，评估自杀危险程度，确保老年案主的安全。

(1)自我介绍及机构性质。

(2)介绍初次面谈的目的。

(3)表达对老年案主情况的关心和理解，稳定老年案主的情绪。

(4)了解老年案主面临的问题和困难。

(5)对老年案主自杀危险性进行初步评估。

(6)对老年案主自杀倾向进行干预，保证老年案主的生命安全。

(7)约定下次面谈的时间、地点以及内容。

(五)与老年案主进行初次面谈

社工准备工作做好以后，在老年案主女儿的陪伴下，来到老年案主的家里。经过老年案主女儿的介绍后，老年案主的表现也不是很热情，并对社工表现出怀疑的态度，社工马上进行自我介绍，以消除老年案主的怀疑和不安。

社工："赵阿姨，您好，我是社区服务中心的社工小李。今天来您家，主要是听说您最近情绪比较低落，好久没有去参加太极拳训练了，大家都很想见您，委托我来看看您，顺便也想和您交流一下。"

老年案主略带微笑地给社工让座，看了女儿一眼，女儿见状连忙作解释。

女儿："大家都听说您情绪不好，也经常向我问起您，大家都很惦记您，特意委托小李来看望您。再说小李又是社区的优秀社会工作者。今天请他来，顺便与你交流一下。"

老年案主："我挺好的，谢谢大家的关心。"

社工看到墙上挂着老年案主的照片，又看了看老年案主。

社工："赵阿姨，您最近憔悴很多，您看您以前的照片，多有精神，多漂亮，年轻又有活力。”

老年案主：“年轻漂亮有什么用，现在又没有人看了。”

社工：“赵阿姨，您退休前是单位会计吧，听说您那时候很优秀，经常被评为先进，单位领导和同事都很喜欢您。”

老年案主略有微笑点点头，情绪也慢慢放松了，让她的女儿给社会工作者倒了一杯开水，倒完水后老年案主的女儿去了另外一个房间。

老年案主：“是的，我工作的时候经常被评为单位的先进，我丈夫也是单位的教学骨干和科研骨干。”

社工：“退休以后您也经常参加社区里的活动，还是社区太极拳队的骨干，经常代表社区和街道参加会演？”

老年案主：“我和丈夫每天一起去打太极，一起去散步。我觉得虽然退休了，但是生活还是很开心的。可是现在就我一个人了，去也没什么意思了。”

社工：“赵阿姨，我知道您现在非常想念您丈夫，知道您现在心里也很痛苦，我们大家不想看到您这个样子，如果您愿意，能不能说说您现在的苦闷，我们一起想办法，一起努力，一切都会好的。”

在这里，社工向老年案主表达了关心和支持，鼓励老年案主勇于面对问题。在社工的鼓励下，老年案主开始讲述她的苦闷和烦恼，社工则耐心地倾听，适时表现出同理心，并对自杀的危险性进行评估。

老年案主：“我和丈夫是经过别人介绍认识的，他那时在大学教书，我很喜欢他的才气，他为人又谦和，很儒雅。结婚后，他对我很好，我们很少吵架，后来有了儿子和女儿，我们很注重培养儿子和女儿，两个孩子很懂事，也很争气，都考上了名牌大学。”

社工在倾听的同时不断点头，让老年案主继续倾诉。

老年案主：“我和丈夫是读过书的人，所以从小就培养孩子们独立的性格。我们也很喜欢独自的生活，老两口有自己的空间，儿女要把我们接过去一起生活，我们不想给儿女添麻烦。我们很喜欢旅游，本打算夏天一起去澳大利亚旅游，结果再也去不了了。”

社工：“您可以和孩子们一起去。”

老年案主：“丈夫走后，我觉得天都是黑色的，闭上眼睛我就想起他的样子，想起我们一起生活、一起去打太极、一起散步、一起旅游的情景。有的时候我都不敢去想了，一想起他就想哭，我觉得一个人活着真的没有什么意思了。”

社工：“您还有儿女在身边呢。”

老年案主：“儿女要把我接过去住，我现在哪里都不想去，住在这里挺好。丈夫临走的前几天还跟我说，我们把儿女培养成才了，以后还要把孙女和外孙培养起来，一想到这些，我就更难受，本来可以一家人在一起享受天伦之乐，现在抛下我一个人不管了，我觉得活着也没有什么意思了，和他一起去好了。”

老年案主有些激动起来，抱起老伴的遗照大哭。社工赶紧递给老年案主纸巾表示安慰。

老年案主：“老头，我真没用啊，你的死都怨我啊！那天我要是及时把你送到医院去就不会这样了。你是不是在惩罚我啊，带我一起走吧，不要让我这样生不如死！”

社工：“您也走了，谁来培养您的孙女和外孙成材呢？两个小家伙都很喜欢您呢！”

老年案主：“小李，道理我懂，但是我现在就是忘不了他，这种生活我实在受不了，每天晚上睡不着我就想从楼上跳下去。”

自此，社工初步评估认为老年案主情绪不稳定，可能会有自杀倾向。问题是老年案主现在不想去子女家住，如果老年案主的子女不在老年案主身边生活，难免会出现意外。所以当务之急就是保证老年案主的安全。让老年案主接受一段时间内女儿来陪伴其生活，并承诺在一段时间内暂不要采取自杀行动。

社工：“赵阿姨，您自己一个人居住，大家都很不放心您，您的女儿这几天就过来陪您一起住一段时间好吗？请您答应我，不管怎么样，都不要想不开，都要健康地活着，不要让子女担心，也不要让大家担心。”

老年案主沉默了一会儿。

社工：“现在社区太极队的老年人都惦记您呢，大家都说您不去了，太极队也缺少了活力，以后比赛也拿不到奖了。大家都希望您回去，社区太极队可以重振雄风。据我了解，太极队里面很多老年人也是一个人生活，但是他们每天在一起打太极也很开心，有了烦恼可以互相倾诉。”

老年案主：“我也去过几次，但是每次去了之后就更加想起我的丈夫。”

社工：“赵阿姨，我想我们可以一起讨论一下您现在的困境，一起解决您的困难。您每天这样下去不是最好的选择，子女会因为担心您而无法工作，自杀只会给子女造成痛苦，他们失去了爸爸也很痛苦，您不能再让他们痛苦下去了。再说您以后还要教育您的孙女和外孙长大成人呢。”

老年案主点点头。

自此，社工助人关系已经初步建立，老年案主开始接纳社工，并愿意与社工一起面对问题。由于时间关系，社工决定结束本次面谈。

社工：“赵阿姨，时间过得真快，一个小时过去了，刚才听您讲述了您的烦恼和困扰，不知道这样讲述后，您的心情好点了吗？”

社工与老年案主确定下次面谈的时间和地点、内容。

社工：“就像我们刚才所说的，如果您有什么想不开的或者烦心的事情，请您随时给我打电话，我相信没有过不去的坎。在您的周围，还有很多人在关心着您，包括您的儿女、孙女和外孙，他们都希望您健康快乐地生活，所以您也可以与他们多在一起。我们在下次面谈时可以更详尽地讨论困扰您的那些事，至于下次面谈的时间和地点，您觉得怎么定比较方便？”

最后，社工表达对老年案主合作的谢意，并礼貌地告别。

社工：“赵阿姨，谢谢您真诚地告诉我这些，这很不容易。我们下次再见！”

（六）撰写接案报告

下面是一个接案报告撰写示范。

接案报告

接案人：×××

日期：××年××月××日

（一）老年案主基本资料

姓名：赵某

性别：女

年龄：67

老年案主来源：亲人转介

1. 基本印象

案主是一个丧偶老人，性格较内向，喜欢与丈夫一起参加社区文娱活动。丈夫去世后，老年案主情绪不稳，消极面对生活，不愿意与其他人交流和接触，对生活失去信心，时常想要自杀。但是由于老年案主受过一定教育，与人沟通和接受能力较强，通过初次面谈后，比较容易与社工建立关系。

2. 关系的建立

由于老年案主退休前工作能力突出，平时喜好参加文娱活动，所以社工先以老年案主退休前的荣誉和参与的文娱活动为双方共同话题，然后在社工的引导下，谈话进入了正题，社工主要应用倾听、支持、同理等技巧。社工初步评估了老年案主的自杀危机，并与老年案主建立了助人关系。

3. 自述问题

老年案主自述其不能接受失去丈夫的事实，对丈夫朝思暮想，对丈夫的死有很深的自责。谈话中流露出轻生的念头，但又舍不得儿女、孙女和外孙。不愿意去儿女家居住，喜欢一个人独处。不喜欢与亲人、邻居沟通和交流。对以前喜爱的太极现在也不感兴趣。

4. 与家人的关系

老年案主与丈夫的感情甚好，与儿子女儿虽然不住一起，但是感情也很好，子女都很孝顺，常回来看望父母。老年案主和丈夫喜欢独立自由的生活，喜欢出去旅游，寒暑假喜欢把孙女外孙接到身边。但是最近老年案主沉默寡言，不愿主动与子女交流和沟通。

5. 发现的问题

(1)老年案主有轻生的念头，应该马上介入，保证老年案主的安全。

(2)老年案主的情绪已经影响到其生活的方方面面。

(3)老年案主有一定文化，有自己独立的思考方式和生活方式，容易钻牛角尖儿。

6. 下次面谈计划

(1)继续关注老年案主的自杀危机，确保老年案主情绪稳定。

(2)更详细地了解老年案主的情况，为评估做准备。

社工签名：　　　　　　　　　　　　督导签名：

日期：××年××月××日　　　　　　日期：××年××月××日

六、总结点评

(1)老年丧偶个案对于社工要求较高，面谈前的准备工作尤为重要，要做好充分的心理准备、翔实的资料准备以及有针对性的事务准备和面谈大纲等。

(2) 与老年案主面谈前要考虑是否需要紧急介入，遇到紧急情况(如自杀、家庭暴力问题)时，需要社工先提供紧急介入再接案。

(3)鼓励老年案主诉说往事，开始可集中于较为愉快的人生经历，然后再慢慢过渡到令老年案主痛苦的事情。

(4)面谈要运用倾听、同理心、真诚等技巧，帮助老年案主把压抑和痛苦的情感抒发出来。

七、拓展提高

(1)从价值观上尊敬并接受老年人。如果对老年人持排斥和歧视的态度，视他们为社会和家庭的负担，觉得他们老朽和无能，就从根本上无法从事老年个案工作。

(2)人们容易按照某种固定的类型和范畴去理解老年人，认为老年人大多残弱、孤寂、固执。实际上老年人的状况要比想象的好得多，并不是千篇一律地按同一模式出现问题。

(3)与老年案主接触时，持不批判态度并能给予老年案主积极支持，才能与老年案主建立信赖关系。要真正去关心老年案主，了解他们的真实感受，并对他们的感受做出积极的反应，让老年案主从这种回应中得到安慰，使他们感到自己不再孤单，才能营造出自由倾诉的环境氛围。

(4)社工是怎么初步评估老年案主的自杀倾向的？是否需要其他一些技术手段进行测量？

〉〉〉任务体验式教学参考

个人任务工单 1

组号：________ 姓名：________ 学号：________

引导问题：结合本单元所学内容尝试进行知识再现。

1. 请总结与老人进行个案会谈时的环境要求。

与老人进行会谈的正确环境

小组任务工单 2

组号：________　　姓名：________　　学号：________

引导问题：根据本单元的相关内容讨论下列问题。

1. 与老年服务对象初次会面时，应该怎么找到合适的话题。

2. 初次会面时的会谈环境应该注意哪些。

任务二　收集资料与诊断

〉〉〉教学目标

通过教学，学生理解诊断的方法和技巧，掌握收集资料的范围与内容，学会撰写诊断报告，掌握收集资料的原则。

〉〉〉案例情境

社工小李与老年案主第一次面谈并成功建立了关系之后，决定收集案主资料，并对案主情况进行诊断，以便进一步开展工作。

工作任务：

1. 确定收集资料的内容。
2. 确定收集资料的方式和方法。
3. 开展资料收集工作。
4. 诊断。
5. 撰写诊断报告。

〉〉〉教学内容

一、术语理解

(一)直接收集资料

老年案主有求助的意愿，他会主动说出与问题有关的信息和资料。有的时候老年案主没有提及或无意识提及的一些信息，对社会工作者了解老年案主的问题很有帮助，这时社会工作者可以直接提问而获得。

(二)间接收集资料

老年案主因为对社会工作者不够信任，或者因为本身的一些顾虑，并不能直接说出社会工作者希望了解的信息，而社会工作者认为这些信息对了解老年案主的问题很重要，凡事可以间接地提问。间接收集资料的方式还包括注意观察老年案主的非口语信息来判断老年案主的状况，如表情、语调、姿态、位置、打扮等。

(三)诊断

诊断是社会工作者将收集所得的资料进行分析与比较，确定老年案主问题的实质与问题的成因，是一种兼顾社会环境和个人人格特性的判断。

二、要点提示

(一)常见的老年案主资料收集内容

收集资料需要社会工作者和老年案主共同协商，收集资料前，社会工作者要与老年案主共同商定收集资料的内容。一般来说，老年案主个人常见的资料涉及老年案主所在的整个社会系统的各个组成部分，主要包含老年案主系统、家庭系统、小群体系统、组织系统及社区系统。

(二)资料收集的方法

社会工作者明确了资料收集的内容以后，可以开展老年案主资料的收集工作，常用的收集资料方法包括：利用已有资料、会谈、观察、问卷调查、文献收集、环境调查等。虽然社会工作者已事先与老年案主制订了资料收集的初步计划，但是还要根据实际情况灵活运用方法。

(三)诊断的内容

诊断是社会工作者通过对问题的了解，与老年案主一起汇集资料、进行分析和整合的过程，诊断的内容主要围绕以下三个方面。

(1)了解老年案主存在的问题以及成因，分析问题的影响因素，了解老年案主曾经尝试的方法及效果，老年案主改善的动机和能力。

(2)了解老年案主有关生理、心理资料。包括个人成长经历、学习经历、个人社会生活表现、人格特征、情绪因素等。

(3)了解老年案主的社会和环境资料，包括家庭系统、朋辈环境、社区环境、老年案主人际交往特征、家庭文化生活状况、家庭成员心理动态等。

(四)撰写诊断摘要

对老年案主的生理、心理、社会和环境等资料收集完以后，社会工作者要对诊断情况作一个简要的评论，即诊断摘要。这种评估报告是系统的、具体的、可操作的，它也是制订个案工作社会服务与治疗方案的摘要。

三、方法技巧

(一)收集资料的方法

1. 会谈法

会谈包括直接性会谈和非直接性会谈。非直接性会谈即老年案主的自我陈述，是最常用的方法。它允许老年案主以自己的方式讲出来，社会工作者应该仔细聆听并认真观察其身体语言。直接性会谈即社会工作者事先准备好一系列的问题表，从开始提问到最后结束都严格按照既定步骤进行。

2. 观察法

观察包括非参与观察、参与观察和领导推动观察。在非参与观察中，社会工作者是以局外人的身份观察老年案主的活动，相对来说，这样收集的资料比较客观。参与观察是社会工作者一起参加某项活动，社会工作者既是参与者也是观察者。

3. 问卷调查法

社会工作者把所要了解的问题制成表格，问题可以是结构性的也可以是开放性的，问卷交给老年案主填写，这样可以了解老年案主对某个现象或问题的看法和态度。

4. 文献收集法

社会工作者可以通过调查现有的文献资料来获取老年案主的相关资料，如在老年案主的工作单位、社区等其他机构收集。社会工作者要对文献的真实性做出判断，决定是否参考，以免对工作造成不必要的干扰。

5. 环境调查法

社会工作者在老年案主家庭以外的环境中展开调查，包括老年案主家庭周围的环境和相关人员，如同事、邻居、居委会、医院、工作单位、社团成员等，调查期间，社会工作者有必要告知老年案主，征得老年案主的同意。

(二)诊断的方法

诊断的方法主要包括社会历史、家庭结构图、生态图、标准心理测试、问卷调查。其中容易操作和使用比较多的方法有社会历史。

社会历史就是对老年案主和家庭的过去和现在的社会功能的各种信息的组织。主要包括老年案主系统信息，老年案主的忧虑、需要及相关的问题，老年案主的长处与弱点。

概要记录通常是机构保存老年案主资料的一种方式。一般包括诊断记录、定期记录、转案记录和结案记录。诊断记录，是在资料收集的基础上，对老年案主存在的问题进行分析和诊断，以确定帮助老年案主解决问题的方案。诊断记录主要由概要描述、呈现的问题、老年案主个人生活史、家庭环境、服务计划等部分组成。

问题取向的记录主要以罗列一系列的问题为开端，注明这些问题是何时确认的，什么时候开始存在。对罗列的每一个问题要有一个简短的评估，并采用一定的格式(SOAP)，S代表主观的资料(Subjective Data)；O代表客观的资料(Objective Data)，包括测试、观察、书面或口头的证明等材料；A(Assessment)代表诊断，是社会工作者的判断；P(Plan)代表计划，是对这些问题拟马上采取的措施。

四、实务操作

(一)确定收集资料的范围

接案后，社会工作者立即着手资料收集工作，收集老年案主资料的范围具体如下。

1. 老年案主系统

老年案主系统包括生理和智力因素、社会经济因素、个人价值观及目标、老年人对现有状况的适应能力、发展性因素。

2. 家庭系统

家庭系统包括家庭成员的角色、家庭的发展阶段、家庭类似系统的运作、家庭生理和情感需求、家庭目标及希望。

3. 社会支持系统

社会支持系统包括社区中的组织、群体、机构及老年案主的亲戚、朋友、邻居以及社交网络。

(二)制订收集资料的计划

社会工作者确定了收集资料的范围后，制订了大致的收集计划。

计划一：收集老年案主系统资料

时间：×月(安排 3～5 次会面)

地点：社会工作机构、老年案主家中

方式：针对老年案主的面谈、问卷调查、量表法。针对老年案主家人、亲戚、朋友、邻居的访谈。

计划二：收集家庭系统资料

时间：×月(2～3 次会面)

地点：老年案主家中

方式：针对老年案主及其家人的面谈、参与观察、问卷调查。

计划三：收集社会支持系统资料

时间：×月(2～3 次会面)

地点：老年案主所在社区

方式：针对老年案主的亲戚、朋友，所在社区居民、居委会的访谈。

(三)开展资料收集工作

按照计划，社会工作者开始有序地展开资料收集工作。以下为各种方法的运用及其获得的资料情况。

1. 量表法

针对老年案主目前所存在的自杀风险，社会工作者通过自杀意向量表来测量老年案主的自杀意向，测量结果显示老年案主有轻微的自杀倾向。

附：

自杀倾向量表

1. 就今天来讲，您如何评价自己的生存欲望？

0 中等到强烈

1 微弱

2 没有

2. 您如何评定自己的死亡欲望？

0 没有

1 微弱

2 中等到强烈

3. 就今天来讲，考虑自己生存或死亡的理由，您会回答哪一项？

0 生的理由多于死的理由

1 生和死的理由同样多

2 死的理由多于生的理由

4. 您如何评定目前想尝试自杀或伤害自己或采取自杀行动的欲望？

0 没有

1 微弱

2 中等到强烈

5. 就今天来讲，您的自杀症状是否小了些？例如：您会不会一方面想着自杀，一方面又为救助自己做好了准备？会不会吃药救自己？

0 会做好救助自己的准备

1 生死由命(如满不在乎地横穿马路)

2 不采取措施自救

6. 这些想自杀的念头会持续多久？

0 短暂的时间

1 这些想法要持续较长时间

2 我一贯或几乎一贯有这些想法

7. 您多久就会想到自杀？

0 很少或偶尔想到

1 过一段时间就会想到

2 一直都有这种想法

8. 您对自杀的念头有什么看法？

0 我排斥自杀的念头

1 我不清楚或不关心

2 我接受自杀的念头

9. 您觉得自己能控制自杀的念头吗？您能做到不放弃自杀的念头但又不至于伤害自己吗？

0 感觉自己能控制住

1 我不太有把握自己能控制住

2 感觉自己控制不住

10. 您会不会因为想到什么人或事而放弃自杀的企图？

0 会

1 会有所顾虑

2 很少或不会

11. 当您想到自杀时，主要原因是什么？

0 为了操纵局面，或引起周围的注意，或为了报复

1 既有操纵局面也有逃避问题的原因

2 为了逃避、了结问题

12. 您想过用什么方法自杀吗？

0 我没想过这个问题

1 我想过这个问题，但还未想出具体方法

2 我有个详细的计划

13. 您有自杀的实施计划吗？现在有机会实施自杀计划吗？或很快就能找到机会？

0 方法不存在，没有机会

1 有一定机会但方法费时费力

2 方法和时机都有

3 将来会有机会

14. 您觉得自己有能力尝试自杀吗？您是否真正了解怎样才能结束自己的性命？您肯定不会迟疑？

0 不，我没有自杀的勇气或能力

1 我不确定自己是否有自杀的勇气或能力

2 是的，我有自杀的勇气或能力

15. 您期望真的做一次自杀的尝试吗？

0 不

1 不确定

2 是的

16. 您自杀的步骤开始实施了吗？

0 没有，还未做任何准备

1 还没有准备好，只做了部分准备

2 是的，我完全准备好了

17. 已开始或已经写好遗书了吗？

0 没有

1 只写了个开头，但还没有结束。我已经想过这个问题

2 是的

18. 您是否为自身做好了善后工作？例如：安排好人寿保险和遗产？

0 没有

1 想过或做了些安排

2 是的，完全做好了安排

19. 您告诉过或想到过要告诉什么人您想自杀吗？

0 我曾公开说过我的想法

1 想说但没说

2 我独守自己的想法

20. 你是否曾经有过自杀行为？

0 是　1 否

21. 如果上题的答案为“是”，那么在过去 12 个月中，您是否有过自杀行为？

0 是　1 否

22. 下面三种陈述中，哪一种最好地描述了您的企图？

0 您确实要自杀，但是运气不好，没有成功

1 您试图自杀，但您知道那种方法不行

2 您企图自杀是渴求关注或帮助，而不是想死

2. 会谈法

(1)针对老年案主的会谈。

会谈中，社会工作者注意了同理心、倾听、提问、话题衔接和总结等技巧的运用。例如，运用同理心技巧加以回应：“从您的话语中，我觉得您认为一个人生活，没有意义是吗？”总结：“今天是我们第一次会谈，我们找到了您现在的主要问题是丈夫去世对您的打击很大，您对生活失去了信心……”

通过与老年案主的深入会谈(3 次)，社会工作者获得了老年案主的下列信息：老年案主基本资料：老年案主退休前是单位的会计，性格较内向，退休后与丈夫生活在一起，老两口每天去附近公园打太极，丈夫的突然去世导致老年案主对生活失去信心，性格变得沉默寡言，对丈夫的死很自责，不愿与任何人交往和接触，甚至产生了轻生的念头。

老年案主生理情况：由于常年参加太极锻炼，老年案主身体健康，血压有一点高。最近由于思念过度及休息不好，老年案主经常出现昏厥现象，人也消瘦很多。

老年案主心理情况：一方面，老年案主的丈夫去世后，其对丈夫的思念与日俱增。丈夫去世后案主变得沉默寡言，对生活失去信心，对丈夫的死深深地内疚。但另一方面，老年案主与丈夫的共同目标是把孙女和外孙培养成人，因此老年案主心里保存着丈夫的遗愿。

老年案主的家庭系统：老年案主的儿女都非常优秀和孝顺，一直是老年案主的骄傲。老年案主有一孙女和一外孙，其十分疼爱。老年案主丈夫去世后，儿女经常带孩子探望和陪伴老年案主。

老年案主社会支持系统：老年案主平时与邻居接触不多，但是关系较好，以前老年案主经常参加社区太极队活动，在太极队人缘较好，老年案主丈夫去世后，老年案主较少主动与邻居和队友来往。

(2)针对老年案主关系人的会谈。

社会工作者主要针对老年案主的女儿、邻居王阿姨、太极队成员、社区居委会成员进行了会谈，通过会谈获得了一些关于老年案主的有效信息，这些资料可以与老年案主会谈所获得的资料相互验证，来真实呈现老年案主资料的全貌。获得的一些有效信息如下。

通过与老年案主的女儿的会谈，了解到老年案主与丈夫的感情甚好，老两口对退休后的生活充满了热情和信心，也对今后的生活进行了规划。让老年案主接受不了的是，老年案主的丈夫平时身体很好，可是丈夫的离去太突然了，老年案主始终不能接受这一现实。老年案主时常抱着丈夫的照片自言自语，对着丈夫的照片说对不起，有时抱着孙女和外孙痛哭，令两个孩子不知所措。

通过与老年案主邻居王阿姨的会谈，了解到老年案主丈夫去世后，经常将自己关在家中，平时家里传出来的歌声和欢笑声也没有了。老年案主对邻居们的探望也表现出冷淡，邻居和朋友看老年案主时常不吃饭，便做饭送给老年案主，老年案主也只吃几口，日渐消瘦。

通过与太极队成员的会谈，了解到老年案主丈夫去世后，老年案主几乎不去打太极，即使偶尔去太极队也是兴致不高，去练习太极也不愿与人交谈。老年案主对队友们开的玩笑和说一些有关丧偶的事情也格外敏感，队友们不知道该怎样关心老年案主。

通过与社区居委会成员的会谈，了解到老年案主丈夫去世后，老年案主没有参加社区居委会组织的活动，即使社区邀请老年案主参加活动，老年案主也只是勉强参加并且无心表演，老年案主对社区的事物表现出漠不关心。

3. 观察法

社会工作者事先与老年案主沟通，取得老年案主的同意后，对其进行几次非参与式观察，以增加对老年案主的进一步了解，使资料收集更丰富和准确。某次在打太极休息期间，老年案主对另一位队友的身体不适表现出关心，并及时拨打了120。120接走队友后，老年案主很认真地劝告老年队友们怎样处理突发疾病，讲解预防老年疾病的相关知识，劝告老年朋友定期去医院检查身体；还说丈夫的去世就是忽视了平时的体检和不懂得老年急救知识，虽然很多老年人身体看上去很好，但是存在很多疾病隐患。见表2-2。

表 2-2 观察记录表

<table>
<tr><td>时间</td><td>×月×日</td><td>地点</td><td>社区活动中心</td><td>社工</td><td>李×</td></tr>
<tr><td>参与者</td><td>老年案主、太极队成员</td><td>与老年案主关系</td><td colspan="3">队友、邻居、朋友</td></tr>
<tr><td colspan="6">观察情况记录</td></tr>
<tr><td colspan="6">队友老陈在休息期间突然表现出身体不适，老年案主上前关心并建议马上去医院，老陈说这几天没有休息好，没有关系。老年案主主动拨打 120、120 救护车接走老陈后，老年案主认真地对队友讲了老年疾病的基本预防和初步诊断，提醒大家定期体检，并不断自责说如果平时注意检查身体和懂得急救知识就可以避免丈夫的去世。在此过程中，老年案主表现出的积极和热心让我们看到了她热情的一面。</td></tr>
</table>

通过观察发现，老年案主虽然还沉浸在丈夫去世的悲痛之中，但是在别人有困难的时候，老年案主能够热心地帮助，可以看出老年案主对丈夫的死带有很深的自责和后悔，也可以看出老年案主对生命的在意和尊重。

4. 文献法及咨询

为了更全面地了解老年案主和老年个案工作的特点，社会工作者还在社区居委会查阅了老年案主的相关资料，同时查阅了有关老年人心理问题的案例，请教了相关专家和督导，对该个案有了更深刻的认识。

(四)诊断

1. 理论基础

危机介入理论认为危机就是一个人的正常生活受到意外危险事件的破坏而产生的身心混乱状态。危机介入模式就是针对案主的危急状态而开展的调适和治疗的工作方法。危机通常可以分为两类：成长危机，即每个人在成长过程中需要面对不同的任务而产生的危机；情境危机，即因生活情境的突然改变而引发的危机。该理论认为危机是一种正常的生活经历，并非疾病和病理过程。危机的程度与发生事件的强度不一定成正比，而是取决于案主对事件的认识，以及案主应对事件的能力、既往经历和个性等。危机具有时限性，急性期一般在六周左右，如果不能得到及时的解决，可能导致精神疾病或出现自杀、攻击他人等不适行为。

危机是一种危险，同时也是一种机遇。

心理与社会治疗模式认为个体的发展受到生理、心理和社会三个方面因素的影响，而且这三个方面的因素又相互作用、共同影响案主的成长过程。心理与社会治疗模式借用了系统理论的概念“人在情境中”，把案主放到一定的社会环境中去认识，通过了解案主所处的环境把握案主的问题。老年案主所处的环境一般涉及家庭、亲属、邻里、朋友、社会组织和工作单位等。该模式对人际沟通十分重视，认为它是保证人际互动有效进行的基础。该模式强调，人际沟通会影响老年案主的家庭关系和老年案主的社会角色的扮演，对老年案主的超我和自我的形成也起着十分重要的作用。该模式认为，每个老年案主都是有价值的，他们都具有发展自己的潜能，只是未被开发而已。开展心理与社会治疗工作的目的就是要挖掘老年案主的潜能，使其健康地成长。

2. 诊断内容

(1)家庭结构图。

家庭结构图(图 2-1)是诊断中常用的方法之一，它一般用于分析老年案主生活的历史以及各种社会关系和重大事件。它可以提供有关家庭历史、婚姻、死亡等家庭重要事件，以及家庭沟通和互动方式的概要信息，通常至少包括三代人。

家庭结构图的主要符号如下：

□：表示男性　○：表示女性　—：已婚配偶关系　_ _ _：未婚关系

/：表示分居　//：表示离婚　～～～：表示关系紧张　=或//：表示关系很好

从线段衍生下来的符号，表示由此关系而来的孩子。

孩子的排列以出生时间的先后从左到右而行，死亡的孩子在方块或圆形图上画×来表示。可以在图上注出每个人的名字和年龄，有关结婚、分居、离婚、死亡等情况都可以用简单的符号来表示。可以用一些简单的符号来记录某些生活中的重大事件。

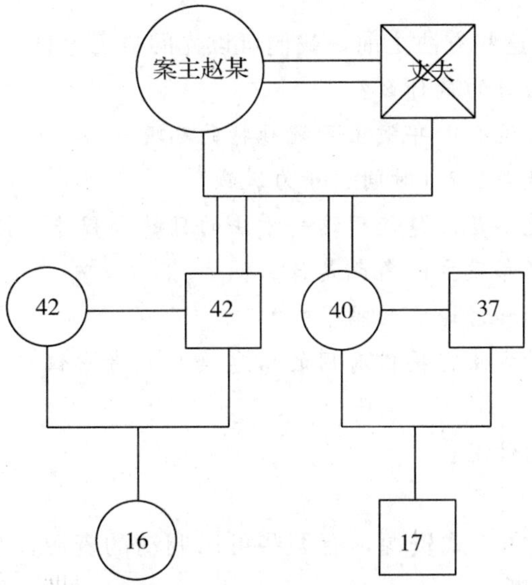

图 2-1　案主赵某家庭结构(阿拉伯数字为年龄)

(2)社会生态结构图。

社会生态结构图(图 2-2)是用图示的方法来展示老年案主的社会生态系统，即老年案主的社会生活全貌。它可以帮助社工了解老年案主和其他系统之间的互动，包括：资源的交换、系统关系的本质、系统界限的渗透性，以及解决老年案主问题的助力与阻力。

在生态图中，老年案主的家庭系统在中间的圆圈中，其他有意义且与老年案主有关的社会系统也用圆圈表示。各社会系统之间的关系特征都用线条来表示：实线(—)代表强的(一般的、正向的)关系；虚线(…………)代表薄弱的关系；曲线代表有压力的或较紧张的关系；直线箭头(→)表示系统间资源和能量的流向。

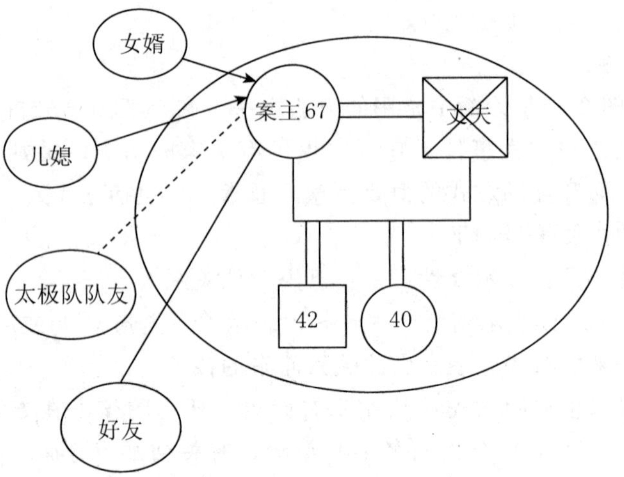

图 2-2　案主赵某社会生态结构(阿拉伯数字为年龄)

在考虑选取和使用这些方法之前，我们可以先问自己这样一些问题：

· 使用这一方法的目的是什么？

· 它是否非常适合这个老年案主系统独特的环境？

· 使用它的花费是多少？(时间、精力、钱)

· 老年案主事先是不是清楚使用这一方法的目的和程序？他们同意这样做吗？

· 在此过程中，老年案主的角色是什么？

· 老年案主将看到和讨论它的结果吗？

· 想要使用的这种方法将提供有用的信息吗？或者它仅仅是为老年案主的行为贴上标签而已？

· 如何运用产生的结果？

(3)资源诊断。

有哪些正式资源和非正式资源，有哪些可以调动的资源，缺失什么资源，可以连接哪些资源的分析和诊断。

3. 诊断结果

社会工作者也强调老年案主对这一过程的参与，与老年案主共同完成，可以增进老年案主对自身问题的理解。社会工作者通过与老年案主的面谈以及从老年案主的亲属、朋友那里了解到的情况可以发现，老年案主及家庭面临着以下一些问题。

(1)老年案主的自杀危机：老年案主目前有自杀倾向，社会工作者应采取及时的危机介入。

(2)老年案主的身体状况糟糕：目前老年案主进食差，每天在儿女的劝说下能吃少量的饭，加上每天睡眠不足，身体虚弱，对身体已经造成危害。

(3)老年案主的自我认知差：老年案主认为丈夫的病逝与自己有不可推卸的责任，自我封闭，极端自责，自尊感下降，对未来生活缺少自信，觉得活着没意思。

(4)老年案主的家庭沟通情况不佳：老年案主与子女缺少必要的沟通，老年案主认为去子女家居住会给子女带来不必要的麻烦。

(5)老年案主的人际交往障碍：性格变得更加沉默寡言，很少参加太极队的锻炼和表演，与邻居和队友也缺少交流和交往。

(五)撰写诊断报告

××社区服务中心诊断报告

老年案主姓名：赵×　年龄：67　性别：女　婚姻状况：丧偶　工作状态：退休

家庭住址：××市××区××街道××社区　联系电话：158××××××××

老年案主类型：家人转介　求助原因：丈夫去世，老年案主有自杀的想法

诊断时间：2020年×月×日

1. 老年案主基本情况

老年案主退休前在单位为会计，退休后与丈夫一起居住，老年案主夫妇感情甚好，丈夫突然病逝令老年案主伤心欲绝，并表现出很深的自责，对丈夫的思念与日俱增，对生活失去信心。老年案主不愿去儿女家生活，对平时喜欢参加的娱乐活动失去兴趣。

2. 老年案主的问题

(1)老年案主的自杀危机：老年案主目前有自杀倾向，经常拒绝进食。

(2)老年案主的身体问题：目前老年案主进食差，每天在儿女的劝说下能吃少量的饭，加上每天睡眠不足，身体虚弱，对身体已经造成危害。

(3)老年案主的自我认知：老年案主认为丈夫的病逝与自己有不可推卸的责任，自我封闭，极端自责，对未来生活缺少自信，觉得活着没意思。

(4)老年案主的家庭沟通状况：老年案主与子女缺少必要的沟通，老年案主认为去子女家居住会给子女带来不必要的麻烦。

(5)老年案主的人际交往问题：性格变得更加沉默寡言，很少参加太极队的锻炼和表演，与邻居和队友也缺少交流和交往。

3. 老年案主的个人系统

(1)老年案主的生理情况：老年案主由于持续缺少睡眠和营养，导致身体每况愈下，已经影响正常的生活。

(2)老年案主的心理情况：老年案主的丈夫去世后，其自我认知度低，极端自责，有厌世心理，但是对子女存有一些牵挂和留恋。

(3)老年案主的其他情况：老年案主常年与丈夫生活在一起且具有独立性格，由于性格内向，平日对子女和朋友依赖较少。老年案主由于性格和习惯的原因，加上不愿给子女添麻烦，丈夫去世后仍然一个人生活，且封闭自己不愿与人交往。

4. 老年案主的环境系统

(1)老年案主的家庭系统：老年案主有一儿一女，儿子在上海外企工作，女儿在同一个城市从事教师工作。儿女非常孝顺，一直是老年案主的骄傲。老年案主有一孙女和一外孙，其十分疼爱。儿女经常带孩子探望父母，老年案主丈夫去世后，女儿和儿子十分担心老年案主，经常来陪伴老年案主。

(2)老年案主的社会支持系统：老年案主平时与邻居交往较少，缺少必要的社区交往网络。丈夫去世后，老年案主较少参加社区活动，与太极队成员交流也仅仅是活动层面的交往和交流。

5. 社工分析

老年案主目前面临心理、生理、家庭沟通、人际交往等方面的问题，这些问题是错综复杂地交织在一起并相互影响的。老年案主独立的性格和不愿给别人添麻烦的想

法导致老年案主在丈夫去世后不愿与任何人交流和交往，也不愿与儿女生活在一起。由于对丈夫过度思念，其很难从想念丈夫的痛苦中走出来，导致生理上身体每况愈下，心理上负担过重，过于自责，常有厌世想法。严重的心理问题必然导致老年案主其他方面状况的继续恶化。所以，首先最迫切的是针对老年案主的自杀倾向进行干预，其次是帮助老年案主改善身体状况，改善与家人的沟通及人际交往状况还要通过各种途径提高老年案主的自我认知度和自信心。

从获得的资料来看，老年案主流露出要完成丈夫的遗愿，把孙女和外孙培养成人，可见其也有改变现状的动机。老年案主的长处是受过一定的教育，认知能力强，喜欢参与文娱活动，社区太极队和社区文娱团体都是帮助老年案主可利用的有效资源。

社工签名：李×　　　　　　　　　　督导签名：王×

日　　期：2020年×月×日　　　　　日　　期：2020年×月×日

五、总结点评

(1)收集资料中强调“人在情境中”，个人的行为是个人与外在环境互动的结果。因此，了解老年案主问题的重点是要掌握老年案主个人和环境的情况以及老年案主与环境互动的情况。

(2)诊断是持续性的、动态的、双向互动的以及以专业知识为基础的综合分析过程。

(3)诊断内容主要包括了解老年案主问题的真相、特质、症结所在、起因以及对老年案主的影响。详细认识老年案主的人格、所在的环境及其社会关系。发现解决问题的阻力和助力以供处理问题时参考。

(4)撰写诊断报告，语言要精练，报告内容中事实与判断要分开。

六、拓展提高

(1)老年案主带来的问题是一个很普遍的问题。老年案主是一位有自杀倾向的丧偶老年人。但每个老年案主想要自杀的原因以及应付能力是不一样的，因此丧偶自杀的问题也要个别化，不能用一个普遍的方法解决某个老年案主的问题。

(2)当老年案主的有关资料收集得恰当时，必须将这些资料进行系统化的摘要和陈述。它必须包含社工认为了解问题所需要的重要事实，要求叙述清晰、简短，把握问题的要点。

(3)诊断的结果应该是弹性的，诊断要贯穿整个治疗的过程，因为老年案主的情况是随时变化的，会随着所处环境和身心状况的变化而变化。

(4)社工要把握老年案主的受助意愿和受助能力，自愿申请帮助的老年案主受助能力较强，由家人、朋友介绍或者其他机构专案的老年案主受助意愿和能力较弱。

〉〉〉任务体验式教学参与

个人任务工单 1

组号：________ 姓名：________ 学号：________

引导问题：根据本单元的相关内容自主完成下列训练任务。

1. 请查阅二维码链接的社会关系网络表的制作过程，观看之后，访问一位长者，完成这位长者的社会关系网络表的制作，并将制作结果填在下面。

老年社会工作概要

小组任务工单 2

组号：________ 姓名：________ 学号：________

引导问题：根据本单元的相关内容结组讨论完成下列训练任务。

1. 对老年人开展个体状况评估时，为了确保收集信息全面，评估表或信息收集工具应涉及到哪些方面？

老年人生理、心理及社会生活状况评估概况

任务三　制订服务目标和计划

〉〉〉教学目标

通过教学，学生理解服务目标和服务计划，掌握服务目标的原则、制订计划的原则，掌握制订计划的方法，签订服务协议，做好介入前的准备工作。

〉〉〉案例情境

社工小李收集资料并做出诊断之后，决定制订服务目标和计划，在此过程中，社工小李要求案主共同参与服务目标和计划的制订，并共同签订服务协议。

工作任务：

1. 设定服务目标。
2. 制订服务计划。
3. 签订服务协议。

〉〉〉教学内容

一、术语理解

（一）服务目标

当明确了老年案主的问题之后，就可以制订明确的服务目标，服务目标可以分为总目标和具体目标，也可以分为短期目标和长期目标。

（二）服务计划

制订服务计划是由社会工作者与老年案主共同承诺，合作实现双方所确定的目标及其目标的实施步骤的过程。服务计划的内容有以下几个方面：老年案主的情况简介；老年案主的问题、需求和期望；机构提供服务的性质；计划预备达成的目标；针对目标准备开展的工作；评估的方式；服务计划的变更。

（三）服务协议

服务目标和服务计划制订以后，社会工作者要与老年案主共同签订一个服务协议，使双方共同承诺为实现目标和计划而协调配合。协议明确双方的责任和义务，协议可以是正式的双方签字的书面协议，也可以是双方口头上的理解。

二、要点提示

（一）制定目标的步骤

1. 重述老年案主的问题

老年案主和社会工作者经过一段时间的讨论后，可能对自己的问题会产生一些新的认识，因此社会工作者在制定目标前再次与老年案主一起确定问题所在就显得非常必要。

2. 协助老年案主列出与问题相关的问题

老年案主自己认为要首先解决的主要矛盾与社会工作者对问题的专业判断不一致时，社会工作者与老年案主一起确定问题的重点就很重要。

3. 协助老年案主确定问题解决的优先次序

社会工作者协助老年案主依次排列出问题解决的优先次序。因为问题之间是相互影响、相互作用的，抓住了主要矛盾，其他问题的解决相对就容易一些。

4. 协助老年案主明确他(她)的期望

明确老年案主想要的工作期望，就是社会工作者和老年案主要达到的工作目标。目标选择带有很大的价值判断，交织着老年案主和社会工作者的价值取向和生活经验等。如果老年案主与社会工作者在目标选择上有分歧，社会工作者要坦诚地告诉老年案主自己的理由和背后的价值观念，同时也要协助老年案主明白自己的价值观，双方在充分讨论的基础上达成共识，才可以形成工作目标。在这个过程中，社会工作者要严格遵守专业伦理道德。

(二)服务计划的制订

制订工作计划是个案工作的一个重要步骤和内容。服务计划不是随意制订的，要考虑为老年案主提供最合适的服务，机构所能提供的资源和帮助，社会工作者的能力以及社会工作者对资源的了解和掌握程度等。计划书应该包括以下方面的内容。

(1)老年案主的基本情况。包括姓名、年龄、婚姻状况和职业等。

(2)简要准确把描述并列出老年案主的主要问题和相关问题。

(3)老年案主想要达到的结果与社会工作者的工作目标。

(4)每个阶段需要采用的方法和需要动用的资源。老年案主的问题可用很多种不同的方法去解决，社会工作者要尽可能多地考虑并列出。社会工作者在列出这些方法的时候也要考虑老年案主的学习能力、思维习惯、沟通能力等，以便所用的方法可以被老年案主接受。社会工作者应清晰地列出各个阶段可能要动用的资源，包括机构可以提供的资源以及机构外可以寻求到的资源等。

(5)达到目标所用的期限。社会工作者为老年案主提供的服务并不是没有时间限制的，规定一个时间表有助于促进老年案主珍惜和很好地利用资源，能使老年案主有信心在一定的时间内解决自己的问题。

(6)联系方式。老年案主留下自己认为安全和便捷的联络方式，以便于联络。

(三)签订服务协议

服务协议是由社会工作者与老年案主共同承诺合作，实现双方所同意的目标和计划的意见，是促使双方关系具有承诺和责任要素的重要途径。签订协议对社会工作者和老年案主双方都具有约束作用。对社会工作者来说，协议提供了老年案主参与服务的保证。对老年案主来说，它可以明了社会工作者提供服务的内容以及社会工作者的期望。服务协议的内容如下。

(1)服务目标。

(2)服务的内容以及采用的方法。

(3)双方应该享有的权利和义务，如社会工作者遵守职业伦理，对老年案主的问题保密。老年案主要完成社会工作者布置的家庭作业，保证个案辅导的时限等。

(4)服务的时间、地点和次数。

(5)双方签字，有些时候，协议也可以是口头的。

三、方法技巧

一项服务计划的制订要在社会工作者和案主的共同参与下完成，计划包括总目标和具体目标的设定、行动方案的确定以及双方各自工作的明确。制订服务计划的第一步就是在认定问题的基础上与案主共同设定工作的总目标和具体目标。具体的工作程序如下。

(1)明确老年案主的需要和问题。社工要与老年案主再次确认双方对问题和需要的理解与认识，以便所设定的目标被案主所认可并已准备好与社会工作者一起积极努力解决问题。

(2)向老年案主解释设定目标的目的。当老年案主了解设定目标的意义并明确自己在目标设定中的角色时，他们会对目标产生认同和积极正向的行动反应。

(3)共同选择适当的目标。目标选择包括两个步骤：筛选目标和制定目标。

(4)与老年案主讨论目标的可行性和可能的利弊。

(5)确定目标并决定目标的先后次序。

(6)签订服务协议。服务协议的主要内容包括服务目标，服务内容以及服务方法，双方享有的权利与义务，服务的地点、时间和次数。双方签字。有的时候协议也可以是口头的，见表 2-3。

表 2-3　某服务机构的服务协议

××服务协议		
案主姓名：	性别：	出生年月：
接案日期：		
1. 问题的描述：		
2. 具体目标：		
3. 行动计划：		
(1)		
(2)		
(3)		

四、注意事项

(一) 制定目标的原则

1. 目标应通俗易懂

制定的目标一定要简洁明了，尽量避免专业的和艰涩的词句。老年案主的文化层次可能不高，简洁明了的目标可以让老年案主明白自己的努力方向。社会工作者在确定目标的时候应尽量避免用“改变非理性信念或改变错误的情感认知”等这样专业的词汇，尽量用“让老年案主学习与异性相处”等这样通俗易懂的词句。

2. 目标应与社工和老年案主解决问题的能力一致

制定的目标一要考虑老年案主解决问题的能力和动机，二要考虑社工的能力，两者合力才能有效地解决问题。一开始的目标不宜定得太高。定的目标要有层次，分为初级目标、中级目标和高级目标，或许初级目标中也要根据老年案主的能力定出不同的层级。另外，社会工作者要认识到有些情况下自己对老年案主的问题有认识上的局限，解决问题的能力也有限制，因此制定的目标也要与社工的能力相协调。

3. 目标与机构的功能保持一致

老年案主问题的解决与机构所能提供的资源和服务有关，如果所定目标与机构的功能不适合，有可能使老年案主得不到适当的资源支持和有效的帮助。如果我们坚持以老年案主为本社会工作者，所定的目标应该与机构的功能适合。

4. 制定的目标是老年案主和社工共同协商的结果

目标不是老年案主或者社会工作者单方决定的，如果一方对所定的目标有意见，就不能成为最后的目标，所定的目标必须是在双方充分讨论的基础上达成共识的结果。这样可以提高老年案主解决问题的信心和能力，以便有效解决老年案主的问题。

(二)服务协议的制订原则①

个案工作协议的本质是一种契约，目的在于保证介入目标的实现，因此它的一个最大特点是要具有可操作性。可操作性服务协议的制订应该遵守以下原则。

1. 明确性

协议内容应该是明确的，没有秘而不宣或隐含的意思。为了避免意思上的含混不清，协议的文字应清楚、精简和具体，避免过多使用专业术语。

2. 得到社会工作者和老年案主的认可

协议必须是双方共同拟定的，即必须是双方合作、共同参与并使用老年案主明白的语言制订的。协议必须是双方对问题界定、工作目标、介入策略、参与者各自角色和任务的共识，是双方完全同意的。

3. 具有弹性

法律协议具有固定不变性。然而，个案工作的服务协议却要根据老年案主的变化不断进行调整。这使得社会工作的服务协议具有灵活性而不是一成不变的，它可以根据老年案主的新需要重新商定。

4. 具有实用性

协议应该是可行的、现实的。协议需要具有约束力，但也不应该太严格而难以实现。能够实现的、现实的协议让老年案主感觉自己有能力处理和把握问题，有助于恢复和增强他们处理问题的信心。协议条款太过严格会增加老年案主的挫败感，因而是不适宜的。

五、实务操作

(一)设定服务目标与计划

1. 设立服务目标

根据上述诊断结果，社工小李需要辅导老年案主达到以下目标。

(1)总目标。

①解除老年案主的自杀倾向，使得老年案主获得一定的情感支持，缓解老年案主

① 邓恩远、卞国凤：《社会工作方法与实务》，北京，北京大学出版社，2009。

的情绪。

②帮助老年案主建立起情感支持网络。

(2)具体目标。

①引导老年案主直面危机，恢复自尊，增加自信，为老年案主生活输入希望。

②帮助老年案主自我增能，转移生活重心，培养交往能力。

③鼓励老年案主积极参加社区活动，建立社区支持网络。

④老年案主能够对自己未来的生活有更理性的思考和计划。

2. 构建服务计划

工作目标设定后，接下来社会工作者与老年案主讨论如何实现既定的工作目标，即制订一套行动计划来实现目标。这个过程实际上就是选择介入方法和介入系统的过程，是发展有效行动方案、明确任务和责任的过程，也是决策行动的过程。

通过社会工作者与老年案主的共同讨论，决定从老年案主的个人系统、家庭系统、群体系统、社区系统等方面全面介入。

在构建服务计划的过程中，社会工作者还应积极利用寻找资源的技巧。在帮助老年案主的过程中，社会工作者要通过与拥有不同资源的个人、团体、机构合作，才能为老年案主提供最完善的服务。资源包括有形的物质资源和无形的精神资源，还可以分为正式资源和非正式资源，正式资源是指从社会福利机构或其他正式机构处获得的资源，非正式资源是指从家人、朋友、同事、邻居处获得的资源。对一个专业社会工作者来说，为了给老年案主提供最好的服务，他必须对老年案主的资源网络有一个详尽的了解，掌握相关的资源知识，同时明确各种资源之间的区别，取长补短，使之对老年案主发挥最大的作用。

①引导老年案主理解生老病死是自然规律，使其正视死亡的必然性，让老年案主明白丈夫的死不是老年案主的责任。可以建议老年案主女儿陪伴她居住一段时间，用家人的温暖抚慰老人，并让她认识到不能跟着老伴儿去死，儿女是需要她的。

②在帮助案主面对和处理危机的过程中，社会工作者要充分利用案主自身拥有的周围他人的资源，为案主提供必要的支持。这里包括家庭支持和亲友支持。让老年案主体验每天与女儿、外孙在一起的乐趣，体验天伦之乐。鼓励老年案主多与同龄的邻居和太极队好友交往，尤其是女性同龄好友，将生活重心转移到家庭生活中来，如到什么地方买菜，怎样为子女烹饪美食，将生活继续下去。

③鼓励老年案主发挥文艺特长，引导老年案主重建生活重心，转移老年案主的注意力。老年案主所在社区的文体活动很多，老年合唱队是活跃的团体，活动时间也比较规律，每周都有活动，可以鼓励老年案主参加老年合唱队。

④危机是否能够解决最终取决于案主是否能够增强自主能力。虽然案主在危机中自主能力有所下降，但社工不能认为案主缺乏自主能力。由于老年案主受过一定的教育、退休前从事的工作等原因，老年案主不仅具有一定的理解和接受能力，而且还具有一定的独立思考能力，因此，社工要鼓励老年案主对自己未来的生活有更理性的思考和计划。

(二)签订服务协议

服务协议是在社工与老年案主一起，从接案到共同讨论问题、构建行动计划的过程中逐步协商产生的。随着服务过程的发展，协议的内容越来越具体，直到形成具体的、可操作的协议。为了更清晰明确地界定双方的任务与责任，社工与老年案主签订了书面协议，见表 2-4。

表 2-4　××社区服务中心服务协议

<table>
<tr><td colspan="4">××社区服务中心服务协议</td></tr>
<tr><td>老年案主姓名</td><td>赵某</td><td>性别</td><td>女</td></tr>
<tr><td>出生年月</td><td>1953 年×月×日</td><td>联系电话</td><td>158××××××××</td></tr>
<tr><td>家庭住址</td><td>××区××街道××社区</td><td>老年案主编号</td><td>20201103</td></tr>
<tr><td>社工姓名</td><td>李×</td><td>接案日期</td><td>2020 年×月×日</td></tr>
<tr><td colspan="4">主要问题陈述
(1)老年案主的自杀危机：老年案主目前有悲观厌世心理。
(2)老年案主的身体问题：目前，老年案主的情绪影响到其饮食和休息，导致老年案主身体状况不佳。
(3)老年案主家庭沟通问题：老年案主不愿主动与子女交流，封闭自己。
(4)老年案主的自我认知：老年案主自我认知度低，觉得丈夫的死与自己有关，对丈夫的死很自责，对未来生活没有信心。
(5)老年案主的人际交往问题：老年案主不愿主动与朋友和邻居交往，对以前喜欢参加的文娱活动不感兴趣。</td></tr>
<tr><td colspan="4">总体目标：协助老年案主应对现阶段的危机与困难，帮助老年案主重新认识自我，积极面对生活。</td></tr>
<tr><td colspan="2">具体目标</td><td colspan="2">行动计划</td></tr>
<tr><td colspan="2">(1)协助老年案主解除自杀危机，打消自杀念头。
(2)帮助老年案主改善身体状况。
(3)改善老年案主与家人的沟通状况。
(4)改善老年案主的人际交往状况。
(5)提高老年案主的自我认知度，帮助其实现自身价值。</td><td colspan="2">(1)引导老年案主发泄内心的情绪，唤起其生存欲望，描述自杀负面后果，指出可行替代出路。请专业机构协助，提供心理咨询与治疗。
(2)帮助老年案主恢复身体状况，保证正常饮食和睡眠。
(3)引导老年案主多和家人沟通和交流。
(4)鼓励老年案主多与人交往。
(5)社区积极创设良好氛围吸引老年案主参与社区活动。</td></tr>
<tr><td colspan="4">案主(签名)：__________　　社工(签名)：__________

日期：______年____月____日　　日期：______年____月____日

案主重要关系人(签名)：__________　　机构负责人(签名)：__________

日期：______年____月____日　　日期：______年____月____日</td></tr>
</table>

六、总结点评

(1)服务目标的制定要坚持与老年案主共同协商原则、目标一致原则和目标可行原则。

(2)社工协助老年案主找到问题的重点之后，可与老年案主共同确定解决问题的先后顺序。

(3)协议的形式可以是书面的也可以是口头的，最好签订书面协议，这样能够起到督促双方的作用。

(4)制定目标既要考虑老年案主解决问题的动机和能力，还要考虑社工的能力。

七、拓展提高

(1)服务协议不是一成不变的，在整个服务过程中，随着老年案主情况的变化可以不断地修改和完善。

(2)社会环境对老年人的心理状态也会产生一定程度的影响。因此，社工在制订服务计划时，应将老年个案工作和社区支持有机地结合在一起，从而综合有效地解决老年案主问题。

(3)据统计，老年丧偶者在配偶去世后头 6 个月中的死亡率比平均死亡率高 40%。因此，服务计划中的自杀危机介入尤为重要。

(4)社工在制订服务目标和计划的过程中，要清楚地知道可以动用的资源，包括机构提供的资源以及机构外可以寻找到的资源。

〉〉〉任务体验式教学参与

个人任务工单 1

组号：________ 姓名：________ 学号：________

引导问题：根据本单元的相关内容完成下列案例情境中的服务计划制定任务。

【案例情境】张爷爷，曾担任某单位最高领导，退休后，因为角色的转换能力不足，出现了不适应，对一起生活的家人以及社区内经常见面的老年人都拿出一副领导的作风，导致家人与其沟通不畅，没有老人愿意与他交朋友。张爷爷很孤独、气愤，又很焦虑，终日觉得生活没有乐趣，情绪低落，并伴有失眠、食欲不振。

【要求】按下列制定服务计划的步骤指导完成上述案例服务计划制定。

关于张爷爷的个案服务计划

主要问题	介入目标	介入策略
1.	1.	1.
2.	2.	2.
3.	3.	3.
……	……	……

小组任务工单 2

组号：________　　姓名：________　　学号：________

小组讨论，教师参与，确定任务工单 1 的最优答案，并反思自己存在的不足。

任务四　实施服务计划

〉〉〉教学目标

通过教学，学生掌握实施服务计划的方法和技巧，以促使老年案主发生改变的能力增强，有效地完成个案工作目标。

〉〉〉案例情境

老年案主与社工小李共同制订了服务目标和计划，并签订了服务协议，接下来社工小李就开始实施服务计划。在此阶段，社工小李采用综合社会工作方法和技巧。

工作任务：

1. 对老年案主赵某进行自杀危机干预。
2. 协助老年案主赵某改善身体状况。
3. 改善老年案主赵某的自我认知和自我对话。
4. 鼓励老年案主赵某与家人沟通和交往。
5. 鼓励老年案主赵某积极参与社区活动，改善老年案主的社会环境。

〉〉〉教学内容

一、术语理解

(一)境遇性危机

因超常事件导致个人无法预测和控制而出现的危机称为境遇性危机，如丧偶、交通事故，它的突然性、强烈性以及震撼性决定了其区别于发展性危机和存在性危机。

(二)直接治疗

社会工作者通过与老年案主的接触，建立服务关系，帮助老年案主调适并发展人格，发挥老年案主的自助精神及潜能以解决问题。

(三)间接治疗

间接治疗是社会工作者由环境入手，通过改善老年案主的生活环境，减轻老年案主的痛苦，进而达成老年案主与环境的良性循环。通常情况下，直接治疗和间接治疗同时使用。

二、要点提示

(一)社会工作者的角色

在服务计划的实施过程中，社会工作者将面临不同的工作处境，需要采取不同的策略和方法。就一般情况来说，社会工作者需要根据服务介入的具体情况扮演以下一些基本的角色，推动服务计划的顺利开展。

1. 使能者

社会工作者运用自身拥有的专业知识和技巧，调动案主自身的能力和资源，发挥案主的潜在能力，促使案主发生有效改变。

2. 联系人

社会工作者帮助案主与拥有资源的服务机构联系，保证案主能够获得合适的服务。

3. 教育者

社会工作者指导案主学习处理问题的新知识、新方法，调整原来的行为方式。

4. 倡导者

社会工作者倡议机构实行必要的改革，为缺乏资源的案主争取更合理的服务，或者动员案主一起争取一些合理的资源和服务。

5. 治疗者

社会工作者运用专业的方法和技巧消除或者减轻案主的困扰。

(二)直接治疗和间接治疗

霍利斯将治疗技巧分为直接治疗和间接治疗两种。直接治疗是指社会工作者与老年案主二者之间的沟通、研究和治疗的过程。间接治疗是指社会工作者针对老年案主所处的环境所展开的治疗，包括与老年案主有关的人和机构。

1. 直接治疗技巧

(1)非反映性沟通技巧。

①支持(首先减轻老年案主的不安和焦虑，其次肯定老年案主的行为，另外可以通过实物资助的方式表示支持)。

②提供可能的解决途径，让老年案主自己选择。

③忠告，表明自己确切的立场或态度。

(2)反映性沟通技巧。

运用评语、提问和解释等技巧探讨老年案主的处境和心态，鼓励老年案主运用自己的思考去寻找解决问题的方法，这是与其他治疗方法的主要差异。

①人在环境中的反映性沟通：协助老年案主了解其现状，了解老年案主自己的反应。

②心理模式动力反应：协助老年案主进一步去发掘他(她)的感受、态度与行为的内在心理根源，重点在于使老年案主觉察他(她)的那些不适当的心理状态。

③人格发展反应：协助老年案主发现他(她)的某些性格特征或行为是来自于早年经验的影响，使老年案主对这些影响加以适当的控制，提高老年案主的社会适应能力。社会工作者可以先协助老年案主回忆早期的经历，为老年案主提供情绪发泄的机会，继而将早年经验与现在的感受和行动联系起来。

2. 间接治疗技巧——环境改善

改变老年案主的环境，从而减少老年案主在精神上和生活上的压力。在老年案主的关系系统中，包括并行者和重要他人，其中并行者是指与老年案主有工作关系的人，重要他人是指与老年案主有感情联系的人，包括家人、亲戚、朋友等。

三、方法技巧

(一)以社会工作者为主的主导技术

1. 支持与鼓励

社工通过对老年案主的尊重，传达感同身受的理解，使老年案主放下自我防卫，去改善自己，克服困难，过有意义的生活。

2. 信息与意见的提供

一方面，社工在这一阶段可提供一些资料和消息，使老年案主对自己和其处境有进一步的认识，增进其解决问题的能力。另一方面，老年案主通常希望或需要社工提出一些可行的意见，给予具体的指导和忠告。在这种情况下，社工必须十分小心，尽量支持老年案主自己做决定，避免不自觉地支配和控制老年案主。

3. 情绪的疏导

个案工作其中一个最重要的功能，就是提供机会使老年案主在充满支持和温暖的助人关系中，放心和自由地诉说自己不幸或不愉快的遭遇，宣泄被压抑的情绪。社工可及时给予适当的回应，表达理解和支持。

4. 观念的澄清

社工利用讨论和提问，直接和间接地帮助老年案主反省自己对事物的态度和看法，检视自己的思考方式，使案主对自己的个性、情绪和问题有进一步的了解，澄清和修正以前的谬误、矛盾和不合理的信念，建立更合乎实际和逻辑的思维方式。

5. 行为的改变

除了从观点上引导老年案主改变其失调或偏差的行为外，社工也常用行为改变的技巧，如奖赏与处罚、正性和负性增强法、角色扮演、放松训练、系统脱敏法、社交技巧学习等，帮助老年案主消除或减少不适应的行为，同时学习和建立更适应的行为模式。

6. 环境的改善

一方面，环境的改善包括物理环境，也包括人文环境，如老年案主与家庭成员、朋友、同事、同学的关系。社工有责任帮助老年案主获取合适的社会资源，如公共援助、法律援助、社会救助等以满足一些实际的需要。另一方面，社工也应该接触和联络老年案主的重要亲友，进行沟通和协调，尽量增进其他人对老年案主的了解，消除误会和冲突，争取他们对老年案主的支持和帮助。

7. 直接的干预

遇到危急状况，社工有时需要在未征得老年案主或其家人同意的情况下，采取一些直接的干预行动。例如，当老年案主危及到自身或他人的生命安全时。总之，必须以老年案主的利益为前提而做出直接干预行动。

(二)老年案主主导参与的技术

1. 怀旧和生命回顾

怀旧是指让老年案主回顾以往生活中最重要、最难忘的时刻，从回顾中让老年案主重新体验快乐、成就、尊严等多种有利身心健康的情绪，帮助老年案主找回自尊和荣耀。这一方法被一再证明对调整老年人心态十分有效。

生命回顾是指通过生动缅怀过去一生成功和失败的经历，让老年案主重建完整的自我。这一方法鼓励老年人将整个人生的经历尽可能详尽地倾诉出来，以达到内省的目的。生命回顾与怀旧的不同是，它是对整个人生的回顾，而不是只回顾生命中最重要的时刻和事件。因此，它更系统详细，也更能让老年案主面对自己的人生境遇，体味人生的价值和意义。生命回顾的方法已被成功地运用于治疗老年病，特别是那些患有抑郁症的老年人。当今世界发病率最高的三种晚年精神病中，抑郁症排第一。抑郁症的最典型症状之一，就是对生活失去兴趣并伴有轻生念头。通过生命回顾，许多老年人减轻了自责内疚的焦虑心理，重塑自我，找回了生命的意义。生命回顾和抗抑郁药物的配合治疗，被临床证明对老年抑郁症的疗效明显。

具体运用怀旧和生命回顾的老年个案辅导技巧要注意以下几点。

第一，建立相互信任的工作关系。

第二，鼓励老年案主诉说往事，初期可集中于较为愉快的人生经历，然后才慢慢过渡到较为消沉的往事。

第三，侧重聆听老年案主在诉说经历时的感受，尤其要注意他们喜怒哀乐的情绪，对那些被抑压的感受应该帮助他们抒发出来。

第四，对有子女的老年案主，他们作为父母的经历及感受需要表达出来，以协助个案的诊断和治疗。

第五，对于有丧偶的经历，因病或意外而导致伤残的老年案主，社工要协助他们把痛苦的感情渲泄出来。

第六，当怀旧情绪抒发后，社会工作者可以采用“时间紧迫”技巧，协助老年案主从过往生活重回现实中。

生命回顾是协助老年案主中肯地评价自己一生的经历，而不是让其过分自责。若老年案主陷入自责情绪，社工应帮助老年案主分析导致自己失败的外在因素，以避免老年案主把所有责任揽在自己的身上。

2. 空椅子

这种形式一般只需要一张椅子，把这张椅子放在老年案主的面前，假定某人坐在这张椅子上。社工就会要求老年案主把那张空椅子作为倾诉的对象，对着空椅子来诉说自己的想法和情感。老年案主把自己想要对他(她)说却没来得及说的话表达出来，从而使内心趋于平和。这种形式应用于恋人、亲人或者朋友由于某种原因离开案主或者去世，案主因为他们的离去感到特别悲伤、痛苦，甚至悲痛欲绝，却无法找到合适的途径进行排解。

3. 放松训练

放松训练包括肌肉放松模式等。肌肉放松模式指导案主先紧张后放松其身体的主要肌肉，并指导其比较肌肉紧张和放松时不同的感觉。这一模式包括放松 20 种主要的肌肉群，在一小时之内，每一种肌肉群的紧张和放松方式都不同，要坚持每日练习直到熟悉它的程序。放松训练可以用来缓解压力、紧张，消除普通的疲劳和焦虑，日常生活中也能使用。这些放松方法可以单独使用，也可以与其他方法一起用，如系统脱敏、果敢训练等。

4. 系统脱敏法

老年案主对老伴儿猝死事件耿耿于怀，回忆中充满对此事件的恐惧，社工利用系统脱敏法，逐渐排除案主对回忆的恐惧。

在第二、第三次面谈中，社工和老年案主建立了关系，也产生了基本的信任，老年案主在社工的引导下，先简单地回忆一些老伴儿生前的事情，逐步进行，最后再回忆丈夫死亡当天的经过。在案主的阐述过程中，每当案主的思维情绪牵扯进痛苦回忆，社工就进行系统脱敏放松练习，辅助案主控制悲观情绪。最后，当案主再谈到老伴儿死亡当天的情况时落泪少了，多了些叹气，自己也认为生老病死属于人生必然的阶段。

(三)其他技术

其他的技术包括自我管理与引导、示范法、厌恶疗法、果敢训练、多模式治疗法等。很多老年个案需要综合方法才能起到效果。

(四)寻找资源的技巧

在帮助老年案主的过程中，社工要通过与拥有不同资源的个人、团体、机构合作，才能为老年案主提供最完善的服务。资源包括有形的物质资源和无形的精神资源。资源又可以分为正式资源和非正式资源，前者是指社工从社会福利机构或其他正式机构处获得的资源，后者是指从家人、朋友、同事、邻居处获得的资源。对一个专业社工来说，为了给老年案主提供最好的服务，他必须对老年案主的资源网络有一个详尽的了解，把握相关的资源知识，同时明确各种资源之间的区别，取长补短，使之对老年案主发挥最大的作用。

四、危机介入的基本原则

(一)及时处理

由于危机的意外性强，造成的危害大，而且时间有限，需要社工及时接案、及时处理，尽可能减少对案主及其周围人的伤害，抓住有利的、可改变的时机。

(二)限定目标

危机介入的首要目标是以危机的调适和治疗为中心，尽可能降低危机造成的危害，避免不良影响的扩大。只有把精力集中在目前有限的目标上，社工才能与案主共同协商和处理面临的危机。

(三)输入希望

危机发生之后，案主通常处于迷茫、无助、失望的状态中，所以在危机中帮助案主的有效方法是给案主输入新的希望，让案主重新找回行动的动力。

(四)提供支持

在帮助案主面对和处理危机的过程中，社工需要充分利用案主拥有的周围他人的资源，如父母的关心、朋友的支持等，为案主提供必要的支持，同时也需要培养案主的自主能力。

(五)恢复自尊

危机的发生通常会导致案主身心的混乱，使案主的自尊感下降。社工在着手解决案主的危机时，首先要了解案主对自己的看法，帮助案主恢复自信。

(六)培养自主能力

危机是否能够解决，最终取决于案主是否能够增强自主能力。虽然案主在危机中的自主能力有所下降，但社工不能认为案主缺乏自主能力。实际上，整个危机介入过程就是社工帮助案主增强自主面对和克服危机能力的过程。

五、实务操作

(一)对赵某进行危机干预

首先，社工要协助老年案主解除自杀危机，打消其自杀念头。目前老年案主有悲观厌世心理。社工先要征得赵某的同意，转介其进一步咨询专业的心理医生，由专业的心理医生为其检查精神状况，确定是否需要服用抗抑郁药物或住院治疗(社工和家人陪同)。

其次，社工积极关注案主的情绪变化，耐心倾听她的倾诉，和案主一起确定她产生自杀企图的原因，并了解什么情境下自杀的企图容易出现。

再次，与老年案主一起讨论解决问题的技巧，确定目前老年案主最想解决的问题，列出所有的选择，并对这些选择进行评估，分析各种选择的优缺点，最终形成一个可行性强的行动计划来取代老年案主的自杀选择，社会工作者还给予老年案主及时的鼓励。

最后，社工为有效应对赵某的自杀危机，动员其家人一起配合进行干预，要求其家人多关注老年案主的心理状态，在近段时间内需要轮流陪伴老年案主，并传授紧急情况下的应对方法。

(二)帮助老年案主改善身体状况、提供具体帮助

赵某目前的身体状况令人担忧。帮助老年案主改变身体状况，可以增强老年案主的生活信心和勇气，减轻老年案主和家人的痛苦，缓解其心理压力，进而促使其他方面状况的好转。

老年案主身体状况差的主要原因是饮食减少和睡眠减少，老年案主甚至每天只吃很少的食物，常常失眠。因此，社工采用两方面的办法帮助其解决实际困难。一方面是让老年案主的女儿暂住老年案主家，每天给老年案主做饭并陪老年案主一起吃饭。鼓励朋友和邻居邀请老年案主到家中吃饭。另一方面是在医生的指导下，让老年案主服用少量的安眠药保障必要的睡眠。鼓励老年案主多参加社区文娱活动，以达到活动身体的目的，同时促进老年案主的睡眠。

(三)改善老年案主的自我对话

老年案主认为由于自己的疏忽和大意导致了丈夫死亡，对未来的生活失去信心，

认为一个人的生活是枯燥的、没有意义的。所以社工需要帮助老年案主学习改善自我对话。

第一步，引导老年案主检查他们的自我对话，并且把它大声地说出来，让案主特别关注自己的想法，发现自己所说的一些常用词，如“不能”“总是”“每个人”“完全”等。例如：

社工：“当您觉得活着一点意思都没有时，您还告诉自己什么？”

案主：“我告诉自己，怎么我一点用都没有，活着干什么？”

社工：“好，您把告诉自己的话再大声地表达一下。”

案主：“怎么我一点用都没有，活着干什么？”

社工：“您有没有注意到，您对自己的评价是一点用都没有。”

第二步，让老年案主区分事实和认知，让其说出不同于认知的事实。例如：

社工：“您说您活着一点意义都没有，但事实上您的生活充满了乐趣。您的儿女非常优秀，孙女和外孙健康地成长，儿女常常在您的身边，还可以陪伴你去旅游，真是一种幸福和天伦之乐。您喜爱打太极，生活很充实，很多人都羡慕您呐，对不对？”

“现在您大声地告诉自己，‘我的生活很有意义，我的家人需要我’。”

等到老年案主开始强调事实，而避免用一些不准确的词汇，她的情形就会发生改变，她会发现事情不再像她原来想象得那么糟糕了。

(四)老年案主与家人的沟通状况

家庭应该是老年案主改变的巨大动力，亦是其情感支持的强烈后盾。但老年案主目前与家人的沟通和交流状况不佳，所以这方面的工作很重要。

鼓励老年案主的子女多抽出时间关心老年案主，陪老年案主一起聊天，一起做饭，一起讨论教育孩子的方法和目标。鼓励老年案主多与孙女、外孙一起，享受天伦之乐。鼓励老年案主的子女周末和节假日陪老年案主一起郊游或者外出旅游，既可以放松心情，又可以加强老年案主和子女之间的感情。

(五)改善老年案主人际交往状况，让老年案主重获尊重、尊严

一方面，社工要鼓励老年案主多与邻居、亲戚、朋友、队友等交往，积极参与社区文娱活动。另一方面，社工也应说服老年案主的朋友、邻居、队员、社区等多关心老年案主，与老年案主保持良好的关系，使她能在融洽、和谐的社区中生活，体会到大家庭的温暖。

(六)鼓励老年案主积极投身社区文娱工作，实现自身价值

老年案主本来就对社区文娱活动有兴趣和热情，如果能在社区文娱活动中实现自己的价值，老年案主对生活就会更有信心。

六、总结点评

(1) 社工要对每一个危机案主进行自杀危险性评估，社工要意识到每一个案主都有自杀的可能性。

(2) 社工要善于运用老年案主和社会工作者的社会资源，综合运用方式方法解决老年案主的问题。

(3) 社工要协助老年案主改善其社会关系，提高老年案主运用各种社会关系和资源解决问题的能力。

(4) 社工要灵活运用个案工作方法与技术，提高老年案主解决问题的能力。

七、拓展提高

(1)危机的干预形式包括面对面帮助、电话危机干预和书信指导、以社区为基础的干预。

(2)危机介入模式是一种以较密集、短期的服务来促进老年案主的自助能力的社会工作方法。

(3) 社工要适当地进行阶段性检查和评估，检查工作成效，及时发现新问题，以便采取适当的措施。

(4)与其他年龄段的人相比，老年人少有自杀未遂的历史。老年人的自杀行动缺少冲动，所采用的方法更倾向于致命，自杀意念更隐蔽，不肯轻易暴露，从而获救机会较少。因此，针对老年人自杀，需要高度负责地监测和跟踪。

〉〉〉任务体验式教学参与

个人任务工单 1

组号：________ 姓名：________ 学号：________

引导问题：结合本单元所学内容尝试进行总结。

1. 在个案辅导阶段，沟通性会谈有哪些技巧？

个案沟通技巧

小组任务工单 2

组号：________ 姓名：________ 学号：________

引导问题：根据本单元的相关内容思考下列问题。

1. 在实质性地介入辅导阶段，怎样体现“人在情境中”的工作思维。

2. 在个案辅导程中如何避免移情和反移情现象？

任务五　评估与结案

〉〉〉教学目标

通过教学，学生掌握评估的方法，掌握结案的类型与任务及处理方法，学会做好结案记录，了解跟进服务的方法。

〉〉〉案例情境

通过社工小李和老年案主的共同努力，老年案主的问题得到了较好的解决并达到预期的效果。接下来，社工小李要开展评估与结案工作，客观检验本次个案工作的效果。

工作任务：

1. 完成评估工作。
2. 完成结案工作。
3. 做好结案摘要。
4. 做好跟进计划。

〉〉〉教学内容

一、术语理解

（一）评估

评估是指对为老年案主提供的服务的有效性进行评定。评估的内容包括：案主的改变状况；工作目标的实现程度；服务介入工作的人力、物力和其他资源的投入。评估的方法包括：案主直接评估服务的效果；社工同行进行评估；服务机构进行评估。评估的目的是积累经验，作为以后工作的借鉴。

（二）结案

当服务目的达到或基本达到的时候，社工与老年案主之间的专业关系就面临着结束和评估的工作。结束是治疗过程的一部分，对老年案主和社工都有挑战和帮助。结案是指社工为结束与老年案主的专业关系所做的一切准备工作。结案的情形包括：老年案主实现了目标，可以独立面对问题，结束工作关系；老年案主的进步较少，双方都已尽力；老年案主出现了新的问题，社工或机构无法解决，须转介；老年案主主动提出中止服务关系；老年案主不愿意或生病，没有办法再接受服务，或老年案主自己认为已经了解了自己的问题所在，同时也掌握了解决问题的办法，认为自己有能力和信心去解决问题；老年案主与社工的关系不协调；其他不可预知的原因。

二、要点提示

(一)评估的类型

1. 过程评估

过程评估是整个介入过程的监测，包括社会工作介入进行中的评估，它对工作过程的每一步骤、每一个阶段分别做出评估，关心的重点是工作中的各种步骤和程序怎样促成了最终的介入结果，方法是了解和描述介入活动的内容，回答服务过程中发生了什么，以及为什么发生。过程评估提供有关服务过程的各种信息，包括工作目标、介入过程、介入行动和介入影响。

在介入初期和中期，过程评估的重点是对案主的表现及社工的工作和技巧进行评估，以此了解案主的改变进展，适时修正介入方案，改善工作技巧。

用于评估的资料包括个案记录、社工和案主的叙述资料等，在结束阶段，重在评估是什么因素导致了案主的改变。可以通过详细分析服务过程中有影响力的事件探索案主转变的内在动力及其来源。

2. 结果评估

结果评估是指介入行动最终完成的形态，是在工作过程的最终阶段进行的评估，包括目标结果和理想结果两个部分。结果评估是检视计划介入的理想结果以及这些结果实现的程度及其影响。相对而言，目标是比较概括的，而结果则是具体且可以度量的。

(二)结案中老年案主的心理

个案工作接近尾声时，老年案主有特别的心理反应和行为表现，社工要关注并处理好老年案主的心理状态和行为表现。

1. 矛盾的心理

一方面，老年案主为自己的问题得到解决或者自己的能力得到提升而高兴。另一方面，为结束一个可以信赖的关系而感到难过，也对自己的将来信心不足而感到焦虑。因此，面对结案，老年案主可能会产生矛盾的心理。

2. 行为退化

有些老年案主面临结案时，表现出行为的退化。他们可能认为比较信任的社工要离开自己了，因此表现出行为的退化、恢复早期的行为模式和提出早期提过的问题等。

3. 否认结束或者拒绝接受结束的提议

有些情况下也会出现老年案主以自己的问题没有得到解决，或者觉得自己仍没有能力面对以后的生活等为由，拒绝和否认工作关系的结束。有时可能指责社工的判断是错的，表现出愤怒、悲伤或者失望等情绪反应。

(三)跟进计划

结案并不意味着完全终止了服务，社工根据需要与老年案主讨论结案后的跟进服务，让老年案主确定适合他的跟进方式。跟进也是持续评估工作绩效的一部分，如果老年案主离开社工后仍能保持服务的效果，在某种程度上说明服务起到了良好的作用。如果老年案主离开服务关系后很快恢复了原来的状况，社工也要检视自己的服务效果。因此跟进计划应该是整个服务的一部分，而不是可有可无。但跟进的程度要根据老年案主的需要和问题的解决情况而定。

三、方法技巧

(一)结案的条件

(1)老年案主的直接困扰问题已经解决。

(2)老年案主认为已经有能力解决问题，提出不再需要社工的专门服务，告知老年案主有困难仍然可以随时寻求社工帮助，可以结案。

(3)社工经过督导同意，认为链接其他资源更可帮助老年案主(转介个案)，可以结案。

(4)老年案主的问题虽然没有解决，但是能力已经有增长，能够较好地运用资源解决自己的问题，可以结案。

(二)结案的技巧

1. 提前告知

社工根据服务的进程对结案的时间有个大概的确定，社工应该提前告知老年案主结案的时间，以便让老年案主有充分的思想准备，避免在老年案主毫无思想准备的情况下结案，导致前功尽弃。

2. 稳定并进一步增强老年案主已经获得的成就

帮助老年案主回顾整个个案的过程，从经验中肯定老年案主日后处理问题的能力和适应生活的能力，巩固老年案主已经获得的成就，增强结案后老年案主面对自己问题的信心。

3. 探讨影响老年案主问题解决的因素

进一步讨论对老年案主的问题有影响的因素，目的是协助老年案主更深刻地认识到离开社工之后要面对的处境，对未来有更多的把握和信心。

4. 处理老年案主与社会工作者分离的情绪

前面谈到老年案主在离开社工的时候的种种情绪反应，社工不要认为这些情绪都是负面的，而要鼓励老年案主将结案的情绪表达出来，与老年案主一起回顾整个服务的过程，讨论结案的事情以及结案后的跟进计划等，让老年案主感觉到并不是社工放弃了他(她)。同时社工也要把握自己的情绪，过度的情感介入不但会影响老年案主的独立成长，而且会让自己受到伤害。

(三)评估的内容与技巧

所谓评估是指对个案工作的服务效果和效率进行评定。个案工作评估的主要内容如下。

(1)案主的改变状况，包括哪些方面得到了改善、哪些方面没有得到改善以及改善的程度。

(2)工作目标的实现程度，包括哪些工作目标实现了、哪些没有实现以及实现的程度。

(3)服务介入工作的人力、物力和其他资源的投入，包括服务介入的人员、时间、经费以及其他资源等。

评估采用的方法如下。

(1)由案主评估服务工作的开展状况以及对服务工作的满意程度。

(2)由社工同行评估服务工作的开展状况。

(3)由服务机构评估社工的服务工作开展状况。为了准确评估服务工作的开展状况，采用多种评估方法是比较有效的方式。

(四)结案摘要技巧

在结案过程中，社工可以邀请老年案主对整个服务过程作一个简单的总结，也可以通过讨论和交换意见，与老年案主共同进行个案过程的摘要工作。

四、注意事项

(一)评估原则

1. 老年案主参与

老年案主参与在评估过程中是很重要的，因为评估是老年案主回顾自己成长过程的一个重要途径，可以为老年案主提供一个再学习的机会。另外，社工的工作是否有成效，老年案主最有发言权，只有经过老年案主认可的工作成果才是真正的工作成果。老年案主的评价是评估社工工作绩效的重要指标。

2. 保密

保密是社工自始至终都需要遵守的职业道德。在评估中机构要用一些资料，可能涉及老年案主的一些隐私，社工和机构一定要本着以老年案主为本的思想，妥善处理。

(二)老年案主对结案的反应①

1. 老年案主的正面反应

接受社工的帮助对老年案主来说是特别的人生体验，多数人都能在与社工的合作中获益，因而在结案时是有正面情绪反应的，包括对获得成长与成功的欣喜，对整个工作过程带给他们新认识的肯定，感觉视野开阔了，对与社工关系的满意，对社会工作者的帮助充满感激，对未来充满信心等。

2. 老年案主的负面反应

由于结案意味着社会工作专业关系的终止，意味着老年案主要回到自己的生活世界里，也意味着之后社会工作者与老年案主就要停止接触，老年案主不再有社会工作者的陪伴。因此，终止关系可能给他们带来“分离焦虑”等，表现为对即将到来的结案产生负面反应。常见的负面反应如下。

否认——不愿承认已到结案期，避免讨论关于结案的话题。

倒退——回复到以前的状态，以此拖延结案的到来。

依赖——对社会工作者过分依靠。

抱怨——对社会工作者不满意。

愤怒——表现为对社会工作者不满。

批评——攻击其他人。

讨价还价——当发现没有可能阻止结案时，有些老年案主会寻找理由延长服务期限，有时还表现为倒退行为，很多以前解决了的问题又出现等。

---

① 邓恩远、卞国凤：《社会工作方法与实务》，北京，北京大学出版社，2009。

焦虑——当所有延长结案时间的努力都无效时，有些老年案主会表现得无精打采、失落而无助，对结束关系充满焦虑。

(三)社会工作者对结案的反应

社工和普通人一样，也有喜怒哀乐，在服务过程中不可能完全抽离自己的情感。因此，对于结案，社工也会不可避免地产生和老年案主类似的复杂反应，具体反应则要根据不同情况和不同人而定。对于有些社工，他们可能会体会到更多的失落、失望甚至产生负疚感。特别是那些中途离职的社工，如果老年案主接受服务的最终效果不甚理想的话，他们极易产生负疚感，认为如果不是自己离开或自己继续处理的话，老年案主的改变可能更理想。而对有些社工而言，可能会对特别成功的服务过程感到依恋，享受服务带来的成就感，而不愿意结案。

五、实务操作

(一)评估

社工在整个实务过程中一直在关注服务的有效性，在每一个行动之后均需检视老年案主的反应及变化，并对该步行动的适切性进行反思，及时修正行动方向，并通过每次面谈后的个案记录予以记载保存。

在结案前，社工还需要对整个服务的成效加以检视。通常在介入服务前社工会对老年案主的状态进行评估，如在本案例中使用自杀意向量表测试老年案主的自杀倾向(见任务二)，并记录得分情况。在提供介入服务后，社工可以再次使用该量表对老年案主的自杀倾向进行评估，并记录得分情况。然后将后者的得分情况与之前的测量结果进行对比，如果老年案主的自杀倾向显著降低，说明社工的介入服务是有成效的。

老年案主满意度调查问卷

请在空线上填写您的信息，并在您认为合适的答案上画圈。

1. 您的年龄：________________

2. 您的性别：________________

3. 您对在本机构接受的社会工作服务项目的总体评价：

(1)非常好　(2)好　(3)一般　(4)差

具体意见：________________

4. 您认为本机构的社会工作服务对您有帮助吗？

(1)完全没有　(2)几乎没有　(3)有一点　(4)有很大帮助

您觉得最有帮助的是：________________

您觉得最没有帮助的是：________________

具体意见：________________

5. 社会工作者提供的服务能在多大程度上满足您的需要？

(1)几乎满足所有的需要　(2)满足大部分需要

(3)只有小部分需要得到满足　(4)完全不能满足我的需要

6. 如果您的朋友需要帮助，您会向他/她推荐我们的服务吗？

(1)肯定不会　(2)大概不会

(3)也许会得　(4)肯定会的

7. 请填写您对本机构提供服务的意见和建议。

日期：××××年×月×日

(二)结案

1. 提前通知结案时间

社工与老年案主共进行了六次会面，社工已针对老年案主及其关系人进行了几次直接和间接介入，取得了一定的工作成效。比如老年案主的自杀危机基本解除，与家人的沟通状况有所改善，人际交往状况也有所改善。考虑到目前的状态，社工开始有意识地提醒老年案主，再进行两次面谈将结案，让老年案主在心理上逐步开始接受结案的事实。社工可以以这样的话语来进行，“在我们谈论下次会谈任务之前，我想提醒您，再有两次会面后，我们将结束工作关系。我们一起努力了一段时间，您的改变很大，我想我们该谈谈您的变化了”。

2. 过程的回顾与总结

服务接近尾声，社工引导老年案主一起回忆了服务过程中发生的事情，从而来帮助老年案主进行分析和反思，提高老年案主分析问题和解决问题的能力，增强对未来生活的信心。

社工与老年案主共同回顾了如下内容。

①初次会谈的情形。

②一起做的努力：心理咨询，摆脱自杀困扰，恢复身体健康，与子女旅游，主动与子女沟通，主动参与社区文娱活动等。

③已经得到改善的方面：老年案主的自杀危机解除，对生活恢复信心，个人身体状况好转，人际交往状况也有所改善，自我价值有所体现。

④解决问题的经验：调整心态，相信自己，积极主动，认识到生老病死的规律。

要求老年案主进行回顾和总结时，社工的要求和老年案主的回馈必须尽量具体。比如，老年案主说通过这个服务，她对自己有了信心，她对未来生活充满了希望，社工就应继续引导老年案主说得具体些。

3. 巩固已有改变

结案阶段，社工为了帮助老年案主稳定和增强其改变，为走进现实生活做好准备，还做了以下工作。

社工鼓励老年案主独立面对生活，着眼于未来。可以以这样的话语来进行：“经过一段时间的努力，相信您完全能更好地面对您的生活，您的生活一定会很精彩，您一定会享受天伦之乐。”

告诉老年案主改变是个漫长的过程，要积极应对。社工以这样的话语来进行：“经过这段时间的努力，您的很多状况有了改善。当然，以后还有很多的事情要继续努力，比如，您把对丈夫的思念转移到对孙女、外孙的成长培养上来。您不但可以享受生活、体验生活，还可以把快乐和健康带给身边的每一个人。”

社工还帮助老年案主制订将来的计划，规划未来的生活。比如，积极参加社区文娱活动，多与儿女在一起，把精力放在培养孙女、外孙上。

4. 处理分离情绪

在结案过程中，老年案主可能会表现出否认、忧郁等负面情绪反应。首先，社工应鼓励老年案主抒发情绪，并用同理方式表达对老年案主感受的理解和自己的感受。其次，社工要时刻肯定老年案主的变化和成长，鼓励老年案主将目光投向未来，为将来独立面对生活做准备，从而提高老年案主的自信心。经过社工的努力，老年案主较快地调整了自己的负面情绪，转为接受，在社工的帮助下继续体会自己的成长，并思考自己的未来。

5. 做好结案记录

最后，社工需要撰写书面结案报告，以进行必要的反思。

【案例】

××街道××社区服务中心结案摘要报告

No. ____

老年案主姓名：赵某　　性别：女　　出生年月：1953年×月×日

联系地址：××区××街道××社区　　联系电话：×××××××××××

接案日期：2020年×月×日　　最后面谈日期：2020年×月×日

社工姓名：李某

1. 求助过程

老年案主因丈夫去世，与以前判若两人，对生活失去信心，觉得活着没意思，老年案主的女儿担心案主轻生向社区服务中心求助。

2. 提供的服务

(1)解除老年案主的自杀危机。社工通过联系专业心理咨询师，对老年案主温暖的关心、积极倾听来稳定老年案主的情绪状态，并与其讨论问题解决技巧，让老年案主明白自杀不是唯一的选择，也不是最好的选择。社工还动员老年案主家人给予老年案主足够的支持和关注。

(2)提供具体帮助。社工帮助老年案主解决失眠问题，帮助老年案主改善饮食规律，恢复老年案主的身体健康。

(3)改善老年案主的自我对话。针对老年案主的自我对话“丈夫的死都怨我”，社工可以提供事实信息，使老年案主的情况得到改善。

(4)改善老年案主与家人的沟通状况。鼓励老年案主主动与家庭成员交流和沟通，同时鼓励老年案主的子女能够更加关心老年案主，并有更多的时间与老年案主团聚。

(5)改善老年案主的人际交往状况。一方面，社工鼓励老年案主多与邻居、亲戚、朋友、队友等交往，恢复老年案主的社会支持网络。另一方面，社工联系老年案主的朋友、邻居、队友和社区，让其多关心老年案主，与老年案主保持良好的关系。

(6)鼓励老年案主积极投身社区文娱活动，感受生活乐趣。

3. 老年案主的变化

(1)老年案主的心态发生了很大的变化，精神状态良好，不再有厌世的想法，重新开始思考自己对家庭的责任。

(2)老年案主的身体迅速恢复，睡眠质量良好，不再依靠药物睡眠，饮食规律，身体恢复到以前的状况。

(3)老年案主主动与子女沟通和联系，经常与子女一起探讨教育孩子的方法，十分关心孩子的教育，逐渐开始享受天伦之乐。

(4)老年案主恢复到以前的状况，每天坚持打太极，主动参加社区文娱活动，经常和邻居、队友一起聊天，探讨养生之道，社区里的人对其的看法也有积极的变化。

4. 结案理由

因为老年案主的状况明显好转，有很多方面达到了预定目标，所以社工和老年案主协商结案。

5. 结案后的工作计划

在结案半年后进行一次回访，以确定老年案主的变化是否得到巩固。

6. 评估与反思

老年案主对社工的服务表示基本满意，其情况也确实得到了改观。但是社工在工作过程中发现自己的专业知识还不够丰富，有时候面对老年案主的情况有力不从心的感觉。社工此前未处理过自杀个案，这次虽然成功地处理了该案，但还是需要冒一定的风险，如社工的老年社会工作经验有限，能力够不够？介入的限度在哪里？万一失败怎么办？而怎么规避这种风险也是社会工作界的一大难题。

社工签名：________________　　　督导或负责人签名：________________

日期：________________　　　日期：________________

(三)跟进服务

结案后的追踪对于开展老年个案工作也十分重要。社工在结案后的一段时间内，仍旧与老年案主保持电话联络，了解老年案主结束服务后的情况，从老年案主的讲话内容及语气判断，其目前的情况不错，老年案主还对社工持续的关心表示了感谢。

六、总结点评

(1) 评估阶段的测量工具和指标要包括主客观两个方面，老年案主的主观评价很重要。

(2)对于评估的结果，社会工作者应该以书面形式记录下来，这样才算个案工作真正完成。社工还要把个案处理中的所有资料汇总成一个完整的个案档案，以便日后查阅或提供机构评估依据。

(3)结案时老年案主的反应及其处理方法。老年案主可能出现的正面反应包括鼓励、激励，负面反应包括否认、倒退、依赖、抱怨、愤怒、讨价还价、忧郁。社工与案主一起讨论结案的准备情况，提前让案主知道结案时间，在结案阶段逐渐减少与案主的接触。

(4)对危机介入模式的认识。

①迅速了解案主的主要问题。

由于案主在危机面前通常表现出迷茫和不安，且时间非常紧迫，社工需要将自己的注意力集中在案主最近的生活状况上，采用开放式的提问方式引导案主整理自己的想法和感受，迅速了解和分析案主面临的主要问题。

②迅速做出危险性判断。

作为危机介入模式的一项重要任务，社工在了解案主的主要问题的过程中，需要对案主采取破坏行为的可能性和危险程度进行评估，以便给予及时的介入和治疗。快速做出危险性判断可以有效减少或者阻止案主的破坏行为，同时对社工来说，可以预防或者减轻对自己的无意伤害。

③有效稳定案主的情绪。

案主的情绪在危机中通常是非常不稳定的，表现出紧张、不安、迷茫、无助和沮丧等。社工需要借助简洁易懂的语言、专心的聆听、感情的支持等技巧稳定案主的情绪，与案主建立相互信任的合作关系。

④积极协助案主解决当前问题。

一旦案主的情绪稳定，社工就需要协助案主分析危机产生的原因，并根据危机发生的原因制订介入计划，解决当前面临的、亟须解决的问题。在案主的周围他人的支持下，协助和检查介入计划的执行，帮助案主克服危机的影响。

七、拓展提高

(1)社工在结案过程中要给老年案主机会来表达结案感受，一般情况下，社工在分享情绪时，老年案主会以更多的情感作为回应，在这个过程完成后互道珍重再见。

(2)评估工作不只是在个案结束的时候进行，而是应贯穿在个案工作的整个过程中，社工应该坚持个案过程中的持续性评估。

社工的评估形式和内容还包括投入评估、行动评估、短期成果评估、长期的成果评估等。

(3)社工在危机介入的结案阶段，应注意提高老年案主对于周围环境和社会环境的适应，提高老年案主适应生活、适应家庭、适应社会的能力。

(4)在实际的个案工作中，各个阶段之间不是泾渭分明的，每个阶段任务都是环环相扣的。因此，整个过程中，不仅需要社工的经验和技能，而且需要其调动自身和老年案主的一切资源。

〉〉〉任务体验式教学参与

个人任务工单1

组号：________　姓名：________　学号：________

引导问题：结合本单元所学内容尝试进行知识总结。

1. 请结合个案工作过程制作个案工作流程图。

完成后可参考动画资源

个案工作流程图

小组任务工单 2

组号：________ 姓名：________ 学号：________ 检索号：2—5—2

引导问题：根据本单元的相关内容思考下列问题。

1. 如何保证评估的真实性。

2. 结案阶段案主有抵触情绪并发生行为退行时，社工应该怎样处理。反思什么。

教学情境二　理性情绪治疗模式个案工作过程
——以老年“家庭暴力”个案为例

〉〉〉教学目标

通过教学，学生掌握理性情绪治疗模式的基本观点、介入目标、社会工作者承担的角色，并能够使用理性情绪治疗模式从事老年个案服务。

〉〉〉教学目标

老年案主是离异的62岁女性郭某，退休前是环卫工人，十几年前与丈夫离婚。郭某有一女儿，今年40岁，女儿离异后与案主生活在一起。郭某前夫嗜酒如命，好赌成瘾，有类似狂躁症的心理障碍或疾病，离婚后还以各种理由与老年案主一起住。郭某前夫有一弟弟和两个妹妹。郭某试过以各种方式摆脱前夫，但都无效，前夫发病时会殴打辱骂郭某，郭某被打得很严重的一次曾报过警。郭某的女儿患有先天性心脏病不能工作，郭某现在想把离婚时得到的房子卖了，出去租房，剩余的钱给前夫和女儿一些，希望前夫能搬离。

工作任务：

1. 确定引发老年案主情绪困扰的当前问题。
2. 确定老年案主情绪困扰的相关信念。
3. 确定老年案主情绪困扰的非理性信念。
4. 反驳老年案主的非理性信念。
5. 确立新的理性信念，取代非理性信念。

〉〉〉教学内容

一、术语理解

(一)认知疗法

帮助案主修正不切实际的信念、假设和自动化思维。因为这些都会影响案主的情绪，干扰其生活功能。认知疗法的主要目标就是帮助案主找出不合理的信念，并且去对抗它，进而采取更实际的想法和行动来平衡情绪。

(二)人性观

理性情绪治疗模式的人性观认为：人同时具有理性与非理性的方面；人有理性思考的潜能，也有非理性思考的倾向；人们的困扰源自于本身的非理性思考，而非外在世界的某件事；人运用理性思考时，会产生积极正向的情绪，人运用非理性思考时，则会带来消极负向的情绪；人们的不好情绪会带来不好的行为，人们的好情绪则会带来好的行为；人单凭思考及想象即可形成观念或信念，理性的思考方式会形成“理性信念”，非理性思考方式会形成“非理性信念”。人具有改变认知、情绪及行为过程的能力。

(三)ABC 情绪理论

理性情绪治疗模式的基本理论主要是 ABC 理论。在 ABC 理论模式中，A 是指诱发性事件；B 是指个体在遇到诱发事件之后相应而生的信念，即他对这一事件的看法、解释和评价；C 是指特定情境下，个体的情绪及行为结果。通常人们认为，人的情绪的行为反应是直接由诱发性事件 A 引起的，即 A 引起了 C。ABC 理论指出，诱发性事件 A 只是引起情绪及行为反应的间接原因，而人们对诱发性事件所持的信念、看法和理解 B 才是引起人的情绪及行为反应的更直接的原因。人们的情绪及行为反应与人们对事物的想法、看法有关。

(四)非理性信念

非理性信念归纳起来主要有以下三种。

(1)要求得绝对化，这是非理性信念中最常见的一个特征。从自己的主观愿望出发，认为某一事件必定会发生或必定不会发生，常用“必须”或“应该”等字眼，然而客观事件的发生往往不以个人的主观意志为转移，常出乎个人的意料，因此怀有这种看法或信念的人极易陷入情绪困扰。

(2)过分概括化，即对事件的评价以偏概全。表现在一方面是对自己的非理性评价，常凭自己所做某件事的结果的好坏来评价自身的价值，结果常导致自暴自弃、自责自罪，认为自己一无是处而产生焦虑抑郁情绪。另一方面是对别人的非理性评价，别人稍有差错，就认为他很坏，一无是处，其结果导致一味责备他人，并产生敌意和愤怒情绪。

(3)认为事件的发生会导致非常可怕或灾难性的后果。这种非理性信念常使个体陷入羞愧、焦虑、抑郁、悲观、绝望、不安、极端痛苦的情绪体验中不能自拔。这种糟糕透顶的想法常常是与个体对己、对人、对周围环境事物的要求绝对化相联系的。

上述三种非理性的信念常常会造成个体的情绪障碍。因此理性情绪疗法是以理性治疗非理性，帮助病人改变其认知，用理性思维的方式来替代非理性思维的方式，最大限度地减少由非理性信念所带来的情绪困扰。

二、要点提示

(一)治疗关系

理性情绪治疗法的治疗关系具有与其他治疗法不同的意义。理性情绪治疗法的“接纳”的目的在于帮助老年案主避免自我责备。与其他治疗法不同，理性情绪治疗法不提供个人的同情和理解或给予对方额外的安慰，因为他认为太多的同情和理解会助长对方想从治疗者身上取得赞许的依赖感，而阻碍治疗的效果。理性情绪治疗法的治疗者可以接纳对方是个不完美的人，但不会给予个人的温暖，治疗者会无情地质疑对方那些非理性的想法与自我毁灭行为。治疗者使用各种非温情主义的技术，如教导、研读书籍治疗及行为矫治。

(二)治疗者的角色

理性情绪治疗模式致力于对老年案主非理性信念的批驳以及对新的理性信念的建立，它对治疗者的要求也相对较高，在埃里斯看来社会工作者应该具备以下 11 种主要素质。

(1)对自己有兴趣。

(2)自我接纳。

(3)自我定向，独立为自己负责，在解决问题时主要依靠自己，但不排除借助于他人。

(4)容忍度，对别人的错误有较高的容忍度，因为他明白他人有犯错的权利，虽然他不喜欢别人犯错，但他不会蔑视他人。

(5)接纳世事难以预料，世事不是绝对的，永远不能肯定将来会怎样，但不因将来的未知性而困扰，相反感到有挑战性。

(6)对生活的投入，这包括对身边的人、事、某种学问的投入。

(7)富有冒险精神，不怕失败，敢于尝试。

(8)有弹性，思想与行为根据情境而改变，不拘泥于某一定式。

(9)能有系统地思考，客观、理性、有系统地深入思考，不仅是对周围的人和物，对自己的情绪行为及它们所带来的结果也应做出反省。

(10)对他人有兴趣，乐于与他人和谐相处。

(11)非空想主义，认识到在现实中心想不一定事成，万事不一定如意，人们所希望的东西不一定样样能得到。

(三)理性情绪治疗模式的介入目标

(1)帮助案主消除不适当的情绪反应(紧张、自贬、敌意、沮丧等)，推动案主改变目前状况，消除不适当的情绪反应，克服情绪困扰，使案主的生活变得更好。

(2)帮助案主改变不良的非理性信念。理性情绪治疗模式认为，一个理性健康的人应该具备这些特征：对自己和他人的兴趣、接纳自己、独立宽容、对生活充满信心、投入、具有冒险精神、具有开放的态度、能系统深入地思考和理解生活的限制。

(四)理性情绪治疗模式中社会工作者的任务

与传统社会工作实务模式比较，理性情绪治疗模式显得更加主动、更加直接、更具教导性，这使得理性情绪治疗模式的专业开展过程和一般的社会工作实务流程有所不同。大致来说，理性情绪治疗模式的专业开展主要遵循以下步骤。

1. 明确辅导要求

介绍理性情绪治疗的理论和方法，让案主理解自己情绪和行为的困扰是非理性信念导致的。讲解具体的辅导过程和方法，帮助案主树立信心，让案主明白该怎么做、做什么。

2. 检查非理性信念

把辅导的中心放在指出案主的非理性信念的具体表现形式上，积极引导案主对自己的非理性信念进行检查。不要把过多的时间花在与案主谈论引发事件和案主的早期经历上，需要把案主的注意力转移到产生情绪和行为困扰的非理性信念的理解分析上。

3. 与非理性信念进行辩论

指出不合理和不切实际之处，让案主认识到它们的危害，并鼓励案主摒弃这些非理性信念，采取积极的行动改变目前的生活状况。社会工作者在目前的阶段需要运用一些理性情绪治疗模式的专门辅导技巧，像质疑、辨析和语言精确法等，帮助案主改变和消除这些非理性信念。

4. 帮助老年案主学会理性生活方式

帮助案主找出合适的、理性的情绪和行为反应方式。避免案主依旧使用非理性的反应策略，就需要让他在感受中体会和把握理性生活方式，明确这两者的区别，为此社会工作者需要运用一些专门的辅导技巧帮助案主反复练习这种理性反应模式，学会理性的生活方式。

5. 巩固辅导效果

帮助案主继续练习理性的反应方式，巩固个案辅导的效果。帮助案主逐渐内化理性的信念，并鼓励案主以此指导自己的实际生活。布置一些家庭作业，鼓励案主在以后的生活中继续学习，加深认识，使自己的生活变得更加积极、健康。

6. 结案和跟进

在达成辅导成效后，可与案主商定结案。结案后，社工根据事先与案主商定的时间节点，定期与案主或案主关系人进行简短会面，了解案主在结案后辅导效果的持续性，以及是否面临新的问题。

三、方法技巧

(一)检查技巧

非理性信念的检查技巧是帮助案主认识和辨别情绪和行为困扰背后的非理性信念的具体方法，主要包括反映感受、角色扮演、冒险和识别。

1. 反映感受

反映感受是指社会工作者让案主描述自己的情绪和行为困扰，表达自己的各种感受，从而帮助案主认识产生困扰背后的非理性信念的根源。该技巧往往在辅导的初期使用，以便帮助案主识别各种非理性信念。

2. 角色扮演

角色扮演是让案主扮演一定的角色，重新体会当时的各种情绪困扰、行为表现和非理性信念，这样社工就可以指出案主的各种非理性信念以及它们与案主情绪和行为困扰之间的联系。

3. 冒险

冒险是指让案主从事自己担心害怕的事，从而使案主的各种非理性信念表现出来，这样，案主就可以通过与以前感受的比较，发现造成自己情绪和行为困扰的非理性信念。在使用这种辅导技巧时，社会工作者需要鼓励案主与以前的体会进行比较。

(二)辩论技巧

运用非理性信念的辩论技巧帮助改变原有的非理性信念，形成较为现实的、理性的生活方式。具体方法包括辩论、理性功课、放弃自我评价、自我表露、示范等。

1. 辩论

辩论是指案主在社工的帮助下与自己的非理性信念进行辩论，以便动摇和消除非理性信念。

2. 理性功课

理性功课是指社工给予案主各种学习理性信念的机会，特别是帮助案主改变语言模式，帮助案主去除“应该”“一定”等非理性想法，使案主形成理性的思维方式。理性情绪治疗模式认为，案主的思维决定语言模式，语言又反过来影响思维。社工可以给予老年案主各种不同的理性功课，比如，可以建议老年案主每天至少用十分钟的时间有系统地否定自己那些非理性信念，减少其出现的次数，甚至使其完全消失，而以更多的理性信念代之。

3. 放弃自我评价

在个案辅导中，社工需要指导和鼓励案主放弃以自己的成就或其他外在的标准评价自己，从而逐渐消除各种非理性信念，这种辅导技巧叫作放弃自我评价。

4. 自我表露

社工通过表露自己的感受使案主理解和学习理性的反应方式。

5. 示范

社工通过自己的榜样行为使案主理解和掌握理性的信念以及合适的情绪和行为反应方式。

四、注意事项

(一)注重综合运用各种辅导技巧

理性情绪治疗模式对于辅导技巧的使用持比较开放的态度。它除了要求社工运用自己独特的辅导技巧之外，还强调社工采取开放的态度，运用其他个案工作理论分析模式的辅导技巧，促使案主的改变。因此，它的辅导技巧比较系统、全面，它包括认知辅导技巧、情绪辅导技巧和行为辅导技巧等。

(二)注重对案主的非理性信念进行分析、辨别和争论

理性情绪治疗模式的重点是帮助案主消除其情绪和行为困扰背后的非理性信念，而不是探究案主以前经历中的创伤。这个模式不注重问题的起源，不追究案主过去生活的经历和感受，而是以当前生活为分析的起点，探索案主当前生活中存在的各种非理性信念以及与情绪和行为之间的关系，并对这些非理性信念进行辩论和质疑，从而消除案主的各种非理性信念，改善案主的生活处境。为此，理性情绪治疗模式根据自己的临床实践总结出一套独特的辅导技术，主要包括非理性信念的检查和辩论技巧。

(三)注重把案主的面谈辅导和自主辅导结合起来

理性情绪治疗模式不仅强调对案主进行面谈辅导，而且注重提供面谈以外的自主辅导，如布置家庭作业等，希望把面谈辅导和自主辅导结合起来，以增强辅导的效果。理性治疗模式强调，只要案主按照理性情绪治疗模式的要求行动，即使没有辅导者的直接面谈，案主也能发生有效的改变。

五、实务操作

(一)舒缓老年案主内心的压抑，减轻其心理压力

老年案主常年受到“家庭暴力”和家庭“经济危机”的困扰，因此要关注老年案主的心理问题。首先，老年案主的精神状态较不稳定，但表达清晰有条理，无明显的情绪困扰，但有较强的倾诉欲望，社工要运用老年个案工作中的倾听、同理心等技巧让老年案主尽情倾诉，减轻其内心压抑程度。其次，老年案主在生活中面临很多现实问题。老年案主的女儿由于心脏病没有固定工作，又办不出低保，是老年案主目前最急迫需要解决的问题。在谈及老年案主的女儿时，社工要表现出情感支持，并给出一些有关申请低保和找临时工作的建议，拉近与老年案主的情感距离。老年案主的前夫目前虽然情况稳定，但难以保证老年案主的人身安全，告知老年案主要学会保护自己，必要时要联系社区工作站或者报警。会谈中，社会工作者主要采用聆听的方式让老年案主尽情宣泄情感，同时运用一些细微的动作表现对老年案主的真诚、尊重和无条件接纳。

(二)向老年案主解释非理性信念

理性情绪治疗模式认为人的很多不适当的行为和情绪皆来自个人不理性的信念，人在很多情况下是非理性的。它使人逃避现实，自怨自艾，不敢面对现实中的挑战。当案主长期坚持某些不合理信念时，会导致不良的情绪体验。而当案主接受更加理性的信念时，其焦虑和不良情绪就会得到缓解。所以改变行为须从改变理念开始。

社工：“郭阿姨，您离婚后丈夫经常来您这里吗?”

郭阿姨：“是的，最开始他赌博输了钱，就来我这里吃饭，后来，他没有钱租房子，就时常来我这里住。”

社工：“那您为什么不赶他出去呢?”

郭阿姨：“赶也赶不走，我和女儿也换过房子，把房子租出去，我们去别的地方租房子，可是我们换到哪里，他都能找到我们。”

社工：“那您为什么不和他好好谈谈?”

郭阿姨：“我什么办法都用过，好话坏话都说过，他脸皮厚，总说什么一日夫妻百日恩。他输了钱心情不好或者喝了酒之后，我和女儿都不敢赶他走，一说话，他就要砸东西或者打我们。”

社工：“为什么不报警呢?”

郭阿姨：“有一次他喝多了，女儿赶他走，他说女儿不孝顺，一拳把女儿打晕了，我吓死了，他也害怕了。后来我报警了，警察来了，他表现得很好，说得很好，说再也不来骚扰我们。事情结束后，他就威胁我们娘儿俩，说再报警，就杀了我们俩。”

社工：“为什么不向社区求助?”

郭阿姨：“唉，说起这个我就心烦，我的命不好，我的女儿命也不好，我们这是家门不幸啊，娘儿俩在家总挨打，说出去丢死人了!”

社工：“您不说就没有人知道了吗?”

郭阿姨：“有的人知道，有的人不知道。”

社工：“您怕街坊邻居知道了会看不起你们吗?”

郭阿姨：“是啊，很多街坊邻居都不愿意跟我们接触，看我们都是那种眼神。我女儿因为心脏病离的婚，女儿和我的命一样苦，这么年轻就离婚，我想有合适的机会给女儿再找个男人，哪怕有点残疾，只要能赚点钱、对女儿好我就知足了。可是你看他总来骚扰我们，谁还能要我的女儿!”

社工：“你们这样容忍他就能换来平静吗?”

郭阿姨：“唉，没有办法了，只要他不砸东西，不打我们，我就知足了。”

社工：“你不认为是你的迁就和纵容他才敢这样吗?”

郭阿姨：“我信命，这就是命啊!我上辈子欠他的。”

这时老年案主边说边哭，社工没有马上给纸巾表示安慰，这一做法对于一个需要情绪宣泄的老年案主来说是恰当的。社工会选择在其停止哭泣后才递出纸巾。

社工："您和女儿的命运是掌握在你们自己手中的，他之所以敢总缠着你们，有他的原因，也有你自身的原因。你们不敢让街坊邻居知道，不敢去报警，不想办法去改变他，事情只会越变越糟。为什么不改变自己的想法和做法呢？"

郭阿姨："是啊，我有时也在想，我是不是太心软了，太迁就他了？"

社工："郭阿姨，如果您愿意，我们一起想想解决问题的办法。首先改变您对这件事情的看法，我们改变一下思路，也许会好起来的。"

郭阿姨："我们娘儿俩一直想找个能帮我们的，你能帮我们，真是太谢谢了。"

社工："那好，郭阿姨，我们就把重新认知自我作为我们的首要目标吧。"

社工发现老年案主在处理前夫的问题时，一直用逃避的方式，不愿意直接面对现实，如用自己租房子住等方式摆脱前夫对自己的纠缠等。因此，我们在与老年案主面谈时，要从理性的角度，共同诊断出问题的症结，寻求解决方案。会谈中社工主要采用了辩论的方法以便动摇和消除非理性信念。

(三)向老年案主郭阿姨指定家庭作业

社工要求郭阿姨在下次面谈前完成以下家庭作业。

(1)我的生活中发生了什么？

(2)对于这个事件我持有哪些错误观念？为什么我会这么想？

(3)我对前夫的做法正确吗？

(4)我是否要改变自己对这个问题的看法？

(5)今后我和社工怎样一起改变自己的想法和做法？

(四)促使郭阿姨尝试理性信念下的行为

社工鼓励郭阿姨将她领悟到的理性信念运用到处理与前夫的关系中，而不仅仅局限在领悟或个案会谈中。社工首先应当明白的是，郭阿姨的非理性信念不是一天两天形成的，冰冻三尺非一日之寒，在实际的改变过程中会遇到一些障碍。所以社工与郭阿姨需要讨论：在尝试新的理性情绪治疗模式时，会遇到哪些障碍以及如何解决？例如，社工可以告诉郭阿姨，在尝试新的认知模式时会产生抗拒现象，主要原因是郭阿姨需要维护自己原来的自我形象，所以容易放弃改变，这时候需要坚持。社工最后还需要与郭阿姨的女儿沟通，关注郭阿姨非理性信念的变化，要求女儿给予妈妈一定的支持和配合。

(五)引导郭阿姨反思理性情绪治疗模式的有效性

最后，社工让郭阿姨回顾这段时间与前夫关系的进展，以检验理性情绪治疗模式的有效性。例如，社工发现，郭阿姨前夫的母亲80多岁高龄卧床不起，需要照顾，而前夫的弟弟妹妹抽不出身照顾母亲，郭阿姨趁机跟前夫的弟弟妹妹说明了情况，利用以前相处还不错的关系向他们诉说自己的辛苦，劝前夫的家人从照顾老母亲的需要出发，将前夫接去。郭阿姨的处境和诉说，以及他们的母亲确实需要人手照顾等因素，使前夫的弟弟妹妹们将其接到了他们的母亲那里，督促他照顾母亲。而案主母女俩受到的威胁逐步消除，郭某的这一策略受到了社工的鼓励，这也更进一步坚定了案主改变的决心。

六、总结点评

(1)发现非理性信念是最基本的一步，首先找到老年案主的困扰情绪，再发现困扰情绪背后的信念，经过比较，找到其中的非理性信念。

(2)辩驳非理性信念。老年案主的非理性信念被发现之后，社工紧紧围绕老年案主的非理性信念本身，与老年案主进行辩驳。通过多次讨论，帮助老年案主澄清错误认识，否定非理性信念。

(3)所谓理性功课即理性训练，通过训练帮助老年案主修正非理性信念，建立科学的理性信念系统。当老年案主出现非理性信念时，应该及时发现，并紧紧抓住，为此展开辩驳批判，最终祛除非理性信念，重建理性信念。社工可以根据不同情况，每天给予老年案主不同的理性训练功课，鼓励老年案主每天抽出一定的时间批驳非理性信念，并转化为理性信念。

(4)理性情绪治疗模式坚持认为老年案主情绪的困扰是因为老年案主的非理性信念，所以，社工一定要批驳老年案主的非理性信念，而绝不能对老年案主的非理性信念产生认同。传统社会工作的价值在这里受到了强烈的挑战。

七、拓展提高

(1)理性情绪治疗模式可以通过理性功课的形式由老年案主独立完成，这个治疗模式可以通过老年案主的自我努力批驳非理性信念，建立理性信念。此外，理性情绪治疗模式的技术手段简单、工作流程简洁，具有很强的推广性。

(2)尝试用 ABC 情绪理论模式分析自己生活中的一个非理性信念案例。

(3)顺利结案后，还需要社工积极帮助老年案主建立社会支持网络。

〉〉〉任务评价

“理性情绪治疗模式个案工作过程”学习任务自我检测

理性情绪治疗的相关术语	认知疗法 人性观 ABC 情绪理论 非理性信念

续表

理性情绪治疗的实施要点	治疗关系 治疗者的角色 理性情绪治疗模式的介入目标 理性情绪治疗模式中社会工作者的任务
工作方法与技巧	检查技巧 辩论技巧
思考与拓展	理性情绪治疗模式在实施过程中的关键要点是什么

教学情境三　任务中心模式个案工作过程
——以老年任务中心模式个案为例

〉〉〉教学目标

通过教学，学生理解任务中心模式的理论假设和相关概念，掌握任务中心模式的运作程序、原则和技巧，并学会运用此模式于老年个案辅导。

〉〉〉案例情境

老年案主尚某，男，年龄65岁，离休干部。有一个儿子，成家后分开居住，老伴儿两年前去世了，现独自居住于家中，生活基本能够自理。

尚某楼上的住户到社区大吐苦水：尚某一天不敲我们家的门就难受，今天来说有空调管滴水声，明天来讲半夜有走路声，后天又来反映电视机声音太响……我们体谅老年人年纪大了，尽可能满足老年人提出的要求。他要把空调管子接到哪里就接到哪里，走路尽量轻，电视机声音尽量小。但是他也实在太麻烦了！我们在家像小偷，他倒好，大模大样上我家要我们怎样，还老是在半夜三更我们熟睡的时候来敲门。我们可是要上班的人呀！

社区服务中心得知此情况后，决定让社工负责处理该个案。

工作任务：

1. 界定老年案主尚某的问题。
2. 与老年案主尚某建立专业关系。
3. 与老年案主尚某一起确定服务任务。
4. 实施辅导任务。
5. 结案与评估此次服务工作。

〉〉〉教学内容

一、术语理解

(一)生活问题

指老年案主生活中出现的人际冲突、社会关系不和、与正式组织间的冲突、角色执行困难、难以决定问题、反应性情绪压力、资源不足及心理或行为等问题。这些问题适用于任务中心模式。

(二)任务

指为帮助老年案主缓和生活问题的严重性而即将采取的行动，解决问题是最终目的，完成任务只是达到目的的手段。

(三)界定目标问题

界定目标应以老年案主的意愿、期望或愿付出最大努力的部分为出发点，需要考虑什么是可处理的问题、转介过程的问题差异及法定问题的处理。

(四)可处理的问题

所谓可处理的问题必须具备四个条件：老年案主知道该问题存在；老年案主承认自己有这个问题；老年案主愿意处理这个问题；老年案主有能力主动尝试处理问题。

(五)转介过程中的差异

所谓转介过程中的差异是指不同服务机构的社工对老年案主问题的看法有所不同。

(六)法定问题的处理

所谓法定问题的处理指法定问题是不能妥协的，社会工作者可以采取积极态度减轻老年案主与机构的鸿沟，但应强调老年案主的自我权利，不能伤害老年案主的自尊心。

二、工作要点提示

(一)界定老年案主问题的过程

社会工作者与老年案主一起完成评估并对治疗过程中要解决的核心问题达成共识。界定过程如下。

(1)让老年案主用自己的方式陈述困难、找出潜在问题，社会工作者对问题进行总结。

(2)社会工作者与老年案主就如何理解主要问题达成初步一致。

(3)列出无法解决的问题。

在界定问题的过程中，社会工作者应注意两点：一是虽然老年案主的自主自决是一个大原则，但社会工作者的意见及提议也是相当重要的。二是在界定问题的过程中，并没有划分出一个诊断阶段来帮助界定问题，但这绝不表示社会工作者无需做诊断工作。相反，社会工作者必须做即时快速的思考，探讨问题所在，然后做出清楚的界定，再将之归类，并评估老年案主处理此问题的能力及其任务。

(二)契约的内容

社会工作者与老年案主找到核心问题后，可以尝试订立初步的口头或书面契约，对即将采取的行动达成初步意向，以建立专业关系。契约包括以下内容。

(1)老年案主同意解决的一个或几个问题。

(2)确定问题解决的优先顺序。

(3)期望达到的治疗结果。

(4)设计一个系列任务。

(5)确定治疗的次数和时间的长短。

(三)确定任务应考虑的因素

社会工作者协助老年案主确定任务时，应考虑以下几点。

1. 老年案主的动机

动机是老年案主寻求改变的内在动力。所以，在计划任务时，必须考虑：第一，老年案主想做什么。第二，老年案主想做多少。然后基于这两个因素制定老年案主能够并且乐意承担的任务。

2. 任务的可行性

社会工作者需要协助老年案主考虑以下四个因素：第一，老年案主的能力是否允许。第二，老年案主是否具有完成任务所需要的时间和精力。第三，机构是否能提供完成任务所需要的资源。第四，老年案主的支持系统是否能提供所需要的支持和帮助。以上所有因素都会对老年案主完成任务有影响，社会工作者必须在全面考虑这些因素的基础上来协助老年案主设计他乐意并能够承担的任务。

3. 任务的后果

有些任务在完成时或者完成后，可能会给老年案主、机构或其他人带来不良的后果，那么社会工作者有责任提醒案主考虑这些后果，然后与案主讨论，看看是否有其他更合适的任务。

4. 次任务和多重任务

最简单的情况是老年案主只有一个核心问题和一个任务，但从单一的任务中仍然可以引申出次任务。次任务是指完成某个任务需要开展的一连串行动。当老年案主有多个核心问题，或者需要完成多项任务才能解决其问题时，多重任务就产生了。多重任务是老年案主同时开展或者连续开展不同的任务。当老年案主的某一任务确定后，次任务的确定有利于老年案主清楚地了解任务完成的整个过程及努力方向。多重任务要根据老年案主的能力与问题的复杂情况进行综合考虑，应以确定老年案主短期内能够完成的任务为首要考虑方向。

5. 开放式任务或封闭式任务

开放式任务是指没有终点的任务，它不会因为目标已经达成而不履行。封闭式任务是指有终点、可以清楚完成的任务。无论是开放式任务还是封闭式任务，都必须规定一个终结日期，以督促任务尽快完成。

(四)任务实施要点

在任务实施的过程中，社会工作者和老年案主还必须完成以下几方面的工作。

(1)对任务完成情况进行系统的记录。对于那些按先后步骤开展的活动要进行记录，为以后活动的顺利实施和评估提供资料方面的参考依据。

(2)找出相应的策略或技巧。通常有两种方法，一是模仿训练，如社会工作者模仿招聘人员进行招聘面试，老年案主扮演应聘者。二是引入他人的办法，如帮助一位身体残疾者练习如何适应家庭生活。

(3)如果任务本身不具备激励作用，社工需要在老年案主完成任务时，给予适当的鼓励和奖励。

(4)分析并除去障碍。在任务完成的过程中，老年案主可能会遇到一些没有预见的障碍，这些障碍可能与动机、理解、信念、情绪和缺乏技巧有关。社会工作者应和老年案主一起分析，寻找可能的解决方法。

除此之外，社会工作者还可能要与老年案主以外的人接触，以帮助老年案主完成任务(如准备与其他机构打交道)。同时，可能要分担老年案主因自己技巧和资源不足而难以完成的任务。每次面谈，社会工作者要和老年案主一起回顾所取得的成就。

(五)结束阶段的工作要点

在任务完成之后，进入结束阶段。在此阶段，社工的工作重点在于对任务完成结果进行评估，主要的工作包括以下几个部分。

(1)描述过去的问题是什么，现在的问题是什么，看看是否发生了变化，是否有所改进，有多大程度的改进，在哪些方面有改进。

(2)制订将来的计划。老年案主已经学会利用所学的技巧应对已改变的处境，社会工作者需要帮助老年案主明确将来的目标和将要面对的问题。

(3)视情况制订新的契约。如果老年案主完成任务不理想或者在任务完成的过程中发现新的问题需要解决，这时需要订立新的契约加以说明。

(4)当老年案主与社会工作者或者机构的接触还将继续下去时，社会工作者要与老年案主明确结束该阶段服务。

(5)进入一个长期的治疗过程，或者安排跟进计划以检查所取得的进步是否得到维持。

(6)根据老年案主的实际情况，有可能转介给另外的机构得到进一步的服务或者其他服务。

三、方法技巧

(一)沟通技巧

在任务中心模式中，沟通必须是有系统的沟通，按照任务制定的原则，一步一步地展开。社会工作者的沟通行为必须有助于本阶段及下一阶段行动的开展，即沟通必须以阶段为依据。同时，沟通还必须是有反应的沟通，强调沟通的效果，要求社会工作者通过与老年案主的沟通，使老年案主能积极回应社会工作者，表达自己的观点，感受到被接纳和鼓励。

任务中心模式主要有五种沟通的形式，每一种形式都有其独特的内容和作用。

1. 探究

探究是任务中心模式的首要沟通课题，其主要工作是澄清老年案主的问题及可能完成的任务。一旦任务确定，探究的内容便集中在与任务有关的问题上。

2. 组织

组织是指社会工作者和老年案主进行计划、组织并确定互动的方向。老年案主应清晰地了解任务的目的、性质、时间的安排，行动计划及如何与社会工作者进行沟通。

3. 认知增强

认知增强主要是由社会工作者提供尽可能多的资料，帮助老年案主认清自己的行为、问题及所处的情境。其目的在于增强老年案主对他人及情境的认知，增加老年案主对自己行为及对他人互动的深刻了解。所有的认知都必须和老年案主的任务有关，老年案主认知的增加，可以提高老年案主解决问题的能力，克服任务完成过程中的障碍。

4. 鼓励

对老年案主积极、建设性的行为，社会工作者应予以适当的鼓励，强化此类行动。

5. 方向引导

社会工作者向老年案主提供建议及忠告，让老年案主知道履行任务时的有效途径，以帮助老年案主完成任务。在任务实施的过程中，社会工作者引导老年案主沿着既定的目标去完成任务。在适当的时候，应给予建议和忠告，确保老年案主的行为不偏离既定的方向。

(二)终结

终结是指社会工作者在治疗过程中不断提醒老年案主还剩下多少时间。其作用是令老年案主觉得他有一个明确的将来，只要他努力完成任务，将来一定会比目前更好。此外，这种“时间不多”的感觉，也促使老年案主觉得要更加努力，一种“成功在即”的心情，更鼓励老年案主发挥其潜能，使他更积极、更有热情地完成任务。

四、注意事项

任务中心模式的最主要特征在于“简要”和“时间限制”，介入原则是扼要、清晰及注重结构化。具体而言，有以下一些特征和原则。

(一)经验取向

这是指运用实验研究证实或支持的方法及理论去收集和分析老年案主资料，避免以纯粹的理论看待老年案主的问题和行为，要系统地收集每一个老年案主在整个过程中的资料，并不断发展研究计划以改善工作模式。

(二)理论整合

这是指综合许多经验主义的理论，如行为认知学派及家庭建构理论。

(三)短期规划

这是指界定核心问题之后，规划其任务与实施任务，以使问题具体化，并使老年案主较能掌握解决问题的方向。时间限制指在1～3个月内安排8～12次会谈，平均每周有1～2次会谈。

(四)有结构性

这是指在诊断和服务过程中先制订明确的干预计划，包括会谈次数及建构出清楚的行动顺序。

(五)合作关系

强调通过关心老年案主及与老年案主建立共同努力的合作关系，激发老年案主发展处理问题的策略以及培养解决问题的能力，而并非帮老年案主想出解决问题的方法。

(六)老年案主是问题解决及改变的媒介

得到老年案主允许所进行的问题解决任务才能带来成功的改变，这种改变要在老年案主所处的环境中开始，社工只扮演资源提供者及联结者的角色。

五、实务操作

社工接受了社区服务中心的工作指派后，立即仔细阅读载有老年案主信息的服务申请表(见表2-5)，并向社区服务中心工作人员了解了老年案主尚某的基本情况。同时，社工检查自己的专业知识储备，如有关老年、空巢老年人的知识。在此基础上，拟定了初次访谈大纲，与老年案主进行了初次会谈，运用同理心、生命回顾等技巧，与老年案主建立了良好的专业关系。之后，社工又与老年案主的儿子、楼上住户、社区居民等进行了会谈，比较全面地了解了老年案主的信息。在此基础上，社会工作者拟采用任务中心模式来帮助老年案主。因为这一模式主要用于解决人际关系、资源不足或心理及行为等生活问题。该模式认为，问题是由于个人能力暂时的缺失而产生的。通过专业服务，可以挖掘或增强老年案主解决问题的能力，同时也能够面对今后产生的问题。老年案主尚某的主要问题都可以明确界定，老年案主自身也知道这些问题的存在，依靠老年案主及其家人的努力可以解决这些问题，所以社会工作者认为可以采用任务中心模式这一高效模式。见表 2-5。

表 2-5　××社区服务中心服务申请表

姓名	尚某	性别	男	年龄	65	婚姻状况	丧偶
家庭住址	××市××社区		联系方式	158××××××××	工作	离休干部	
求助途径	老年案主邻里求助		主要问题		心里孤独，叨扰邻里		
背景资料	老年案主的状况： 老年案主尚某，男，65 岁，离休干部。现独自居住于家中，生活基本能够自理。 老年案主的家庭状况： 有一个儿子，成家后分开居住，老伴儿两年前去世了，后来结识了一位老人，两人相处走到了一起，由于某种原因前阵子分手了。老年案主的儿子有时回来看望他，主要关注他物质方面的需要，精神沟通不多。 老年案主的社会状况： 老年案主离休后，与原来单位的联系不多。与社区居民来往不多，较少参加社区活动。最近对楼上住户有诸多抱怨和挑剔。						

1. 界定老年案主尚某的问题

在与老年案主的第一、第二次面谈中，社工引导老年案主一起完成一个短时评估并对问题达成一致。

首先老年案主用自己的方式陈述了存在的问题：内心孤独、寂寞、空虚，儿子不关心自己。与社区居民交往少，感觉被人遗忘了，找不到生活的目标，所以常常去叨扰邻里。

老年案主对于自己的问题有着较为清晰的认识，社工给予了认同。社工进一步引导老年案主对问题进行排序，老年案主认为主要问题是心理方面的问题。社工进而引导老年案主对此问题进行思考：内心的空虚、寂寞情绪，归根到底是由于退休后没有找到合适的角色，缺少与外界的交往，过多寄希望于儿子、家庭而导致的。

2. 订立契约，与老年案主建立专业关系

社工与老年案主找到核心问题后，订立了初步的口头契约。将加强人际交往，扩大社会支持网络，缓解心理问题作为主要目标，并约定了八周的介入时间，前两周每周两次，后六周每周一次，每次会谈 40 分钟。会谈结束后的作业要确实落实，并在下次会谈中讨论。

如果需要做书面契约，契约模板见表 2-6。

表 2-6　××社区服务中心服务协议书

××社区服务中心服务协议书			
老年案主姓名	尚某	性别	男
出生年月	××××年×月×日	联系电话	×××××××××××
家庭住址	××市××社区	老年案主编号	2020××
社工姓名	高×	接案日期	2020 年×月×日
主要问题陈述			
总体目标			
服务计划			
老年案主(签名)：________ 日期：_____年____月____日 老年案主重要关系人(签名)：________ 日期：_____年____月____日		社工(签名)：________ 日期：_____年____月____日 机构负责人(签名)：________ 日期：_____年____月____日	

3. 与老年案主一起确定辅导任务

综合考虑了老年案主的动机、可行性、后果等因素，为能有效确保老年案主了解并愿意实际采取行动达成目标，将目标转化为几个相关的任务。这些任务是社工与老年案主反复多次协商才确定的，经过了双方的同意，而不是社工将自己的意见强加给老年案主，见表 2-7。

表 2-7　相关任务

目标：加强人际交往，扩大社会支持网络，缓解心理问题。 任务： 任务一：每天去社区老年服务中心走走、看看、聊聊。 任务二：八周内交几个新朋友。 任务三：每周跟单位老同事至少联系一次，打打电话或见见面。 任务四：参加社区某老年兴趣小组，并积极组织或参加小组活动。 任务五：加入关心下一代协会，发挥余热。

4. 实施辅导任务

在任务具体实施的过程中，老年案主表示自己不知道如何主动与其他老年人交往，担心自己不受欢迎。社工对老年案主的自我表达表示肯定，并对此心理障碍进行疏导。社工让其知道其实很多老年人的想法和他一样，担心自己不受欢迎，担心对方不好相处，害怕得不到对方真诚的对待，内心却渴望和其他人接触。使其相信，只要他踏出第一步，就一定会交到新的真心朋友。当然，老年案主需要摆脱以前的干部角色，不再高高在上，要主动去融入他人。

任务实施过程中，社工不断提醒老年案主还有多少时间余下，其用意是让老年案主充分利用每一次会面时间，并在这段的时间里更加努力地投入到任务的完成中。通常在会面开始时，双方先检视一下自上次会面至今次会面期间，双方如何履行任务，完成了什么，然后，社工就老年案主的行为、处境及进展等提出意见、解释、鼓励或指导，并确定双方从今次会面至下次会面所要完成的任务。

除此之外，社工还与老年案主的儿子、老年案主所在的社区进行沟通，请求他们协助老年案主完成任务。如要求儿子多打电话给老年案主，给予情感支持，鼓励老年案主多与外界交往。请求社区协助，帮助老年案主融入社区老年服务中心，鼓励其多与居民交往，让其发挥自身特长，组织一些社区活动及关心下一代工作。

任务实施过程中，社工需要对任务完成的情况进行系统的记录，为评估提供资料方面的参考依据。记录模板见表 2-8。

表 2-8　任务完成情况量表

任务	完成程度	评分
1. 每天去社区老年服务中心走走，看看，聊聊。		
2. 八周内交 2～3 个新朋友。		
3. 每周跟单位老同事至少联系一次，打打电话或见见面。		
4. 参加社区某老年兴趣小组，并积极组织或参加小组活动。		
5. 加入关心下一代协会，发挥余热。		

5. 结案与评估此次辅导工作

按最初约定的时间，八周后任务完成，进入结束阶段。在此阶段，社工对任务完成结果进行评估。

首先，社工协助老年案主回顾了完成任务过程中的进展，检视了问题解决上的进步。老年案主表示自己目前的生活充实多了，心里也不再觉得空虚寂寞了。

其次，社工与老年案主讨论了将来的计划。老年案主表示现在对自己恢复了信心，今后要继续积极参加社区活动，关心下一代，发挥余热，实现自己的价值。

再次，社工与老年案主表达对彼此的祝福以及珍重再见，并合影留念。

最后，社工还撰写了书面结案记录(结案模板见表 2-9)，以进行功过的评估与反思。

表 2-9　社区服务中心结案摘要报告

No.	
老年案主姓名：尚某　　性别：男	出生年月：1955 年×月×日
联系地址：××市××社区	联系电话：×××××××××××
接案日期：2020 年×月×日	最后面谈日期：2020 年×月×日

续表

社工姓名：高某　　　　职称： (1)过程与问题： (2)过程评估： (3)持续目标： (4)现状评估： (5)结束过程：

六、总结点评

(1)任务中心模式显示了社会工作朝向更清晰、更有焦点的实务发展的趋势。任务中心模式假定老年案主有更多的理性，提倡短时治疗，提高辅导的效率。

(2)界定问题过程中，除了老年案主的自主自决外，社工也必须做出即时快速的思考，对问题做出诊断。

(3)社工与老年案主订立初步的契约，可以是口头的或书面形式的。口头契约不像书面契约那么正式，在涉及人的好多个问题或者问题过于复杂时，才会使用书面契约。

(4)确定任务时，必须要考虑老年案主的动机、任务的可行性、任务的后果等多种因素，需要社工与老年案主经过反复多次协商才能完成。

(5)任务实施时，要做系统记录，要运用相应的策略，要分析并去除障碍等，同时还要与老年案主以外的人接触，以帮助老年案主完成任务。

(6)结束也是一种技巧，在干预的一开始就已运用。在以后的过程中，社工不断提醒老年案主还有多少时间余下。在最后结束时，社会工作者应协助老年案主回顾过程及进展。

七、拓展提高

(1)结合本情境，试做一份任务完成情况的记录。

(2)结合本情境，试完成结案报告的撰写。

〉〉〉任务评价

“任务中心模式个案工作过程”学习任务自我检测表

任务中心模式实施要点	界定老年案主问题的过程 契约的内容 确定任务应考虑的因素 任务实施要点 结束阶段的工作要点

续表

工作方法与技巧	沟通技巧 终结
注意事项	经验取向 理论整合 短期规划 有结构性 合作关系 老年案主是问题解决及改变的媒介
思考与拓展	任务中心模式适用于什么情况下的案主 如果老年案主的问题多且复杂，在界定问题及排序时可以运用什么方法来达成一致 结合本情境中老年案主的情况，尝试订立一个初步的书面契约 假设本情境中老年案主在任务实施过程中于某次社区小组活动中受挫，你如何应对

教学情境四　家庭治疗模式个案工作过程
——以老年人家庭治疗模式个案为例

〉〉〉教学目标

通过教学，学生掌握家庭治疗的基础理论与入门方法，能够简单地尝试运用家庭治疗的方法与技术从事老年个案服务。

〉〉〉案例情境

张伯，63岁，身体还好，生活基本可以自理。他退休前是一家国有工厂的中层领导，手底下管着百十号人，对这份工作的热爱以及对集体事业的忠心使得他常年一心扑在工作上，几乎没有时间与妻儿一起度过，这也使得张伯的儿子张先生从小便与母亲的关系十分亲密，而与父亲之间似乎一直存在一条不可逾越的鸿沟。张伯退休后，整天在家里待着不愿意出门，无聊的他经常对张婶指指点点，稍有不满便大发雷霆。

张婶，60岁，身体也不错，退休前是一名小学教师，家务由她一人承担。张伯一心扑在工作上，根本顾不上家里，事实上张婶几乎是一个人带着儿子过，其中的辛酸都没有机会向丈夫诉说。好不容易熬到两个人都退休了，没想到，张伯竟然经常朝她大吼大叫，这也不满那也不满，张婶由于常年积累的怨气，忍受不了张伯的作风，也经常大声吵闹表示反抗。

一开始，邻居们偶尔也会过来劝阻，却常常无功而返，渐渐地邻居们也习以为常，不予理睬。两个人越吵越凶，吵累了，张婶就坐在一旁抹眼泪，感慨自己命苦，而张伯面对流泪的妻子也会有些懊悔，却始终没有勇气向张婶道歉。张婶私下里曾偷偷地跟儿子张先生诉苦，并常常提到："过不下去了，我要和他离婚。"

张先生担心母亲的状况，求助社区服务中心，服务中心了解情况后，决定让经验丰富的社工小孙负责处理该个案。

工作任务：

1. 接案并安排与张先生家的第一次家庭会谈。

2. 建立专业关系，收集信息。

3. 诊断，关注张先生的家庭冲突以及冲突模式，促使家庭成员意识到他们在冲突中所扮演的角色，并使其发生改变。

4. 介入，帮助张先生的家庭成员自我表达直到相互理解。

5. 结束治疗。

〉〉〉教学内容

一、术语理解

(一)家庭治疗

家庭治疗是以家庭为对象进行的治疗模式，治疗对象不只是案主本人，而是通过在家庭成员内部促进谅解，增进情感交流和相互关心的做法，使每个家庭成员了解家庭中病态的情感结构，纠正其共有的病态心理，改善家庭功能，产生治疗性的影响，达到和睦相处，向正常发展的一种个案工作方法。

(二)家庭系统

家庭治疗模式认为，家庭是一个系统，家庭成员是构成家庭这个系统的基本元素。在家庭的构成中，家庭是一个整体，尽管其是由不同的家庭成员构成的，但功能却并非单个家庭成员功能的简单相加，家庭作为整体重新生成了全新的结构和功能。构成家庭的每个成员彼此之间相互影响、相互依赖，并共同隶属于家庭，家庭的变化直接影响到每个家庭成员，反过来，家庭成员的变化也会对家庭本身产生影响。家庭系统要求我们用整体的眼光来看待家庭，家庭系统之下同样可能会进一步产生家庭次系统，如父母次系统、亲子次系统等。

(三)家庭结构

家庭结构是家庭成员实际交往过程中的产物，是固化的家庭关系。家庭治疗模式在表述家庭结构时主要采用了次系统、边界、角色、责任分工、权力架构等重要概念来说明。次系统主要指的是家庭这个整体系统之下的二级、三级的系统。一个次系统一般包括两个或两个以上的家庭成员，次系统的出现表明了家庭系统的复杂性和多样性。边界是结构功能主义的一个关键词，家庭治疗模式主要用来指家庭系统彼此之间的范畴，同时也用来表示家庭内部子系统之间的相互关系。角色与责任分工主要用来说明作为整体的家庭其实有着明确的内部分工，家庭其实就是一个小社会，它要求家庭成员彼此之间有相应的角色担当和责任分工，这是家庭系统合理运行的必然要求。权力架构主要用来表示家庭成员之间的权力分配，简单来说，就是家庭事务的决定大权归谁支配。

(四)家庭问题

家庭问题的实质是家庭结构出了问题，常见的家庭病态结构主要有以下几种：纠缠与疏离主要指的是家庭系统中各个子系统之间边界模糊，进一步导致家庭角色错位、家庭责任不明、家庭权力混乱，从而引发家庭成员问题。联合对抗主要指的是家庭成员彼此之间结党营私，相互攻击对抗，这是造成家庭问题乃至引致家庭破裂的主要原因。三角缠一方面表明了家庭成员之间的割裂，另一方面表明了家庭成员的错置。三角缠很容易引发家庭关系的混乱。倒三角主要指的是家庭权力分配的错位，如子女支配父母等。

二、要点提示

(一)接案并安排第一次家庭会谈

社会工作者接案后，如果确定老年案主需要家庭治疗，社工需要向来访者明确发起家庭会谈的可能性，并明确哪些人需要来参加，安排好第一次见面。由于该家庭问题比较复杂，家庭成员有可能认为家丑不可外扬，很有可能拒绝到社工站参加见面，个别家庭成员拒绝参加家庭会谈，给第一次家庭会谈增加了难度。在此情况下社工只有主动联系，登门拜访，说明来访目的，介绍社会工作机构的性质，得到家庭成员的同意和认可。

(二)在第一次家庭会谈中建立联系并收集信息

第一次家庭会谈的目的是建立和谐的咨询气氛以及收集信息。

社会工作者首先向家庭成员介绍自己，让家庭成员了解自己及机构的性质，说明第一次会谈的目的。为了避免会谈的尴尬局面，社会工作者要了解家庭成员的基本信息和特点，以便引导交谈，化解尴尬的气氛。

要收集的信息包括家庭成员的居住环境、精神状况、性格特征等，还要注意家庭中语言和非语言的沟通情况，如家庭成员的就座位置，谁与谁坐在一起，谁与谁离得较远。要搞清楚当家庭成员说话时，谁代替谁说话，谁打断谁，通过这些观察可以对家庭的权力结构和家庭关系有更深入的了解。

(三)诊断，关注家庭冲突和问题的维持模式，促使改变发生

第一步，将冲突提出，让家庭成员面对冲突，家庭成员说出冲突，从而界定冲突，建立使问题持续的假设模式。第二步，当某个家庭成员作为问题人物出现时，社会工作者可以咨询其他家庭成员如下问题：他们是怎样参与其中的？受到了什么影响？他们对问题是怎样反应的？他们在其中扮演什么角色？第三步，安排家庭作业，以使家庭成员意识到自己在问题中的角色。典型的家庭作业包括：建议争论不休的夫妻交替发言，一个人说话的时候，另一个只能听不许说话，关注对方所言的内容，并在对方说话后做出反馈。建议过度依赖的家庭成员独处，自己做一件事。

(四)介入，帮助家庭成员自我表达直到相互理解

社会工作者应该鼓励家庭成员间增加互动。家庭成员间互动时，社会工作者应该退在一旁观察整个过程。当谈话陷入僵局的时候，社会工作者再指出问题或简单鼓励他们继续交谈。其次，社会工作者和家庭成员讨论如何控制冲突发生时的情绪，如使用放松技巧，深呼吸。另一个有效的途径就是让家庭成员学会清楚地表达自己的感受，学会倾听对方的表达。

(五)治疗结束

社会工作者评估其所服务的家庭的问题已经解决，或者该家庭感到自己的治疗目的已经达到，服务就可以停止。

在结束阶段，社会工作者需要和家庭成员一起回顾家庭学到了什么，也可以与家庭讨论下一个问题将是什么，已有的问题是否会反复，并和他们讨论该如何解决这些问题。在治疗结束后，社会工作者可以对家庭进行回访，例如，写信或者打电话询问。

三、方法技巧

(一)家庭雕塑

家庭雕塑是以“系统”的观点来看待问题，并不认为案主是个“有问题的人”，而是个“背负问题的人”。个人所背负的问题，不单是出于自己本身，有些部分是出自社会、家庭(也就是“系统”)的影响。人在系统中，必然受到这个系统的制约，与整个系统互动。当系统出了问题，个人也会出现问题，我们就变成背负问题的人。所以家庭雕塑治疗就是从系统方面着手，更全面地处理我们身上所背负的问题。

家庭雕塑主要通过具体造型的生动形象重新建立家庭成员之间的关系。这种造型象征着家庭中的每个成员(或各成员依次轮流)安排其他人的具体位置，借以明显地表示他对家庭相互作用的观点，以便发现我们原来没有意识到的家庭动力关系。也可以按照各自喜爱的方式处理家庭造型，表明某些成员所采取的态度，从而依次看出这种态度的“感受”如何。家庭雕塑的过程，是通过雕塑来探讨和提示家庭成员间的相互关系，社会工作者首先可以邀请雕塑的设计者加以解释，在这个画面中，谁是飞扬跋扈的、逆来顺受的、乖巧的、慈善的、霸道的、依恋的、叛逆的、好战的等，以及这些人是如何相互关联的，接着家人就会参与进来，分享他们的感受。

(二)重温家庭影集

在家庭会谈中，让家庭成员一起重温家庭影集中的某些老照片，可以唤起他们对往日美好时光的回忆，可以创造机会使家庭成员一起来探讨过去生活中的一些重要事件，有些甚至是创伤性的、令人痛苦的事情。在看照片和分享的过程中，社工可以从家庭成员那里了解到过去的家庭系统是如何的，谁是家庭里投入最多、贡献最大的人。每个人的观点可能不一样，但通过分享，社工不仅可以更多地了解家庭的过去和现在，而且给了家庭成员共同回忆和分享的机会，勾起成员对昔日美好往事的回忆，这会牵动人的情感，甚至会收到意想不到的效果。

(三)帮助家庭学习沟通技巧

很多家庭来求助时，家庭成员的情绪激动，甚至吵吵闹闹、哭哭啼啼，大多缺乏基本的沟通技巧，而很多问题也正是源于家人间沟通的障碍。因此，有必要帮助家庭成员在咨询过程中学习沟通技巧，包括如何聆听，如何尊重别人的私人空间，说话时如何跟对方有恰当的目光接触，如何简短明晰地表达自己而不是采用责备他人的方式，如何运用“我”的信息，如何进行换位思考，在不明白的情况下如何提问等，社工首先要向老年案主展示有效沟通的魅力，在自己的示范中让老年案主学习如何跟他人开放地、有效地进行交流，重构其沟通方式。其次，要让老年案主练习和体验新的沟通方式，社工在旁指导并纠正沟通中出现的问题，要让老年案主真正意识到：任何责怪、贬损、否认、抗拒、猜测、让他人传话、转移话题、保留意见、放弃都不能很好地解决已有的矛盾和问题，只会使矛盾愈演愈烈、陷入僵局。

(四)家庭面谈的提问技巧

在进行家庭会谈时，可以运用四种提问方式，即直线式提问、循环式提问、策略式提问和反思式提问。

（1）直线式提问。

直线式提问是具有探究性的，以探索内容和推理为主，属于“就事论事”一类，通过提问可以把收集到的信息作为对问题的解释。

（2）循环式提问。

循环式提问是探索式的，通过对家庭成员的轮流提问，以了解他们对家庭中存在的问题及其他家庭成员的看法，了解家庭成员之间的互动关系。循环式提问可以有以下四种方式：一是让一名家庭成员评价另外家庭成员之间的关系或相互之间的交往。二是让个体家庭成员对实际或假想情境做出的反应进行排序。三是用问题来考察某一事件。四是引导老年案主对于不愿意回答或目前不愿意回答的问题提供信息。

（3）策略式提问。

策略式提问可以在某一特定方向上提出新的可能性。例如，可以问一位已经离婚的妇女：“什么可以使你和前夫在对待孩子这件事上意见一致？”或者对一对过多关注孩子并屡屡为此发生争执的夫妇说：“如果你们俩在这几个星期里忽略孩子作业拖拉、老跟大人顶嘴的行为，又会发生什么呢？”这两个问题其实都是想让父母联合起来对他们的孩子做出反应，打破原来的行为方式或互动方式，尝试新的反应方式。

（4）反思式提问。

反思式提问与策略式提问一样，旨在促进家庭的转变，但并不为家庭指明特定的方向，只是通过提问努力使家庭做出新的反应。例如，“假如你的女儿离开她的男朋友，重新回到你的身边，你觉你的生活会有什么不同？”在这样的提问中，关注的并非是特定的行为改变，而是推动家庭去反思由当前的知觉和行动所能获得的，并刺激家庭去考虑其他选择。

四、实务操作

（一）接案并安排与张先生一家的第一次家庭会谈

社工站接到张先生的求助以后，决定让经验丰富的社工小孙接案并处理，小孙电话联系张先生，希望张先生能劝说父母一起来到社工站进行面谈。张先生先是爽快答应，第二天便打回电话说父母认为家丑不可外扬，坚决不去社工站面谈。社工小孙劝说张先生回家做好父母的思想工作后，自己再打电话联系其父母争取登门拜访的机会。过了一天，社工小孙给两位老人打电话，适逢老两口在吵架，只听电话里吼了一声“没有时间”，便挂了电话。过了一会儿，社工小孙再次拨通了电话，是张婶接的，小孙首先对刚才的电话表示歉意，并说明了打电话的目的，电话的那面显得犹豫不决，张伯接过电话说：“我们家没有问题，不需要社工。”小孙马上向张伯解释了拜访的目的以及接受社工辅导的好处。终于，张伯同意了小孙周末到家里拜访。小孙表示感谢，随后拨通了张先生的电话，与张先生约定周末的家庭面谈，张先生爽快答应。

（二）第一次家庭会谈，与张先生的家庭建立联系，并收集信息

周末，社工小孙准时来到了张先生家，张伯开门后，小孙简单自我介绍后，张伯把小孙让到客厅，张婶正在厨房里忙碌，张伯喊道：“来客人了，老太婆倒水。”张伯让小孙坐在沙发上，张婶倒完茶水后要走，小孙说：“张婶，您也坐下，我们一起说说话。”这时，张先生从他的卧室走出来加入到谈话中。他与张婶挨着坐下，母子两人坐得很近，而与张伯却隔着一段距离。

社工：“张伯、张婶，身体可好呀？”

张伯：“挺好的。不过上了年纪，有点小毛病正常。不像以前了，身体倍儿棒，吃嘛嘛香。”

说着张伯自己笑出声来，张婶母子两人也附和地堆出笑脸，却没有笑出声来，张伯感到一些尴尬，便止住了自己的笑声。顿时，房间里异常安静，空气中一股尴尬、紧张的气氛弥漫开来。

小孙有些紧张，这个家庭的成员似乎非常难以接近，互相之间也不融洽，张先生也不像电话里那么健谈了。张伯极力营造的轻松没有得到母子二人的回应，让他更觉得尴尬。

社工：“张婶，退休后的生活怎么样啊？平时都做些什么呢？”

张婶犹犹豫豫不知道该怎么回答，张先生便替母亲回答。

张先生：“我妈退休了，跟没退休没啥两样，依然要为这个家操劳，辛辛苦苦一辈子，退休了也不能享清福，还要做家务、照顾人。”

这时，张婶使劲地握了下儿子的手，头转向儿子会意地笑了。

张伯：“怎么，你妈不该做家务？不应该照顾我啊？我辛辛苦苦一辈子在外奔波，为的是什么？还不是为了你，为了你妈，为了这个家？”

张先生并不急于辩解，看上去似乎不屑于跟父亲说话。

张婶：“不要朝儿子发脾气，从小到大，你都没有管过他，现在他长这么大了，有能耐了，你倒要管他了？”

张伯：“你管了，全都是你管的，管到现在连个媳妇都没有，这就是你管出来的好儿子？”

张婶涨红了那张布满皱纹的脸，气愤的只能说出一个字：“你……”

张先生：“妈，别急，咱不跟他争。”

张先生搂着母亲的肩膀，张婶的眼泪都快掉下来了。

张伯脸上闪过胜利者的笑容，而看到儿子和妻子的模样，心里似乎有了一种酸酸的感觉。社工小孙看着他欲言又止的样子，知道他还想说些什么。

社工：“张伯，你是不是有话要说？”

听到小孙的问话，张伯有些不好意思，“我……”，说了这一个字，却再也说不出什么来了。

社工：“张先生，你觉得父母之间怎么会成了这个样子？你们家现在这种状况是怎么回事啊？”

张先生若有所思，看着母亲，又偷瞄了一眼父亲。

然后说道：“这个家一直是我妈一个人在操持。退休前她既要忙工作，又要做家务、照顾我的学习生活；退休了，还要做家务、照顾人，一天清闲的日子都没有过。我妈一辈子真是太辛苦了。”

张先生字字句句都围绕着母亲，没有提到父亲，说到母亲退休后照顾父亲，也是用照顾人来表达。张婶似乎被儿子的懂事、理解感动了，眼眶中泛着泪花，而张伯面色难看。

社工："张伯，您觉得您儿子说得对吗？"

张伯："我年轻时，在厂里奔波，拼命地干活也是为了这个家啊，不是为了我自己。如果没有这个家，没有他们娘儿俩，我何苦那么辛苦地工作呢？"

张先生："少拿那些借口来糊弄人，你心里根本就没有这个家，心里想的只有工厂、工人。我妈受的那些苦，你根本就不知道。"

父子二人的争吵使得空气更加紧张，张伯认为儿子根本不该这么跟他说话。

张伯："小子，你翅膀硬了是吧？敢跟你爸爸这么说话了？"

张先生根本就不顾父亲的态度，也不理睬他，而是紧紧地抓着母亲的手。

社工："张婶，您有话要说吗？"

张婶："我不知道要说什么，儿子都是为了我好，我也不愿意他们父子俩常常吵架，却又常常会吵起来，不知道是为什么。"

张婶的回答非常符合小孙的心思，接着问道："张伯，您知道儿子为什么总是跟您吵架吗？"

张伯："儿子跟他妈好，我在家里一点地位都没有，他根本就不尊重我。"

张先生："我怎么不尊重你了？是你老惹我妈哭，总是欺负我妈。不反思反思自己，还总说别人的不是。"

社工小孙看预约的时间差不多了，说道："我们今天先聊到这里，你们三个人先商量商量是否欢迎我继续拜访。如果觉得需要我继续拜访，我们再商定下次见面。"

三个人似乎有些意犹未尽。

张伯抢先回答道："非常欢迎，虽然今天好像没聊到什么，但是感觉好多了。"

张先生也说道："我们都很欢迎您来，预约好下次时间再告诉我们吧。"

张婶在他们父子面前似乎没有了主见，待社工小孙问到时才表示说："只要他们都同意了，我也没啥意见。"

社工小孙很高兴一家三口很爽快地答应可以继续拜访。因此，为他们布置了需要在下次会面前完成的作业："非常高兴你们接受我的服务。我们接下来一个星期为下一次会面做准备，希望张伯可以回想自己退休前的工作和生活，下次会面时讲给我们听。张婶也想想张伯不经常在家，自己一个人带着孩子是怎么过的。张先生站在父亲的角度想想，再想想自己现在忙碌的工作，是不是会有些新的想法。好了，今天的会谈就到这里结束了，期待下次会议。"

(三)诊断，关注张先生的家庭冲突及使用冲突的模式，促使家庭成员意识到他们在冲突中所扮演的角色，并发生改变

社工小孙在接下来的几次会面中，非常注意张先生一家的互动方式，并了解了家庭史、张先生的成长史、家庭成员间对彼此看法，根据面谈、走访及观察，社工小孙对张先生的家庭冲突及冲突得以维持的模式有了概括的认识。

社工小孙发现，张伯和张婶年轻时是非常让人羡慕的一对，感情很好，张伯对张婶十分体贴。张伯在工作单位，是一个十分受欢迎的人，不仅技术过硬，而且待人十分诚恳。张伯由于工作突出，逐渐担任了厂里的领导，工作开始忙碌起来，对家的照顾少了一些，家里的大事小事都由张婶一个人在操劳。

张伯和张婶由于长期没有交流，使得现在不会交流，张伯只会用工作场合命令的口吻对待张婶，张婶也只能通过争吵或者沉默来表示反抗，或者把希望寄托在儿子身上，依靠儿子来维护自己。在这个家庭中，母子之间的关系过于亲密，父子之间的关系过于疏远，儿子闯进了夫妻子系统，取代了张伯的位置。张伯虽然退休了，离开了工作岗位，但是没有离开他的工作状态，把家人当成下属。社工小孙发现，张伯在此个案中处于非常关键的位置。退休前，他心中只有工作，没有时间顾及妻儿，使得妻儿之间的关系过于密切，而父子之间的关系过于疏远。退休后，他不能很好地适应这种生活的转变，像变了一个人，动不动就发脾气。

张先生一家现在出现的问题是长年积累的结果，张婶和张先生对张伯退休前一心扑在工作上、不顾及家庭感到非常不满。而张伯认为自己一个人扑在工作上是为了妻子和孩子。值得社工注意的是，不要让他们过多地关注历史问题，过去的事情已经无法改变，可以改变的是他们看待过去事情的角度，因此社工关键的工作是要引导家庭成员改变对过去事情的看法。

(四)介入，帮助张先生的家庭成员自我表达直到相互理解

社工小孙在收集完资料之后，与张伯一家人协商制订出服务目标和服务计划，并在签订相关的服务协议之后，开始进入社工介入过程，与张伯一家进行了三次会谈。

第一次会谈的参与人是张伯和张婶，会谈地点放在社工站，会谈的目的是改善夫妻对往事的看法，学习夫妻之间交流沟通的技巧，学会相互理解和体谅。通过社工的引导，张伯说出多年的心里话，表露出退休前将精力放在工作上，对孩子和爱人的愧疚，认为努力工作给孩子和爱人良好的物质生活就可以了，没有考虑孩子和爱人的感受。在社工一步步的引导下，张伯和张婶了解了对方的想法和感受，认识到自己以前的所作所为真是不应该，后悔没有早点了解彼此的想法，认识到夫妻之间的交流和沟通也要有方法和技巧。会谈结束前，小孙给张伯和张婶布置了一个家庭作业，就是要求回家后张伯找儿子张先生好好谈谈，下次见面时要张伯谈谈与儿子交流的情况。

第二次会谈的参与人只有张伯，会谈地点还是社工站，会谈目的是让张伯清醒地认识退休前后生活的转变，接受退休的现实，积极参与到家庭生活及社区的老年人生活中。让社工小孙惊喜的是，张先生不仅把父亲送到社工站，而且与其父交谈得也比较好。社工小孙发现，张伯退休之后存在角色转变的不适应问题。为了帮助张伯尽快摆脱这种情况，小孙带着张伯参加了几次社工站专门为退休老年人组织的回归家庭小组活动，里面有张伯喜欢的中国象棋。几次活动后，张伯状况明显好转，在家发脾气的时候少了，在家闲待的时间也少了，张伯的改变，使得张伯一家的状况有了明显的改变。

(五)结束治疗

最后一次面谈的参与人是张伯家庭所有成员，家庭成员分享了参加辅导以来的感受，家里气氛好多了，会谈的地点是张伯家。会谈的目的是对个案进行总结，总结学到的方法，以便在日常生活中运用。张伯一家人对社工小孙表示了感谢，并各自进行了总结，小孙进一步进行了总结，希望他们把这一段时间学到的方法和技巧应用到以后的生活中，减少与家人的争吵，相互之间要多理解、多包容。

五、总结点评

(1)家庭治疗是一类以家庭为对象进行的治疗模式，社工通过与全部或部分家庭成员的治疗性会谈以及其他专业技术来协助家庭成员改善家庭关系，建立良性的家庭互动模式，从而从根本上解决整个家庭极其个别成员的问题，促进家庭的良性运转和家庭成员的身心健康。

(2)社工介入过程中，除了运用会谈技巧，还可以采用一些更加丰富多样的方法和技巧，比如采用家庭雕塑或者角色扮演技巧等，这会给老年案主留下更加深刻的印象和取得更好的效果。

(3)在进行老年人家庭治疗时运用生命周期理论。从家庭生命周期理论来看，如同人的生命，家庭也是一个从成立到消亡的过程，家庭生活的各个阶段是前后相继的。生命周期理论在家庭研究中占有重要地位。

(4)子系统间不适当的界限造成了不良的家庭结构，不良的家庭结构包括母子纠缠、母子联阵对垒、三角缠、倒三角关系等，这些不良的家庭结构在正常家庭中也会出现。

〉〉〉任务评价

"家庭治疗模式个案工作过程"学习任务自我检测

家庭治疗模式术语理解	家庭治疗 家庭系统 家庭结构 家庭问题
家庭治疗模式实施要点	安排第一次家庭会谈 在第一次家庭会谈中建立联系并收集信息 诊断，关注家庭冲突和问题的维持模式，促使改变发生 介入，帮助家庭成员自我表达直到相互理解 治疗结束

续表

工作方法与技巧	家庭雕塑 重温家庭影集 帮助家庭学习沟通技巧 家庭面谈的提问技巧
思考与拓展	请尝试分析自己的家庭史、家庭互动结构、家庭成员对自己的影响 请你谈谈对家庭治疗结构的看法 角色扮演：基于情境四案例，模拟一次家庭治疗面谈

项目三　老年小组社会工作

〉〉〉理论连接

小组社会工作是社会工作的三大传统方法之一，它强调以小组的方法帮助个人和家庭减少日常生活方面的困难以及促进个人的人格成长。老年小组工作的主要目的在于帮助老年人从团体中获得适当的生活知识和经验，培养良好的社会适应能力，以发挥其应有的社会功能。

一、老年小组社会工作的含义

群体可以帮助成员完成个人所无法完成的事情，满足成员的工具性需求。同时，群体还可以帮助成员实现情感的支持、欲望的满足和自我表达，满足成员的表意性需求。老年小组社会工作就是回应人们在老年期发展和改变的需求，为丰富老年案主的生活而产生的一种社会工作专业方法。

(一)老年小组社会工作定义

老年小组社会工作是小组社会工作的一个重要实务领域，因此，老年小组社会工作的定义也由小组社会工作定义应用而来。老年小组社会工作就是指社会工作者针对老年人的心理、生理、社会适应等方面的问题，利用不同目标模式的小组方案，通过小组成员间的互助和凝聚力对个人进行辅导与治疗，增进老年小组成员的相互支持，改善其态度、人际关系和应对实际生存环境等的社会生活功能，以及满足老年人工具性和情感性需求的过程。

以上这一定义蕴含着老年小组社会工作实务运作过程中需要强调的重点。

(1)老年小组社会工作既是一种工作过程，又是一种直接的助人方法或手段。

(2)老年小组社会工作的主要对象是有各种问题的老年人及其亲友所组成的小组。

(3)小组工作过程是社工与小组成员、小组成员之间进行的面对面的互动过程。

(4)老年小组的目的是帮助老年人从群体中获得适当的生活知识和经验，改变不良生活现状；培养老年人良好的社会适应能力，促进其身心健康，使其过上正常的老年生活。

(5)通过小组帮助，老年人进行社会康复、能力建设、社会化、解决问题和自我价值实现等。

(二)老年群体适用的小组类型

适合老年人的小组主要有以下几种类型：老年人社交康乐小组、老年人支援小组、老年人治疗小组、老年人服务小组、护老者小组等。下面我们通过对比对各类老年小组进行介绍。

表 3-1 老年小组类型

小组类型	社交康乐小组	支援小组	治疗小组	服务小组	护老小组
目的	帮助成员与同辈群体积极参与身心健康活动	帮助成员应付日常生活中的压力	帮助成员改变行为及康复	促成成员共同合作为他人提供服务	帮助老年人的家庭成员发挥护老者功能
社工角色	设计活动内容，促进活动展开，提供活动程序	促使成员间的相互支持与帮助	专家、权威人物、改变者、促使者	协调者，帮助组织行动计划	教育者、支持者、使能者、倡导者
重点	小组成为活动参与、学习等的媒介	成员间互相分享与共同关注	成员的问题、关注及目标	完成服务任务	护老者的需要及老年人的需要
维系的因素	活动、学习、技巧、发展上的共同兴趣	共同困难及相同的经历	成员之间的相互关系	相同的目的和关注	护老者的角色
组合	不同人士或有类似技术水平，有能力参与活动者	曾经遭遇相同困难的成员	可以是不同背景，但拥有共同关注的成员	人数多，背景不一，鼓励分工	由不同人士组成，但都是护老者，都在经受护老压力
沟通	在活动中用语言或非语言进行沟通	高度互动，公开沟通	社工或小组领袖对成员，或相反	因任务及角色而不同	成员之间以及小组领袖或社工之间
自我披露程度	低度	中度或高度，主要分享适应技巧	高度	低度	中度或高度，主要分享适应技巧
运作	决定于程序活动性质，团队合作精神及语言与非语言参与	非正式，平等参与共同讨论	成员互助解决问题	形式化程序	一般非正式及平等参与，也可包括正式的演讲

(三)老年小组工作实施的原则

通用的小组社会工作实施原则包括明确小组计划与目标，兼顾专业关系与成员个性化，推动成员互动与培育小组民主，适时弹性调整活动计划与促进成员发展，有效利用资源等内容①，这些内容同样适用于指导老年小组社会工作，但老年群体有其特殊性，我们在实际工作过程中，还有专门适用于老年小组工作的实施原则。

1. 提供团体资料给老年成员

在小组工作开展之前，社工最好发给每位老年人一份易于辨认的资料，包括团体

① 邓恩远、卞国凤：《社会工作方法与实务》，北京，北京大学出版社，2009。

目标、团体工作者及其他成员的基本资料。

2. 运用同理心解决老年人的特殊问题

老年人有其特有的问题，特别是在面对失落和死亡的时候。小组社工必须采取主动的角色，运用同理心给成员提供信息、回答问题和分享经验等来支持、鼓励并处理成员的问题。

3. 及时评估老年小组成员的能力，组织适宜的群体活动

老年小组成员多有生理和感官上的疾病，社工需要不断评估成员的能力范围，不要预先假设有些老年人爱参加群体活动或不爱参加。

4. 小组过程要分阶段进行，合理制定各阶段内容

在小组的初期阶段，社工要以建立小组的界限为主要任务，可以允许老年小组成员的依赖，在依赖关系的基础上信任团体、分享经验。在小组的中期阶段，社会工作者需要协调成员的人格差异、解决冲突，从而进行有效的沟通，以使团体产生凝聚力。在小组的终期阶段，社会工作者一方面需要评估团体的成效以及每个成员的发展；另一方面需要妥善运用社区资源，使小组成员不至于在结束时产生失落感。

二、老年小组工作的实施模式

老年小组工作的实施模式是对开展老年社会工作的一种经验积累和提升，可以用来直接指导老年小组工作的开展和小组工作目标的达成。

表 3-2 老年小组工作实施模式

类型 内容	治疗模式	互动模式	行为修正模式	任务中心模式	成长模式
目的	通过辅导小组成员行为改变，减少甚至消除老年人的社会失调行为	引导小组成员在彼此互动中提升和优化自我	引导小组成员学习正确的社会行为	预防小组成员问题或者引导小组成员进行问题康复	引导小组成员挖掘潜能，发展自我
目标	使老年个体产生新的适应行为	使小组成员产生自尊；使小组群体为成员的成长助长能力	引导小组成员获得特殊的学习行为	由小组成员来解决特殊问题的短期任务	减除小组成员个体行为的盲点与隐藏部分
社工领导功能	社工通过指导式的干预以达成治疗目标	社工提供辅导，并提供特殊技巧的有效资源	社工教导小组成员各种问题不同解决阶段的行为技术	协助小组成员区分目标问题、介入要素，修正并激发任务小组的条件	社工鼓励真诚
社工领袖角色	充当小组成员变迁媒介	社工作为小组改变的协调者和人力资源支持者	社工作为专家和催化者	社工是变迁媒介和干预的控制者	社工是小组成成员、自然反应者、人力资源支持者
成员角色	社会功能丧失的个体	平等地位的个体	小组成员是“具有环境问题，并且具有互补问题”的角色	每个成员接受小组的意向，同时有相似的问题与任务且相互协调	成员通过小组集体动力实现个体潜能提升

三、小组对老年人的作用

小组是一种动态的组织，小组整体的变化和成长对它的成员会产生深远的影响。这种影响可概括为以下几点。

(一)传播信息

小组中的成员通过互动交流会有许多信息的传递，而这些信息会满足老年人求知的愿望，或者给予老年人启迪，或者给予老年人宽慰、乐趣等。通过小组了解丰富的各类信息有助于老年人驱散孤独，获得良好的心境。

(二)灌输希望

老年人在一起相互交流，可以探讨问题，可以获知他人的见解和看法，可以受到启迪和开导，可以学习用不同的角度看问题。所以，这种成员经验的分享有助于老年人获得希望和力量，促使他们改变看问题的角度，这对于解决老年人的问题或预防问题的发生有着非常重要的意义。

(三)发现相同处境的人

老年社会工作者很多时候会把有相似问题的老年成员组成一个小组，所以，对于成员来说，能够在小组中发现与自己处境相似的人，无疑是一种安慰。这时成员间可以相互倾诉而不必担心不被理解或被嘲笑，同时，老年人们还可以共同探讨问题的解决办法。所以，发现同一处境的人，有助于老年人放下思想包袱，进入一个比较积极的状态，这对小组的发展和老年人来说都具有积极意义。

(四) 形成利他主义的氛围

对于老年人来说，既然大家处境相似，面临相似的问题，就应当互相帮助、彼此支持、分享经验、共渡难关。小组内能够形成利他主义的氛围，而这种互帮互助往往让老年人获得被尊重、被接纳、有能力帮助他人等比较愉快的体验。这种真实而有意义的接触能够带来小组的治疗功能。

(五)练习社交技巧

老年人在团体中可以观察他人的交往表现，可以发现自己认同的交际风格，可以学习人际交往的知识和技巧。这些无疑能够发展老年人的社交能力，缓解老年人在人际关系方面面临的困境。这对于巩固和发展老年人的人际交往技能具有积极的意义。

(六) 促进行为的改变

在小组情境中，老年人可以通过与认同对象的接触，向他们学习，如学习其开朗乐观的精神、积极生活的态度等，从而达到改变和成长的目的。这种影响对老年人来说，可能是潜移默化的，但是它会对老年人产生持久的影响，使老年人的行为得到改变和重塑。

(七) 体验归属感

归属感是个体对于所处群体的依恋、认同等积极的体验。这种体验对老年人的身心健康都是非常有利的。实践发现，在小组工作进入一定阶段以后，老年人之间的关系日趋和谐和自然，他们会非常自然地使用“我们”这种称谓，开始真正融入团体之中。这使得小组的向心力增强，有利于成员获得满足感，体验到在集体中的快乐。

〉〉〉任务体验式教学参与

个人任务工单 1

组号：________　　姓名：________　　学号：________

引导问题：结合本单元所学内容尝试进行知识总结。

1．请尝试总结老年人活动组织技巧。

老年人活动组织技巧

小组任务工单 2

组号：________　　姓名：________　　学号：________

引导问题：根据本单元的相关内容讨论下列问题。

1．养老院中常见的小组类型有哪些？

2．社区日间照料中心常见的小组类型有哪些？

3. 居家养老服务中常见的小组类型有哪些？

教学情境一　互动模式老年小组工作过程——以老人院新入住老年人适应小组为例

任务一　小组筹备期

〉〉〉教学目标

通过本任务教学，学生了解如何完成小组筹备期的工作任务，掌握怎样寻找老年案主的真实需求并确定小组介入目标。

〉〉〉案例情境

某市的“老福”老人院是一家设施齐全、环境较好的民营老人院，机构内共有 80 多张床位，其中有 52 名全托老人(女性 35 人，男性 17 人)入住，平均年龄在 80 岁左右。每两位老人一个房间，并配一名护工，共计女性护工 15 人，男性护工 2 人。机构内设有活动大厅、老人医保代办室、餐厅、康复室、棋牌室、娱乐室、老年书吧、老年网吧、心理咨询室、服装室、手工制作室、小型佛堂、多功能会议室、老年茶吧、老年人宿舍。机构内有 4 名注册助理社会工作师。该老人院有一批入住不久的老年人，他们由于诸多的不适，大多表现出情绪低落，有些女性老人甚至会哭泣、抱怨。这种状况使整个老人院气氛低沉。为了改善这种状况，老人院的社工们决定进行一次为期一个月的老年小组活动，为老人建立良好的生活情绪。

工作任务：

1. 接案，准备筹建小组。
2. 收集资料。
3. 确定服务对象。
4. 明确小组性质。
5. 确定小组目标。
6. 招募小组成员。

7. 开组前小组成员首次聚会。

〉〉〉教学内容

一、术语理解

(一) 小组构成要素

在运用小组工作方法之前要组建有主题的小组。一个完整的小组的构成要素包括以下几项内容。

小组目标：小组存在的理由和工作方向。

小组契约：助人机构、小组工作者和小组成员间达成的承诺。

小组工作者：小组辅导员。

小组成员：希望通过参加小组活动而提高能力的个人。

小组规模：小组人数(根据小组的活动主题和性质来确定)。

小组时间：小组存在的期限。

小组空间：聚会场所与场景布置。

(二) 老年小组准备阶段工作流程(见图 3-1)

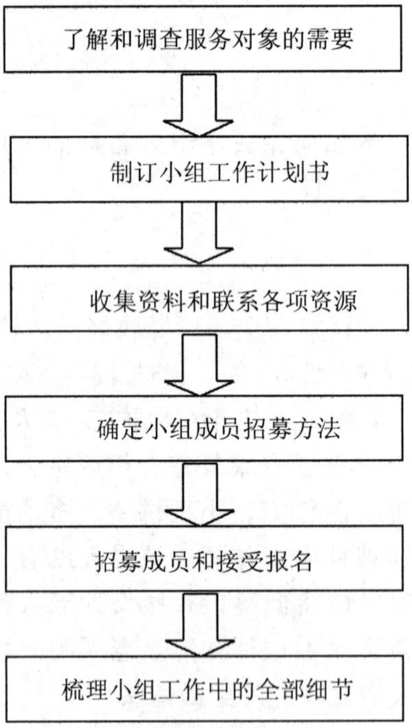

图 3-1

二、工作要点提示

(一)寻找老年案主的真实需求并确定小组介入目标

无论是应机构的要求还是应案主群体的要求而采用小组工作方法，小组活动的主题以及小组模式的选择最终都要根据案主的真实需求来确定。这就需要首先对案主的真实需求进行评估。因此，在运用小组工作方法辅导老年案主之前，最重要的工作就是确定老年案主的问题与需求，以老年案主的需求为本，通过与老年人的“同行”，建立信任关系，评估他们的真实需要，在此基础上制订介入计划。

一个小组的需求评估实际由资料收集—资料分析—制订介入干预计划三个步骤组成。收集资料主要通过访谈、问卷、量表、文献回顾、机构资料查阅等方法，收集各种有关小组和组员的资料，特别要关注组前面谈和机构记录中的重要资料，这些是发现组员真实需求的珍贵的第一手资料。资料分析非常关键，一般量表可以借助计算机软件进行分析，计算出变量之间的关系和概率等，这会成为介入计划的科学依据。许多访谈资料要通过定性的方法进行归纳分析，以此发现组员的特殊需求。基于资料分析而制定出切实可行的介入策略。

(二)确定目标

社会工作者找到案主的真实需要，确定目标就是“水到渠成”的过程。此时工作者需要思考许多问题，包括由谁决定小组工作是否要实施，自己是否有足够的时间、精力和技术来承担小组工作，机构和社区的资源如何，组员如何招募和领导等，从而为制订计划打下基础。

社会工作者必须将小组的目标加以概念化，即思考小组将协助组员达到什么目的。包括：工作者的目标是什么，组员的目标是什么，机构的目标是什么；小组的长期目标、中期目标和短期目标是什么；为达到目标，组员要多少人才适中；为了达到目标，小组的聚会要多长时间；采取何种方式达到目标；等等。

(三) 老年小组工作规划程序

基于老年群体的特殊性，小组工作规划设计得越仔细，问题考虑得越周到越利于工作的开展。下面列举了一些老年小组规划设计中可能需要详细考虑的问题。

(1)老年小组的主要工作任务是什么？通过小组能够解决哪些主要问题？可以满足成员的哪些需要？小组所属的类型是教育小组、分享小组、治疗小组、成长小组还是任务小组？

(2)小组的目的是什么？在小组结束时，小组领导者希望达到什么要求？成员又将达到什么目的？

(3)小组的组织结构是什么？整个小组的领导机构框架图与各自的职责与分工是什么？小组将吸收什么样的成员加入？成员人数多少为好？小组在行政组织上的隶属关系；小组的赞助单位；小组的经费来源与经费预算。

(4)小组的工作框架是什么？小组聚会的地点；聚会时间的长短；聚会的次数；聚会的频率；小组的大小。

(5)需要进一步与哪些重要的人接触，征求他们的意见，得到他们的赞同和支持？

(6)隶属行政组织的政策将会对小组工作产生什么样的影响？与其他小组的关系如何？

(7)小组工作的评估。

三、有效处理老年人参加团体活动的心理障碍的技巧

因自身的教育水平不同，各自的家庭背景不同，老年人参加集体活动的积极性也

不一样。有些老年人很少参加集体活动，这些老年人容易产生心理疾病，如孤僻、自我封闭，以致对生活失去兴趣。因此在开展小组工作之前，社会工作者怎样与老年人接触，减轻老年人的心理障碍、顾虑是小组前期准备工作的重要内容。社会工作者可以从以下几个方面入手。

(一)直接面谈法

小组工作是一种较新颖的工作方式，对于老年人而言，参加之前会心存顾虑，如经济条件、时间、能不能获得好处等。为消除老年人的顾虑，社会工作者在小组开启之前，最好能与老年人直接接触，如当面介绍小组活动的内容，参加小组能给他(她)带来什么好处，以及介绍以前举办类似小组的成功经验、图片展示等，激发老年人的兴趣。

(二)深入宣传法

小组工作者把准备开展小组的信息做成展板，放在社区或机构的显眼处，并设立咨询台，由工作者给来询问的老年人介绍具体情况。老年人都有一种合群的心理，故如有一些老年人关注此事，会吸引其他老年人加入进来。

在宣传方式上要多样化，如通过媒体宣传、人际宣传、海报宣传、多媒体宣传等。但不能只靠海报宣传，这是一种失败的小组推介方式，因为很多老年人视力不好，很少关注海报内容，还有些老年人不识字，因此海报宣传只是一种消极的宣传方式。较积极的方式是个别面谈和举办宣传活动，并且为小组取一个生动新鲜的名字。

(三)间接了解法

小组工作者要从老年案主周边的人群中，如家庭成员、朋友、邻居以及转介机构和其他方面，尽可能详尽地了解老年案主的背景资料，以确定其是否具备加入小组的资格。

四、注意事项

(一)初步确定老年小组开组的目标

每一个老年人参加小组都是有自己的目的的。由小组工作者设计的小组服务通常依循机构的服务宗旨，如老年服务机构会以满足老年人的需要为主，而这些小组的服务宗旨或目标都会在小组开组以前确立，小组工作者则会根据案主的特殊需要和特点而制定更为具体细致的小组目标。总的来说，小组目标是小组开组以后逐渐形成的，主要是通过组员之间的相互认同或接受个别组员的目标而形成小组共同的倾向。

(二)初步确定小组成员的资格

通常在小组开组前，小组工作者要确定小组组员的资格和标准。通常，老年小组工作者会以下述内容作为标准来确定小组组员。

(1)他们是否具备参与小组活动的能力？

(2)他们能否在小组中真正受益？

(3)他们参与小组活动的动机如何？

(4)他们是否认同小组的初步目标？

在招募老年组员之前，工作者要考虑他所招募的组员应是同类型的组员还是多类型的组员。工作者在选择小组组员的过程中，要注意组员在个别特质上的整体性和个别性，要使其达到平衡，他们既不能有太大的分歧，又要有一定的差异。另外，每位老人的容忍程度也不能相差太远，否则过度容忍的一方会感到自己在小组中处处受挫而产生被压迫感。同时，要注意尽量少吸纳容易激动的组员，避免因他们的存在而使小组分裂。

(三)小组非正式聚会

小组工作者在小组筹备期的一项重要工作就是尽快使小组组员明了小组规则及投入小组的运作。为了让小组组员对各自参与小组的动机和要求有更加具体地了解和认识，小组工作者可以通过安排未来小组组员参与小组的非正式聚会达到这一目的。在小组非正式聚会中，小组工作者可以用小组讨论的形式或通过以往小组工作的影视资料向其他组员介绍小组的运作，小组工作者也可以在适当的时候澄清开组的目的和组员必须遵守的小组规则，以及组员在组内的活动范围、小组领导者的权利和责任、小组工作者在小组内的工作范围等。如果有个别组员在这次小组非正式聚会中发觉这个小组的目标与他原来想要参加小组去实现的目标有较大的差别，则可以取消入组申请，因组员退出小组而出现的空额可以由小组工作者另找他人替补。同样，如果小组工作者发觉个别人在这次小组聚会中所表现出的参与小组的动机或其他个人因素会使小组或其他组员受到伤害，他应该放弃这些组员。

(四)协约

小组的协约在小组工作中相当重要，协约的目的主要在于界定组员在小组中的权利和责任，以及组员在小组中如何跟进，小组工作者最终引导小组及组员达到他们的目标。

协约的具体运作有两个层面：一个层面是组员都要遵守的规则，这是讨论协约必须的和主要的一个方面；另一个层面是小组的分工。当然，小组协约也有其他的功能：通过协商的过程，使组员与组员以及组员与工作者之间的沟通增加。另外，协商本身也是一个组员平等参与的过程，它可以改变小组工作者与小组组员的不平等关系，增加组员的自信心。组员与小组工作者通过协商还可以使大家知道自己以后在组内的具体行动，可以使组员更加清楚地指导小组真正的运作方式及小组对他们的要求，从而起到减少组员紧张情绪的作用。

五、实务操作

(一)问题的发现

自从发现老人院内老人们消极的情绪后，四名社工经过商讨决定以访谈的形式来了解老人们的情况。拟定的访谈提纲如下。

(1)您来老人院以后有哪些不愉快？

(2)老人院哪些地方让您觉得满意？哪些方面不满意？

(3)您在老人院内有谈得来的朋友吗？

(4)您对哪些活动比较感兴趣，您自己的兴趣爱好有哪些？

(5)对于需要关心和帮助的老人，您觉得您有能力帮助他们吗？您一般会怎么做？

(6)您觉得您现在有哪些困难？需要工作人员或其他老人来帮助吗？

(7)您愿意和大家一起坐下来谈谈心、找乐子吗？

老人院的社工们分别与每位老人就拟定的访谈提纲来聊天，询问他们最近的状况。在与刚刚入住不久的老人进行交谈时，老人们的情绪很激动。

“我辛苦了一辈子，为我那儿子当牛做马，到老了还把我送这儿来了，早知道这样我还不如给自己攒点钱留条后路，唉……”(访谈对象：69 岁女性老年人)

“我知道儿女们不容易，压力大没时间照顾我，到老人院来也是我要求的。可是来了之后，真不适应，感觉就像在这儿等死一样。”(访谈对象：71 岁男性老年人)

“很想和老哥们老姐妹们热闹一会儿，可是心情不好又不愿意主动，也就和室友交往得多。”(访谈对象：74 岁女性老年人)

……

社工们通过访谈，总结起来目前老人们尤其是新入住的老人们普遍存在三方面的问题：一是精神和心理状况欠佳，如精神空虚、情绪低落、有孤独感和衰老感。二是身体不适，如机能失调、睡眠不好、食欲不振。三是角色转换导致的不适应。如有子女的老人感到养儿防老愿望的落空，当过干部的老人感叹“世态炎凉”。他们曾经是家庭与单位的主体，而今却要依赖别人的帮助。他们曾经整天忙忙碌碌，而今却过着“仨饱俩倒”(午觉和晚觉)的休闲生活。他们以前过的是个体生活，而今过的是集体生活。这些都给他们带来失落和不适应。

(二)服务对象的界定

此次老年小组活动的对象初步确定为本老人院内新入住的老人和其他有活动意愿的老人。具体条件如下。

(1)意识清楚，能够清楚地表达自己的老年人。

(2)愿意参加活动，展现自己的老年人。

(3)愿意帮助其他老年人、发挥余热的老年人。

(三)明确小组性质

鉴于老人院内老年人面临的问题，社工们把小组取名为“老当益壮”活动小组，小组类型为支援小组，采用的小组工作模式为互动、成长模式。此次小组性质的确定以“符号互动”理论为基础，该理论认为人们是在具体的社会环境中、在与他人交往的过程中获得自我概念的。人们一旦获知他人对自己的评价，便会不由自主地按照他人的看法对自己做出反应，从而形成自我概念。通过精心安排，社工希望小组活动给老人提供展现自身优势的机会，让他们打消对自身的消极看法。

(四)确定小组目标

(1)帮助老年人重新树立自我，改善精神面貌。

(2)帮助老年人适应老人院生活，建立良好的人际关系。

(3)帮助老人院营造老年人的归属感。

六、总结点评

在老人院等机构内以小组工作方法来帮助老年人是非常必要的，因为在养老机构开展老年小组工作能够满足老年人对群体与归属感的需求。“老有所归”“老有所爱”是老年人普遍的需要，尤其是在中国文化价值观的影响下，老人们对于晚年脱离家庭而不是享受天伦之乐会很难接受。由于现代生活给青年人的压力以及生育政策的影响，老年人选择到老年服务机构养老成为越来越普遍的现象。尽管如此，对于老年人来讲，选择离开家庭而进入老年服务机构仍会使他们缺少归属感和被关心感。通过小组工作方法，引导老年人在新的生活环境中建立良好的群体关系，有利于减轻老年人的归属感丧失情绪，帮助老年人尽快适应生活环境。

除上述重要意义之外，在养老机构开展小组活动还有助于解决老年人的心理问题。从现实角度看，进入老年期后，老年人要遭遇诸多变化，体会到失去的痛苦，如空巢、老伴儿的逝去、身体老化所带来的各种疾病和能力减退的折磨，所有这些都会给老年人带来一些老年期常见的心理疾病与消极情绪，如孤独、抑郁、无用感。通过社会工作者组织的小组活动，老年案主能够获得小组经验，解决个人、人际间、人与环境之间的问题，进而促进个人成长，提升他们的生活满意度。

七、拓展提高

(1)理解和掌握老年小组工作的目标和功能。

(2)以小组的形式走进社区，对社区内居家养老的老年人进行一次需求调查。调查的方式和内容由学生自己设定。通过调查分析，发现你所调查的老年人的需求和问题，确定成立何种小组。为下一步的参与式学习活动做准备。

〉〉〉任务体验式教学参考

个人任务工单 1

组号：________ 姓名：________ 学号：________

引导问题：结合本单元所学内容尝试进行知识再现。

小组筹备期工作要点	寻找老年案主的真实需求 确定目标 老年小组工作规划程序 小组非正式聚会

有效处理老年人参加团体活动的心理障碍的技巧	直接面谈	
	深入宣传	
	间接了解	

小组任务工单2

组号：________ 姓名：________ 学号：________

引导问题：根据本单元的相关内容讨论下列问题。

1. 养老机构老人入住适应小组成员适宜同质性还是异质性？

2. 你会确定哪些老人作为小组成员。

任务二 组建小组

〉〉〉教学目标

通过本任务教学，学生能掌握老年小组活动方案设计的一般原则，明确招募和选择小组成员的基本要求，掌握申报并协调资源的程序与协调资源的方法。

〉〉〉案例情境

“老福”老人院的社工们对掌握的老人的情况进行了分析和总结，根据老人们的问题和需要确定了小组性质和目标，成功组建老年人适应小组。

工作任务：

1. 制订小组组建计划。
2. 招募和选择小组成员。
3. 制订小组方案。

〉〉〉教学内容

一、术语理解

直接式小组工作方法特指在老年小组工作中，强调小组社工通过充实的小组活动的程序安排(如热身游戏等)，预先调节小组气氛，当小组成员彼此较为熟悉后，再进一步探索他们对小组程序及日后活动的兴趣。因此，在老年小组活动初期，较好地运用这一方法可以调动老年小组成员的兴趣和积极性。这是老年小组工作中较为常用、较为适合老年群体的方法。

二、工作要点提示

(一)老年小组活动方案设计的一般原则

由于不同的工作者有不同的领导理念、个性、习惯、经验、技巧与专业能力，所以设计方案时必须全面考虑。在面对老年服务群体时，我们通过参考借鉴，提出小组方案设计原则而确定老年小组活动方案设计的一般原则为以下几点。

(1)社工要了解自己的特点、能力、个人偏好及工作风格。

(2)社工要了解自己与所要带领的老年群体的特点、能力限制以及参与活动的目的。

(3)评估自己与所要带领的老年人之间的适应与配合。社工必须选择、设计自己熟悉或有把握带领的活动，如果设计的是新活动，社工要提前实际演练一遍。

(4)方案设计要实际、具体、可行，要掌握老年小组的目标与性质。

(5)方案内各项活动的设计要有一致性，前后连贯，基本上简单易做，使老人们一听一看就懂，游戏要有趣味性，尽量不选用抽象或较难的活动。

(6)方案设计要考虑老年成员的特性，如性别、老龄类型(低龄、中龄、高龄)、能力、职业背景等因素。

(二)确定老年小组规模

社工在面对老年小组成员时，说话速度要慢且要清晰，在进行各种活动时要注意用缓慢的节奏，这样就要求小组在规模上人数不能过多，但也要保持一定的数量以保证互动。因此，老年小组成员人数一般不能少于7个人，不能多于20个人，具体可根据小组活动的性质而定。

(三)明确小组聚会的场所要求

1. 聚会场所布置

场地的安排要让小组成员有认同的感受，房间里可以布置一些图画或小组的象征物，表明对老年人的接纳。房间的大小要适宜。房间太大，容易产生界限以及分散成员的注意力；太小也不行，会产生拥挤感、压力。座位安排一般以圆圈的形式出现，也可灵活变动，但注意椅子需要是灵活的、易于搬动的。房间温度应该保持在一个令人舒适的程度，如果太冷或太热，会对小组的互动产生负面影响。

2. 人事安排

负责接待的工作者要有知识、有礼貌。聚会场所附近应设立清楚的指引标，以免成员因找不着地方而着急。对于老年人，特别是行动有障碍或不太方便的老年人，工作者要搀扶其到达场所。

总之，小组活动负责人应该注意，如果长时间进行老年小组聚会，一定要让老年人坐得舒适，否则身体上的不适，在一定程度上会影响老年人的投入。

(四)明确小组组建时间和活动地点以及活动经费

(1)提前向参与小组的老人们通知活动的具体时间安排，使他们能够清楚地知道应该在什么时间开始、结束，方便老年人们提前进行个人时间安排。

(2)小组的活动地点安排主要应注意两点：首先是选择小组场地。场地和空间的安排要能够促进组员对小组的认同感，使其感觉舒适。其次是活动采取的座位安排，要有利于提高互动的频率。

(3) 算出小组活动中程序、器材、交通等活动经费的总和，尽快落实资金支持。

(五)确定小组社工

根据组员的真实需要，明确小组目标，选择好小组类型，并确定相应的社会工作人员。

(六)小组初期的活动技巧

在小组初期，小组活动的主要任务是促使组员们相互熟识，初步组织互动，消除紧张情绪，从而打破僵局。要打破僵局，就要创造轻松和谐的小组气氛，让组员们相识。

常见的小组初期活动有：自我介绍、相互介绍、寻找朋友、集体唱歌、出游以及做游戏等。创建小组与初步维持的活动，要在小组中形成集体感和凝聚力，初步建立组员间的沟通及互动网络。

(七)小组组建计划书内容框架(见表 3-3)

表 3-3 内容框架

主要环节	基本内容
1. 理念的阐述	机构的背景；组成小组的成因；小组的理论/概念框架
2. 目标	总体目标
3. 组员	特征、年龄、能力；需要解决的问题
4. 小组的特征	性质；时间(长期/短期)；规模、人员组合；聚会频率；聚会时间
5. 明确的目的	各具体目标

续表

主要环节	基本内容
6. 小组活动计划	小组聚会计划；程序、活动主题与内容；日期、时间地点；每次小组聚会的目的；社工的分工及责任；所需物料等
7. 招募计划	宣传、招募方法；工作计划
8. 所需物料	器材、场地和设备；志愿者；道具等
9. 风险及应变计划	小组成员的问题；小组社工或机构的问题；其他问题；应对计划和措施
10. 预算	小组活动道具成本、外出活动的交通费用等
11. 评估方法	评估范围；评估方法；评估参与者

(八)招募和选择小组组员

小组工作非常强调成员之间的互动、相互影响和支持，如果老人们的性格特征、背景迥然不同，会给小组工作的开展带来极大障碍，甚至导致小组失败。因此在小组开展之前，认真地挑选组员是小组工作的重要内容。招募和选择老年小组成员要根据小组的类型来确定，主要考虑如下因素：性别、文化程度、职业背景、兴趣特点、共同问题、精神与健康状况、成员间的关系、小组规模的大小等。

除此之外，在成员的选择上，必须基于老年人可能因为参与小组活动而受益的原则。对于个别不愿意参加活动的老年人或心智严重受损的老年人，则应尊重他们的选择，不必勉强他们参加小组活动。

(九)申报、协调资源以及物质准备

1. 申报并协调资源

制订好小组计划后，小组工作者要向服务机构提出举办小组的申请，争取资源支持。有些小组方案也可以向社区或者赞助机构争取资源支持，但在寻求支持的过程中，需要了解赞助机构可能会给小组带来哪些影响和限制。

2. 物质准备

小组准备期的物质准备工作主要包括：选择小组场地(一般活动场所应相对封闭，不受外界干扰，环境幽雅舒服，不可太大或太小，有足够的互动空间)；聚会采取的座位安排；相关设施的准备以及发出活动通知；落实资金支持；对小组过程中可能出现的意外情况要有所估计，并做出充分的应急准备。

三、方法技巧

(一)小组工作者与老年人建立关系的技巧

这一工作环节很重要，决定了老年人对社工的印象以及对将要开展的小组活动参加与否的意愿。这一环节的技巧如下。

(1)热情地招呼老人并鼓励他们与社工进行交谈。

(2)有效地展示社工对老人们的情况非常感兴趣的倾听技巧。

(3)和老人们一起讨论机构的服务以及他们的期望。

(4)让老人们了解小组活动这种助人活动的方式和意义。

(二)适合于老年人的小组活动

1. 配对或三人组讨论

即将成员两两配对或以三人为一组进行问题讨论。它的最大优点是成员可以自由地交谈，经过这种过程的多次反复训练，成员回到小团体或大团体之后，会比较自信地在大众面前发表意见或分享感受。

2. 书写活动

社工要求成员用书写的方式来表达他们的观念和想法。如使用“语句完成活动”，借由成员所填写的语句来投射出成员对某些主题或论点的信念与想法，这个活动往往可以帮助成员将注意力及讨论重点聚焦，也能引发成员的兴趣与活力，是书写活动中最有用的形式之一。其他的书写活动还有列项活动、写日记等。

3. 肢体活动

是以肢体活动的方式来表达某些主题或思想，通过肢体活动让成员互相体会信任别人或被别人拒绝的感受反应。

4. 自我画像活动

小组工作者要求成员画出一幅能代表自己个性、爱好或人格特点的“自我画像”，并且可以用任何线条、图案、颜色或象征来表达。凭借这张简单的美术作品，能够投射出成员的某些人格特质或想法。

5. 一般阅读活动

由小组工作者提供某一主题的阅读资料，再引导成员进行深入的讨论。只要阅读资料合适，一般都能引发热烈的讨论。

6. 回馈活动

该活动主要是协助小组工作者及成员分享彼此的感受和想法。例如，让成员彼此分享他们对对方的第一印象，给予对方正向回馈的“优点轰炸”活动等。这对小组凝聚力具有很大的提升作用。

7. 道德两难情境活动

该活动主要是帮助成员去体验和认识每个人拥有的不同思想观念、价值观念。训练成员如何表达自己的意见，学习如何尊重别人的想法，在两难的故事情境中，如何做最有利于团体又符合社会正义的抉择。

8. 幻想活动

该活动是借助成员的想象力把自己的一些思想、感觉予以形象化，再引导成员作进一步经验幻想的讨论。例如，如果想象我是一种动物，我会希望是哪一种动物？为什么？一般而言，幻想可以帮助成员更清楚地了解自己的感觉、愿望、怀疑与害怕。

9. 绕圈发言

这类活动可以帮助工作者在很短的时间内，针对一个主题广泛地收集成员的意见和看法。由于绕圈活动是一个接一个地表达意见，所以无形中会刺激成员在思想上做比较深入的探索。

10. 小组决策

该类活动的设计主要是引导成员如何群策群力、共同解决小组的问题，其探讨的主题，主要以与小组合作、小组思考、小组讨论、小组竞赛等方面有关的训练活动为主。

除了上述类型外，还有一些活动，如接触活动、经验交流活动、信任活动以及创造性道具使用活动等，都可以供我们在开展老年小组工作时酌情采纳。

四、注意事项

(一)社工要能够有效地处理老年人参加小组活动的心理障碍

这要求社工在开展小组活动之前能够与老人进行单独接触，在了解老人的身体及健康状况的前提下，向老人介绍开展小组活动的内容和意义，吸引老人参与。

(二)选择小组成员时需要注意的事项

在选择老年小组成员时，需要社工注意：老人有无特殊的身体疾病；老人的生活经历及家庭状况；老人的运动机能；老人的精神状况；老人所禁忌的事项；老人与他人的交往能力和关系等。另外，在选择成员时还要注意老人的受教育水平最好不要相差太大，成员的身体活动能力最好差不多，以及老人对小组的期望和兴趣也最好较为均衡等。

(三)方案设计的步骤[①]

一般而言，方案设计的步骤涉及个人观念及习惯，因此并没有一定的程序，只有小组形成前的准备是方案设计的必要一环，尤其是成员背景及相关资料的汇集，尤其重要。一般的方案设计包括下列步骤。

1. 确定对象

哪些人是此次团体活动的主要对象？

2. 活动目标

针对活动对象，了解与评估他们的需要，而后决定所要设计的团体活动要达到什么目标。

3. 进行方式及活动的设计

对团体活动的进行方式及具体内容进行设计。

4. 活动条件

包括确定团体所需场地、设备及材料等。

5. 方案试行

将设计好的活动在同事之间或先行组成的试验性小团体试用一次，与同事、督导讨论试用的结果，再加以修正。

6. 准备每一次活动进行的大纲以及材料

活动大纲也是活动计划，一般包括活动的次数、内容、主题，活动时间、地点、所需物料等。

7. 其他准备

工作者的带领、成员的反应、活动效果均会自然而然地影响团体的发展。所以对不同的团体实施同样的设计时，可能会有不同的内容及结果出现。工作者需要准备一些备用的活动，视团体发展的状况来灵活调整原先的设计。

---

① 邓恩远、卞国凤：《社会工作方法与实务》，北京，北京大学出版社，2009。

8. 评估

活动结束时，工作者可以用问卷或其他方法来得到成员对活动的回馈，以评估活动是否达到了目的。

9. 总结收尾

活动的回馈、自己的检讨，以及所有记录的资料均加以保存，以供下次改进时参考。

五、实务操作

(一)明确本次小组的目标

“老福”老人院社工们设计的帮助新入住老人适应的小组，就是要让刚刚进入老人院生活的老人们在小组活动中重新认识自我和他人，了解自身境遇的共同性和普遍性，体验和分享人到老年后的感受，在老人院中结交朋友，友好互助，从而缓解老年人在老人院中生活的不适与问题，增强自信心，改善精神面貌。

(二)明确本次小组设计的理论基础

1. 符号互动理论

符号互动论认为，人们是在具体的社会环境中，在与他人交往的过程中获得自我概念的。人们一旦获知他人对自己的评价，便会不由自主地按照他人的看法对自己做出反应，从而形成自我概念。此次活动将通过社工的精心安排让老年人充分展现了自己的能力，让老年人获得了他人的肯定评价。这种肯定性评价会增强老年人的信心，改变老年人对自己的负面评价，让其感到自己有能力适应新环境，让自己生活得更好。

2. 社会学习理论

社会学习理论认为人类的行为是在对他人行为观察和评价过程中学习到的，而这个习得过程是一个积极的、能动的、对环境的刺激进行有选择的反应并且把所选择的刺激进行组织并转化的过程。在小组工作中，工作者要抓住每一个机会，对组员的积极行为和态度给予正面的称赞和评价。同时，工作者也要让组员学会观察和学习他人处理问题的成功经验。

(三)确定本次老年小组工作模式，互动模式与成长模式相结合

互动模式主要强调在小组的协助过程中，有类似问题的组员聚在一起，相互协助发展有利于问题解决。互动模式认为，个人和社会存在一种有机的、系统的和复合性的关系，而小组和每一个个体组员间也存在一种互相影响的关系。小组中组员的互动结果使工作人员在小组中的工作有以下内容。

(1)在小组活动中，工作人员寻求并发现满足需要及社会期待的共同基础。

(2)组员在小组中了解自己及他人的需要并发现将要面临的困难。

(3)小组过程提供给组员解决问题所需要的信息、想法、事实、价值观、理念及概念等。

(4)小组提供组员看待、分析、解决问题的新角度、新方法。

(5)工作人员与组员共同探讨解决问题的途径，并了解解决问题所需要的资源、环境、背景及限制因素。

成长模式则主要强调有类似问题的小组成员通过小组活动发展自我了解，在新的

人生阶段中适应与这个阶段相符的生活状态、心理状态，从这一人生阶段之前的状态中成长起来。

(四)招募和选择老年案主

机构在最近两个月内新入住的老年人有17名，其中有4名残疾老年人(他们坐在轮椅上)，同时根据访谈调查的情况来看他们或多或少都存在一定的心理问题，适合于个案工作方式。最后社工们确定把13名健康老年人都招为小组成员。

(五)老年小组活动设计(见表3-4)

表3-4　老年小组活动

序号	时间	活动名称	活动目标	活动步骤	活动地点
1	6月10日	精彩老(指老年的)朋友	小组形成和组员相互认识，建立小组规范	开场白， 破冰活动， 集体智慧， 总结及回应	老年活动之家
2	6月17日	姜是老的辣	接纳小组规范并提高自己的自律性，增强组员的自我了解和信心	特长展示， 自我称赞， 总结及回应	老年活动之家
3	6月24日	和年轻人比一比	挖掘年龄优势	生活知识竞赛，总结思考新老更替的意义	老年活动之家
4	7月1日	我们的红色年代	回忆年轻时的激情与志向，强化和巩固组员已经获得的对人生老龄进程的接纳和认可	怀旧图片展， 经典革命影片展映， 老歌重唱	老人院多媒体活动厅
5	7月8日	心有灵犀	增强老年人间的合作，巩固情感和友谊	我来比划、你来猜	老年活动之家
6	7月16日	俏夕阳时装秀	证明自我，树立独立自信	时装秀，老年人创作作品展示	老人院多媒体活动厅

(六)所需资源

人力：四名社工，其中主持人一名，协助员两名，记录员一名；学生志愿者若干。

物资：1. 游戏材料(100元/组)

2. 纸张及打印费(10元/人)

3. 卡片/礼物(15元/人)

4. 总计：300元

(七)工作日程(见表 3-5)

表 3-5 工作日程

日期	任务
6 月 8 日	1. 社工会面，进行分工与各个环节注意事项的讨论 2. 到准备参与活动的老年人中进行活动时间、地点、内容的告知，鼓励老年人参加 3. 查看场地设施与活动道具准备
6 月 9 日	与老人院相关管理与服务人员进行意见交流，动员工作人员配合
6 月 10 日至 7 月 23 日	小组实施
7 月 25 日至 29 日	反思、撰写小组评估报告，总结经验及不足
8 月 2 日至 17 日	跟进工作

(八)应变计划(见表 3-6)

表 3-6 应变计划

预计困难	应对策略
对于是否参与活动有犹豫的老年人	亲自开导、说服、邀请
中途发现有老年人不适合	考虑进行个案辅导或转案

(九)评估办法

(1)在开组前对老年人进行老人院生活适应状态评估，最后一次小组活动让组员对自己组前组后的状态做综合评价，比较其是否有所改变 。

(2)每次活动的最后让组员分享体会和感受。

(3)根据工作者在小组进行过程中的观察及分析进行评估。

(4)对出席率及参与、投入程度等作评估。

(5)通过与组员的交谈来了解他们对小组的感受和意见。

六、总结点评

尽管小组方法在老年社会工作实务领域有很大的优势，但有些情况仍是不适合采用小组工作方法的，尤其是当老年人身体状况会影响到其实际行动时，如老年人患有生理或精神方面的疾病且病情处于急性发作期。在开展老年小组工作的时候，空间、时间和一些辅助器具的安排都要考虑到老年人的自身情况。此外，开展老年小组工作时，小组社工可能自始至终都要扮演一个比较积极的角色，因为一般情况下老年人并没有成年人或青少年那么积极主动，老年人更需要社工花更多的时间和精力来沟通，需要社工更多的鼓励和支持才能完成小组聚会和小组活动。

〉〉〉任务体验式教学参考

个人任务工单1

组号：________　　姓名：________　　学号：________

引导问题：结合本单元所学内容尝试进行知识再现。

小组组建期工作要点	确定老年小组规模 明确小组聚会的场所要求 小组组建计划书内容框架 招募和选择小组组员
方法技巧	小组工作者与老年人建立关系的技巧 适合于老年人的小组活动

小组任务工单 2

组号：________　　姓名：________　　学号：________

引导问题：根据本单元的相关内容讨论下列问题。

1. 如何把握老年小组初期的特征和工作。

2. 结合实际分析老年小组初期工作者主要担当哪几种角色？

3. 老年小组各阶段活动设计的重点是什么？

任务三　开启小组活动（小组初期和中前期）

〉〉〉教学目标

通过本任务教学，学生能掌握执行小组初期和中前期活动的技巧；明确老年小组工作中领导者应具备的品格和素质，提升小组领导、鼓励、组织、统筹、催化、活化小组的能力；掌握带领老年小组成员进入沟通与交流情境之中的方法与技巧；运用沟通和互动技巧增进老人们相互间的熟悉程度和认同感；掌握小组决策的程序、原则、方法与技巧。

〉〉〉案例情境

经过前期的准备活动，老福老人院的社工们组织的"老当益壮"互动小组开组了。在开组之初，社工们面临的问题是如何尽快把老人们带动起来，打消老人们对小组意义和自身参与意义的疑虑，引导老人们在新的环境中建立良好的人际关系，把注意力转向老人院和老人院生活。

工作任务：

1. 根据案例的要求确定活动内容，制订老年小组活动计划。
2. 促进成员的沟通与参与，建立成员之间的信任关系和支持系统。
3. 促进小组规范的内化，提高小组的凝聚力。
4. 推动小组阶段目标的达成。

〉〉〉教学内容

一、术语理解

在小组开组阶段，社工需要运用一些技巧使老人们放下戒备，这些技巧也是整个老年小组工作过程中要求社工灵活掌握的。

(一)同理

同理也叫“共情”，指社工在与老人交流的过程中，能够站在老人的处境和立场上，感受老人的感受，并把所感受到的反馈给老人，让老人明白，此时此刻他被听到、被听懂、被理解。对于社工来说，同理的回馈是诚恳地与自然地表达出来的。

(二)真诚

真诚包括诚实与开放的心胸。在工作中，社工要将不满表达出来，也要把温暖说出来，同时工作者还要适度地表露自己，给人真实感。真诚可以增强成员之间、工作者与老年人之间的相互信赖，消除彼此之间的猜疑。

(三)温暖

温暖通常包括积极重视与尊重。积极重视表现为在小组过程中，社工对小组成员有兴趣并且积极关心他们、接纳他们。尊重是社工尊重成员的努力，即使努力失败了，社工也要一方面表示遗憾，另一方面承认成员曾经努力去克服困难的事实。

(四)示范

在小组初次聚会期间，成员无疑希望能够消除紧张，所以社工要协助成员感受到被接纳、欢迎和包容，以及协助成员把焦点放在个人与小组的需要上。因此，社工就要示范尝试一些行为让成员去模仿，如表达满足感等。

(五)专权式小组领导方式

指小组领导者将推动小组的主要责任放在自己身上，整个小组的活动一般都围绕小组领导者产生，如小组的决策、任务的分工、激励和评估等，小组成员基本没有参与权和发言权，领导者直接控制和引导小组活动。

专权式的小组领导方式要求领导者具有非常高的领导知识、领导能力和领导技巧。这种风格的领导在小组初期能够降低小组的焦虑，但不适宜在小组辅导过程中一直使用。

(六)民主参与式小组领导方式

民主参与式领导方式指小组领导者尽量不做直接决定，而是鼓励组员参与小组决策和尽可能地去合作，从而完成小组的任务。这种风格的领导将自己视为小组发展和组员成长过程中的促进者，他(她)会更多地使用澄清、综合、反映和过程分析等技巧，帮助小组向着共同制定的目标前进。由于这种风格与社会工作的基本工作价值接近，因此，也是小组工作最广泛采用的领导方式。

民主参与式领导方式要求领导者具有较高的参与意识和民主意识，小组成员有较高的文化素质，有较强的民主参与意识和参与的能力，小组内有民主参与的空间。民主参与式的领导方式适合于成长小组、发展小组和老年人活动小组等。

(七)破冰活动

破冰活动是小组社会工作开组时经常用到的一个术语。破冰活动是指在小组社会工作开组时，为了让首次聚到一起的、因为陌生感而拘束的小组成员相互认识而专门采用的一些活动。这些活动的目的就是打破僵局，让小组成员间、成员与社工间熟悉起来。可以说破冰是否成功是整个辅导能否达到预期效果的关键。

二、工作要点提示

(一)明确主题

参与本次小组活动的社工、老人们分别进行自我介绍，相互认识。公布此次小组活动的一些规则(老年互动小组一般为开放式的，不强迫老年人参加，而通过其他方式吸引老年人)，增强老年人的自我了解和信心。

1. 热身运动

鼓励老人们互相交谈，安排一些轻松的活动。

2. 预览阶段

引发老年人对活动的兴趣，并让他们了解该节内容和对他们的帮助。安排与主题相关的测验活动。

3. 工作阶段

社工通过预设的话题引导老人进行讨论，其间让老人从其他老人处学习到知识、技巧、处事方式、应对心态等，还可以安排专门的学习活动，如书画、手工等。

4. 消化阶段

给老人创造机会，让老人说说参加小组活动后的收获，如给老人设定特定的事件情境，让老人来处理，或者安排书写活动、手工作品展示等。

5. 总结阶段

总结该节的重点内容，指派一些"课后任务"，收集组员对该节活动的意见。

(二)选择活动方式

圆桌式小组讨论、智力游戏活动等。

(三)设定小组结构

(根据小组情况而定)

社工要求：工作者两名，其中一名主持，一名观察记录。

小组成员要求：老年人们自愿参加，按社工制定的活动规则进行讨论或游戏。

(四)确定小组领导方式

专权式与民主参与式结合。

根据小组开组初期老人之间的拘束感和疑虑，社工可采用专权式小组领导方式带动老人们逐步放松并投入小组活动。当老人们在小组中的状态放松后，可转为民主参与式小组领导方式来引导老人们的积极性。

(五)确定小组沟通的内容

一般情况下，按照沟通内容来划分，小组沟通分为情感层面沟通、认知层面沟通和行为层面沟通。在小组活动初期，沟通一般涉及的是情感层面上的。通过初期的情感层面互动，让老人们对彼此形成初印象，建立好感，进而在老人之间、社工与老人之间形成信任，为后继工作做好准备。

三、方法技巧

（一）打破僵局——破冰活动设计技巧

预期老年成员被通知聚会时间、地点并且进行第一次聚会，就意味着老年小组工作进入了开始阶段，这个阶段的老年成员所具有的明显特征是：既期望拥有自主权又渴望参与或认同互补的他人，因而会面临挣扎和两难，这种状态会持续一段时间。这时，需要社工以专权式领导方式，打破初次活动的僵局，激发老年案主的兴趣。

一般而言，一个良好的破冰活动应该具备如下一些要素：符合小组的需要及兴趣；重视过程多于结果；鼓励参与及分享；成员感到被接受及公平对待；通常会展现一个主题或要点；令人觉得有趣及富有挑战性；没有对错之分。为了达成上述因素，带领老年成员的社工就需要遵循一些破冰活动的要点。

(1)绝不能强迫老人们参与任何一项活动，虽然社工鼓励成员参与，但应让每个成员知道他们有权力拒绝参与令自己感到不安的活动。

(2)除非事先同意，所有活动中的成员个人资料应该保密。

(3)小组领袖或社工是成员的重要榜样，他们的积极参与，可以减少成员最初的拘谨或者恐惧，并愿意冒险。

(4)社工在进行活动前，应考虑设计的活动是否恰当，过分重复使用太多破冰活动会让老人们感到刻意或造作。破冰活动只是工具，而不是最终目的。

(5)在破冰活动过程中，社工也需要对成员及小组的发展保持敏锐的触觉，需要经常留意小组动力，如向心力、沟通、相互依靠等问题。

(6)社工应该把破冰活动与小组下一环节联系起来，因为破冰活动与主题可以无关，所以需要一个顺畅的转接。

（二）开组阶段引领小组的技巧

在小组的初次聚会期，小组是以工作者为中心的，成员们的大部分时间都花在与社工的沟通上，期待社工为他们解除问题，因此，对社工的要求很高。这时，社工的态度、行为对小组以后的发展很重要。此时引领小组的技巧主要有以下几点。

(1)社工积极主动。详细准备此次活动的内容、程序，把握时间安排，在具体操作过程中，如有组员不明白，社工要多次重复、澄清，最好能亲自示范，这样可以拉近社工与老人间的关系，建立初步信任。

(2)社工要积极把握机会赞赏老人的能力。真诚的赞赏能给老人带来极大的动力，增强他们的信心。

(3)在活动游戏的选择上，切忌过于抽象与复杂。由于老人的身体、心理状况，过于考验体力或眼力速度的活动对他们来说并不适用，这种活动可能会导致危险或降低老年人的自信心。

(4)在活动过程中，社工要留意老人的感受。有些老人害怕被别人否定或不愿个别突出，有时即使不想参与活动也不表达出来，所以社工在活动过程中要注意成员的面部表情、肢体语言、反应态度等，及时沟通、调整。

(5)社工要有耐心，不能操之过急。老人的生理机能下降，故工作者在说话的时候要语调缓和，吐字清楚，有时较复杂的问题要重复说清楚，而且声音要大，同时有些老人不善表达，工作者要注意引导，不能操之过急。

总之，在小组初期阶段，社工应是主动的、慈善的、热心的，要在此阶段建立良好的关系，为以后的小组工作开展打下良好基础。

(三)与老年小组成员的沟通技巧

老年案主的生理特征是从事老年社会工作中时时需要考虑的问题。在老年小组工作过程中，社工要与老人们进行多次的交流与互动，与老人沟通显得格外重要。老人的各种生理机能下降，且部分老人心理性格执拗、敏感，故与老人沟通的技巧非常重要。

1. 语意简述

指社工能够正确而且非评判性地简述老人所表达的信息内容和感受。

2. 知觉核查

指社工用知觉描述的方法来查核自己是否正确地感知到了老人的知觉感受。

3. 信息含义的磋商

在沟通过程中，若社工无法了解说话者的信息内容含义，就有必要耐心地和老人进行协商交流，直到信息能够被正确了解和能够取得共识。

4. 积极倾听

投入地倾听是社工对老人表达的一种尊重的态度和有兴趣倾听的意愿。因此，社工在倾听时要做到：停止说话，聆听重点，引发问题，注意聆听一些没有预料到的信息，在未完全听懂对方想表达的真正意见之前不要急着与对方争辩，避免分心。但是社工也要通过自己的语言如支持的应声“嗯”“继续”和非语言信息如自然注视、点头等，让发言者了解社会工作者正在倾听并关注着他的发言。

5. 适当帮助梳理

社工要用简洁的插话、肢体语言或其他方式帮助老人梳理其发言，使其讲述的内容和感受听起来更具条理性和逻辑性。

四、注意事项

(一)在小组工作中注意工作原则的使用

1. 无条件接纳原则

指成员与成员之间、社工与成员之间的相互接纳，这种接纳是无条件的，包括接纳他人的优点和不足。成员与成员之间、工作者与成员之间只有相互接纳，且不以种族、性别、宗教、文化和社会地位的异同而存有歧视和偏见，才能建立互助的支持网络，实现融合，并利用彼此的资源解决问题、达到目标，走向共同的发展与成长。

2. 个别化原则

一是组内成员间的独特性，二是小组间的独特性。成员间的独特性要求小组工作者在小组工作过程中要及时地了解和清楚地认识每个小组成员不同于他人的独特的差异，其中包括不同的问题、不同的需求、不同的性格特征和兴趣、不同的文化和家庭脉络以及不同的个人价值取向等，以便在普通性的小组介入过程中，同步实施针对小组成员独特性的特殊的介入，如个案辅导的同步运用。小组间的独特性要求小组工作者明确每个小组有每个小组不同的特质、目标、任务和目标对象等，所以要具体问题具体分析，处境化地对待每一个小组，不可不经分析地随意套用以前的小组经验。

3. 保密原则

工作者要对成员的个人资料进行严格的保密，包括录音、录像、书面及电子文本等，如果要公开使用，需征得当事人的同意。保密原则同时要求成员对组内发生的一些情况，特别是涉及一些成员个人内心分享的故事等，如果当事人要求对组外保密，则成员要承诺做到对组外保密，这是对他人人格和尊严以及发生在他人身上的事实的尊重。小组工作中要注意保密的相对性，注意生命权与隐私权之间的关系。

4. 知情原则

小组工作中的知情原则是指小组成员有权了解小组的目的、内容、程序、方法以及对小组成员的评估等具体内容，小组工作者有责任和义务提供相关的资料。同样，小组工作者有权了解小组成员的相关情况，小组成员也有义务配合并提供相关的资料。

(二)设计活动以及实施活动中需要注意的问题

(1)摒弃批判的态度。

(2)相信老人能够改变。

(3)小组活动正式开始之前，社工应该充分了解参加小组的老人的需要、期望及兴趣，在充分沟通的前提下事先与老年人们建立初步的良好关系。

(4)每次小组聚会，社工要预先准备好活动内容和所需物资，并用示范的方式简单地教老人们如何参与。

(5)每次聚会最后，社工要多用启发的方式协助老人把参与活动的感受表述出来，并把这些体会与小组宗旨联结起来，加速老人对小组的认同。

(6)社工要适当地处理好小组活动结束老人临别时的情绪问题，否则老人们会产生一种被遗弃的感觉。一个好的处理方式是，让老人们在较早的阶段就知道结束的一天终将来临，然后，把最后一次活动安排成有意义的结束聚会，如茶会、旅行等，让全体老年组员共享小组的善始善终。当然，社工也可鼓励老年组员参与小组以外的活动，使他们能够从其他资源中满足需要。社工还可以安排跟进聚会。

五、实务操作

(一)开启小组活动的筹备工作

1. 确定活动内容

根据本次小组活动的目标，社工为此次小组安排了六节活动。在开组阶段有两节活动，分别为“精彩老朋友”“姜是老的辣”，活动目标是小组形成和组员相互认识，建立小组规范，接纳小组规范并提高自己的自律性，增强组员的自我了解和信心。

2. 确定活动时间和地点

两次活动的时间分别为2020年6月10日和17日，中间间隔一周，以便老年人接纳、适应、消化第一次活动的内容。地点在老福老人院的老年活动之家，这里的环境是大家比较熟悉的，小组结束后老年人们也会经常来这里活动，非常适合开展老年小组聚会活动。每节活动2个小时左右，中间休息。

3. 制订每节小组活动的详细计划

第一节活动　精彩老朋友(2020 年 6 月 10 日)(见表 3-7)

表 3-7　精彩老朋友

时间	地点	目标	内容	所需物料
10 分钟	老年活动之家	1. 工作者和组员相互认识 2. 组员对小组初步认识	1. 工作者自我介绍 2. 工作者介绍小组的内容和目的	贴纸、笔(把写好称呼的贴纸佩戴在胸前)
10 分钟	老年活动之家	澄清组员疑问	回答组员的问题	
15 分钟	老年活动之家	活跃气氛 小组成员合作完成一项任务	破冰游戏：雨点变奏曲	录音机
15 分钟	老年活动之家		休息	
45 分钟	老年活动之家	组员相互认识	由社工带领，每位老人进行 5 分钟的自我介绍	白纸、笔
20 分钟	老年活动之家	建立小组规范(集体智慧)	工作者与组员互相协商，制定小组契约	白纸、笔
10 分钟	老年活动之家	总结，让组员间加深印象	要求老人们在活动结束后与今天认识的一到两位朋友交谈	

第二节活动　姜是老的辣(2020 年 6 月 17 日)(见表 3-8)

表 3-8　姜是老的辣

时间	地点	目标	内容	所需物料
10 分钟	老年活动之家	明确此次活动内容	由社工解释此次活动的内容	
60 分钟	老年活动之家	加深组员之间的了解和印象	老人才艺特长展示	提前按老人要求准备所需材料
45 分钟	老年活动之家	增加老年人的自信	优点轰炸：通过才艺展示，每位成员由其他 12 位成员进行优点评价	
15 分钟	老年活动之家	总结，鼓励认识新朋友	认识结交两个新朋友	

(二)社工对小组成员的基本情况的了解(见表 3-9)

表 3-9 “老福”老人院“老当益壮”小组成员情况表

<table>
<tr><td>姓名</td><td></td><td>性别</td><td></td><td>年龄</td><td></td><td>以往职业</td><td></td></tr>
<tr><td>案主健康状况
（有无慢性病）</td><td colspan="7"></td></tr>
<tr><td rowspan="4">家庭成员状况</td><td colspan="2">关系</td><td colspan="4">家庭住址</td><td>联系方式</td></tr>
<tr><td colspan="2"></td><td colspan="4"></td><td></td></tr>
<tr><td colspan="2"></td><td colspan="4"></td><td></td></tr>
<tr><td colspan="2"></td><td colspan="4"></td><td></td></tr>
<tr><td>参与小组活动意愿</td><td colspan="7"></td></tr>
<tr><td>是否需要特殊照顾</td><td colspan="7"></td></tr>
<tr><td colspan="8">备注：
社工填表日期：
社工签名：</td></tr>
</table>

(三)运用开启技巧，带领老年人进行小组活动

在小组进行之初或小组动力停滞时，可以运用口语、非口语行为及活动，带领小组进入相互沟通的交流情境之中，开启的目的在于引导成员的参与感，避免出现停滞、迟缓等情况，适时促进小组朝积极的方向发展。

(四)小组活动详细步骤

第一节活动 精彩老朋友

一、目标

1. 小组形成和组员相互认识。

2. 建立小组规范。

二、程序

(一)开场白(10 分钟)。

1. 工作者自我介绍。

2. 工作者介绍小组的内容和目的。

(二)澄清组员疑问，回答组员的问题(10 分钟)。

在社工说明此次小组活动的基本情况后，有几位老人提问如下。

张爷爷：我有骨质增生，行动不方便、我能参加今后的活动吗？

尚爷爷：我周末的时候去闺女家，到时候可以不参加活动吗？

蒋奶奶：有时候不想来了，行不行？

社工对老人们的问题耐心地给予解答。但是总体来看，老人们的情绪并不是很高，问问题的就几个人，其他老人都沉默不语。

（三）破冰游戏——雨点变奏曲。

1. 目的：活跃小组气氛，带领小组成员合作完成一项任务。

2. 操作步骤：

①向老人们讲解游戏的具体要求。

搓手—微风；用筷子敲桌子—小雨；鼓掌—大雨；用身体的任意部分敲击以发出最大的声音（可以边跺脚边鼓掌或拍桌子）—狂风暴雨。

②练习。

先让老人们练习，让他们利用身体的任意部分碰撞发出声音，会发现有各种各样的声音出来，场面一片混乱。然后让老人们用自己最擅长的方式发出声音（这时，发现组员的声音汇合，形成几个主流的声音）。引导学员形成上面所提的四种声音。

③小组主持人慢慢地引导老人们一起做动作。从微风—小雨—大雨—狂风暴雨，再回落，最后在狂风暴雨中结束。（协助者用录音设备录下这一过程）

（四）中间休息。

给老人们回放刚才游戏的录音。

（活动效果一般，但比起开场时，气氛活跃了些，有的老人在活动结束后还在反复练习操作）

（五）组员自我介绍。

1. 目的：

①让小组成员间相互认识，或进一步了解。

②鼓励小组成员表达自己。

2. 操作步骤：

①由每位组员介绍自己：兴趣爱好、以前从事的职业等。由老人自己决定对外公布哪些个人情况。说一说来到养老院后的心情。

②小组主持人和协助者在每位老人自我介绍完之后，用贴纸写上老人的称呼贴在老人胸前，以供小组成员记忆和识别。

（老人们完成得很好，尤其是在表达入院后的心情时，老人们找到了共鸣，也带动着原先沉默的老人发言）

（六）制定小组规范。

1. 目的：让老人们通过集体智慧共同完成任务，增强合作意识。

2. 操作步骤：

①由小组主持人讲解这一环节的活动内容。

②让老人跟自己周围的人讨论。

③由小组主持人带动老人们逐个发表个人意见，如果没有意见可说出同意小组中哪位老人的建议。

④主持人总结形成小组规范如下。

• 小组成员按时参加活动，有事提前请假。
• 在别人发表意见时给予尊重。
• 与别人意见不一致时公开表达，不能有个人攻击。
• 与别人发生争执时不能离开活动现场。
• 对小组活动有不适要及时和小组主持人说明。
• 积极配合主持人的活动。

(七)总结。

内容：

①工作者请大家回忆今天的内容，邀请每位组员用一句话表达参与小组的感受。

②工作者对组员们的良好表现表示赞赏，鼓励下次参与。

(八)公布下一次活动内容，让老年人们提前准备。

第二节活动　姜还是老的辣

一、目标

1. 接纳小组规范并提高自己的自律性。

2. 增强老人的自我了解和信心。

二、程序

(一)向老人们讲解活动的内容安排。

(二)老人才艺特长展示。

1. 目的：

①加深组员之间的了解和印象。

②激发老人对自己特长的认知。

2. 操作步骤：

①事前准备(在此次活动前老人的提前演练)。

②才艺特长展示。

每位老人有5～10分钟的表演时间，有剪纸、十字绣、绘画、写字特长的可同时进行演示或拿出已有作品。

(三)优点轰炸。

1. 目的：

①对他人进行优点发掘。

②增强老人的自信。

2. 操作步骤：

①选择一位老人，其他12位老人对其进行“优点轰炸”。

②被“轰炸”的老人自我评价优点。

(四)主持人总结。

①工作者请大家回忆今天的内容，邀请每位组员用一句话表达参与小组的感受。

②鼓励结识新朋友。

③工作者对组员们的良好表现表示赞赏，鼓励下一次积极参加。

④预告下次活动内容，并重申契约。

⑤填写小组组员反馈意见表(见表3-10)。

表 3-10　成员心得记录表

第______次活动　　　　　　　　　　日期：____年____月____日 我觉得在这次活动中，我最大的收获是： 经过这次活动，我体会到…… 我觉得自己在小组中…… 我感觉我们的集体…… 记录者：______________

(五)小组活动结束后，工作者对本次活动进行评估，并填写记录

1. 小组观察记录(见表 3-11)

表 3-11　小组观察记录表

第(　　)期活动　小组观察记录 小组名称：　　　　　　　　　　日期： 小组社工：　　　　　　　　　　缺席组员： 出席组员： 小组目标： 本节目标： 关键事件分析： 1. 简述关键事件 2. 哪位组员最受影响？有什么影响？ 3. 社工的介入目标和技巧 4. 评价介入成效 5. 社工感想及回应

2. 小组工作人员自我评估表(见表 3-12)

表 3-12　第( )期　小组工作人员自我评估表

小组名称：______________________　日期：________________

本评估表是评估你在小组中的领导技巧情况，请如实填写。填写方法：请在最符合你在本次小组过程中的技巧运用项目栏内画“√”。

项目	分项	需要做更多	现在做得很好	需要少做一点
观察	确认紧张			
	注意对谁说话			
	注意谁被遗漏			
	了解对我的意见的反应			
	发现何时小组逃避一个话题			
	确认角色			
	注意非语言行为			

续表

项目	分项	需要做更多	现在做得很好	需要少做一点
沟通	主动参与(数量)			
	简短、简要地说话			
	肯定的行为			
	主动地倾听			
	拘泥于某个主题			
	中断讨论			
	从聚会到聚会的桥梁			
	说话前先思考			
	对组员表达同理			
	使用有组织的架构			
	鼓励用“我的信息”			
自我表达	以语言表达生气			
	表现幽默			
	说感谢的话			
	隐藏感情			
	分享个人的经验			
	面对冲突或生气			
忍受情绪的情景	允许沉默			
	忍受紧张			
	接受亲密或情感			
	接受负面情绪			
	对挑战做出反应			
	接受预期的冒险			
	表现出没有防卫性			
与组员的关系	挑战个人			
	离开对自己的注意力			
	使用隐喻			
	自发性的反应			
	自嘲			
	创造一个安全的氛围			
	有控制地分享			
	以“此时此地”进行反应			
一般技巧	耐心地等待			
	邀请回馈			
	示范接纳			
	对过程的评价			
	鼓励组员采取行动			

表 3-13　小组工作初期评估表

一、案主人格评估

组员一：

组员二：

……

组员十三：

二、案主问题评估

1. 案主认为其问题的共同性质：

2. 案主认为其问题的原因：（概述）

3. 社工认为案主问题的共同性质：

4. 社工认为案主问题的原因：（概述）

三、案主问题原因分析

1. 案主个人方面：（总结概括）

2. 案主生活环境方面：（总结概括）

四、社工初步工作计划

初期评估日期：　　年　　月　　日

六、总结点评

小组刚开始进行时，工作者与成员都会有些压力(特别是后者)，成员焦虑、担心、犹豫、防卫、观望、拘束、好奇、害怕被拒绝、感到陌生、缺乏安全感，甚至后悔为何要参加小组(包括志愿者与非志愿者)。工作者除了发挥温暖、真诚、关怀、尊重、包容、开放等特质，并多运用同理、反映、支持、倾听、澄清、增强等技巧，不妨在方案设计与活动选择上多作考虑和安排。

(一)在小组开始时营造温馨的气氛

针对老年人们在小组初期的心态，工作者在方案内不妨设计一些小组成员的“课前”作业，以加强其进入小组前的心理准备。成员第一次参加小组活动时，工作者不妨播放些配合第一次活动性质的音乐，以轻音乐为主，避免成员一进入陌生的团体便在冷冷清清、安安静静，你看我、我看你的尴尬情境下参加活动，给成员留下美好的第一印象，使其更好地融入小组、喜爱小组。

(二)设计轻松的相识活动

小组初期，成员互不认识，为了形成小组的凝聚力，要设计相识活动。传统的做法是成员一一自我介绍或纸笔作业介绍自己，这种方法易给成员带来压力，最终流于形式，甚至会引发成员的抗拒、恐惧等反应。所以小组初期的相识活动最好在轻松、温馨的气氛下进行。

(三)澄清成员的期待与小组发展方向

为了使小组有效运作并了解成员的需要，供小组修订活动方案，小组初期应该设计催化性活动来整合成员的参加动机，工作者要有机会说明小组活动的方向，包括小组性质、功能、目标等，只有工作者与成员相互交流才能建立和增强团体共识。

(四)拟订小组契约，建立运作规范

小组辅导(咨询)与个别辅导(咨询)的最大差异就是前者运作较后者复杂，助人者的负担较重。所以，有效的团体运作取决于成员的彼此认同与对小组契约的共同遵守。小组初期就必须建立小组规范，在活动设计上可以采取较生动而灵活的方式，例如，成员用句子完成法来制定规范："在一个小组中，当……时，我觉得最舒服"，"在一个团体中，我最害怕的是……"，"我喜欢小组的人……"，"在小组中我不喜欢看到……"。

(五)设计的活动不要引致深层次的分享

小组开始时，成员大都互不认识，对彼此的人格特点与交往模式缺乏了解，可能仅有一两位成员较开放，能主动表现自我。但是工作者一定要谨慎，避免成员开放程度不一、自我表露太多太深，导致个别成员感到受伤或泄露个人秘密而产生后遗症。因此，小组初期的分享活动应该选择表层性的或威协性较少的主题。

〉〉〉任务体验式教学参与

个人任务工单 1

组号：________ 姓名：________ 学号：________

引导问题：结合本单元所学内容尝试进行知识再现。

小组初期至中前期工作要点	明确主题 选择活动方式 设定小组结构 确定小组领导方式 确定小组沟通的内容

方法技巧	打破僵局—破冰活动设计技巧 开组阶段引领小组的技巧 与老年小组成员的沟通技巧

小组任务工单 2

组号：________ 姓名：________ 学号：________

引导问题：根据本单元的相关内容思考下列问题。

1. 老年小组社工的领导角色是什么。

2. 为什么在老年小组活动之初社工要扮演领导的角色。

任务四 发展小组活动(小组中后期和后期)

〉〉〉教学目标

通过本单元教学，学生学会运用组织老年小组讨论的技术，主持老年小组会议，掌握老年小组冲突的原因、功能以及解决老年小组冲突的方法，运用老年小组发展的工作技巧推动老年小组深度发展。

〉〉〉案例情境

在社工的精心带领下，“老当益壮”老年小组的成员们相互熟识起来，有时候彼此间还会开些善意的玩笑。其中让社工最高兴的是，入住老人院后整日以泪洗面的李奶奶表现出对小组活动的极大兴趣，主动找社工询问下次小组活动的时间，还提前做着准备工作。老人们走出自己的房间，结交了其他的老年人，找到了跟自己合得来的朋友。这时候小组进入了中期阶段，老人之间的关系变得比较亲密，对小组也比较认同。但是，这个时候竞争和矛盾也显现了出来。有些老人的言语和行为开始出现攻击性，有些老人会沉默不语，有些懦弱的老人成了别人发泄不满情绪的对象，还有一些老人对社工提出了质疑，出现了不配合的态度。如何处理小组成员间的矛盾和冲突，把成员们引向更深层次的互动，成为社工们在小组发展阶段的工作焦点。

工作任务：

1. 根据小组进展中的情况调整活动内容，制订老年小组中期的活动计划。
2. 运用组织小组讨论的技术，主持小组会议。
3. 运用小组发展的工作技巧推动并控制小组进程。
4. 制订并实施打破僵局的活动方案。

〉〉〉教学内容

一、术语理解

(一)小组讨论

小组讨论是一种特殊的人际沟通形式，是小组工作的一种重要活动，是指小组成员就其共同的、一般性的话题，在自由的气氛之下，经过社会工作者或主持人的协助，交换意见或交谈。其关键在于共同思考、互相启发，所以小组讨论是一种通过小组的互动，进行理念、思考、信息、感受等的相互传递的方式。

(二)小组冲突

小组冲突是指小组中成员内部、成员与成员间以及小组整体与其他小组间，由于目标、利益需求、期望及价值不一致等情境的刺激而引起认知和情绪变化的一种敌对或斗争的互动行为。在小组冲突的定义中，包含着五个基本要素：第一，必须要有冲突的主体。第二，必须要有冲突的情境。第三，冲突是一种对立行为。第四，冲突是一种认知感受的状态。第五，冲突是一种互动的过程。

(三)小组冲突的功能

在一个小组中，由于人们对问题的立场不同，对事实的认知不同，以及观念、爱好和需求不同，冲突是不可避免的。因此，对待冲突的正确态度是激发冲突的正功能，抑制冲突的负功能。依据冲突性质及处理方式的不同，冲突对小组可能产生的正功能及负功能，见表 3-14。

表 3-14　冲突的功能

冲突的正功能(有益于小组目标达成)	冲突的负功能(有害于小组目标达成)
1. 发现原本被忽略的问题	1. 破坏小组和谐气氛
2. 激发组员的思考与创造能力	2. 使小组失去稳定性，甚而瓦解
3. 改善决策质量	3. 促使本位主义产生
4. 导致革新与改变	4. 影响组员身心健康
5. 增加小组向心力	5. 降低工作满足感及组织绩效
6. 促进彼此充分了解	6. 阻碍沟通，使关系恶化

(四)反映

反映是同感的传达过程，主要通过复述成员所表达出来的内容和揭示背后的情感来实现。反映是建立在积极倾听的基础上的工作。领导者的反映技巧可以达到双重目的：既能够帮助发言的成员更清楚自己所讲的内容和感受，又能让他知道你了解他。

(五)澄清

澄清是指使用某些方法使成员陈述的内容和感受更加清楚和条理化的过程。澄清对小组的发展有重要作用，它可以帮助成员更好地了解他自己想说的话。澄清可以保持小组内沟通的清晰性，不让混乱的信息造成成员的疲惫和泄气，从而影响小组的进程。

(六)总结

总结是小组过程中会经常采用的一种手段，也是小组领导必备的技巧。总结是将散落在交谈过程中的信息进行归类，以精辟和简洁的语言对那些重要的观点和内容予以陈述。总结可以起到如下作用：强化小组关注的焦点；转换话题；成为通向下一项活动的桥梁；将要点集中在一起，深化主题。

二、工作要点提示

(一)小组发展阶段的工作内容

1. 聚会开始阶段的工作内容

(1)介绍小组成员的变化和进步表现。

(2)介绍这期活动的主要内容。

(3)阐述本期活动的目标、活动程序、参与规则。

2. 聚会中间阶段的工作内容

(1)根据进程进行活动。

(2)向小组成员收集本次活动的感受信息。

(3) 向小组成员提供反馈。

3. 聚会结束阶段的工作内容

(1)控制时间。

(2)保证所有的议程尽可能完成。

(3)总结此次活动完成的任务。

(4)确认需要进一步活动的任务。

(二)处理小组冲突

1. 识别引起冲突的原因

识别引起冲突的原因是有效处理冲突的第一步。那么，在小组过程中，什么原因会导致小组冲突呢?

(1)目标上的差异性。在一个小组中，小组的目标实际上包含着四个目标的整合，即服务目标、工作者目标、个人目标与小组目标。这些目标可能是一致的，但常常是有差异的。不一致的目标是导致小组冲突的主要原因。

(2)行为期待的差异性。当相互作用各方的实际行为没有满足对方的期待，或者与对方的期待相违背时，就很容易引发冲突。这就是因期待的差异所产生的冲突。

(3)价值资源分配上的差异性。每一个小组都要分配小组内部的稀有资源(资金、设备、人员、信息、权力等)。资源分配的差异也是引起冲突的一个主要原因。

2. 明确冲突产生的过程

明确冲突所处的阶段是有效处理冲突的第二步。一般来说，冲突的发展过程可以划分为五个阶段。

(1)潜伏期：这个时期指的是导致冲突发生的肇因期，即冲突的情境已产生，但尚未为人知。这种彼此意见不兼容或对立的情境并不一定会导致冲突，但却是冲突发生必须具备的条件之一。

(2)认知期：冲突的第二个过程就是必须要经过个人的认知并感受到冲突对自己的冲击。这一过程中，个体对冲突的归因情况，即如何解释对方的行为，将决定冲突产生与否。

(3)感觉期：进入这个阶段，双方情绪继续发酵，但任何一方都没有采取具体行动，而是开始推测对方的意图，以确定如何应对，并思考具体的战术、策略和可能的行动方针。

(4)外显期：当卷入冲突的各方采取实际对外的行为反应时，就进入了冲突的外显期。这些行为很明显地要执行感觉期的意图，然而判断错误或信息不足可能使行动背离感觉期的意图。

(5)后果期：经过双方的努力，最后达成各自希望解决的方式或结果。其结果可能是建设性的，使双方关系修好；也可能是破坏性的，使双方关系破裂，并再度发生冲突。所以，冲突如果处理不当，一个冲突的后果可能会成为下一个冲突的潜伏。要打断冲突链的联结，就必须借助有效的冲突管理，以减弱冲突。

3. 选择适当的冲突解决方法

(1)撤退。撤退是常被使用、简单的冲突处理方式。它是指身体上或心理上抽离冲突的情境，以避免冲突加剧，这是一种被动的行为反应方式。撤退包括身体上的撤退与心理上的撤退两种。身体上的撤退一般很容易识别，心理上的撤退则相对不容易被注意。虽然撤退是常见的方式，但这一方法没有消除冲突，也没有试图去处理冲突，因此有时会带来负面的结果。一般来说，冲突不一定要立即处理才会有正向的结果，但是当撤退的方法变成一个人惯用的处理冲突的模式时，就要警惕。

有两种冲突情境可以用撤退的方法来面对：一是运用暂时不理的态度，以便让冲突降温。二是当冲突发生在两个不常接触的人之间时，撤退也是有效的反应行为。因为对冲突的双方来说，冲突不一定需要解决，他们不一定需要达成共识。

(2)放弃(或妥协)。放弃意指改变原有立场，以避免或解决冲突，其目的可能以维持关系为主。有些人因为觉得冲突的情况令人很不舒服，所以就会尽其所能地去避免冲突，选择放弃自己原来的立场。但是，采取放弃方式来处理冲突不一定是好的。第一，我们理应按照实际需要来做决定，而不能只是为了逃避冲突。如果一个人放弃了，那么原来的想法或是决定好不好，就根本没有机会得到验证。第二，放弃并不一定会如预期的那样让彼此的关系维持和谐，它也可能会激怒对方。因为这种放弃的行为意味着迫使对方不能有自己的意见，这有可能会引起更多冲突。

(3)攻击。攻击可分为直接攻击和间接攻击，它是运用或威胁身体、心理或其他行为来达到目的的方式。人们借着攻击，强迫别人接受自己的观点，从而在冲突中成为一个“胜利者”。不过，表面上看，这种解决模式会使一方成为“胜利者”。事实上，如果被攻击者较弱，他会暂时隐忍而伺机反击，而如果被攻击者实力相当，他会立即反击，最后形成“双输”的局面。此外，攻击是带着负向情绪的行为反应，具有伤害性和强迫性，可能破坏彼此之间的关系。直接攻击包括身体和语言的暴力。间接攻击是指无法直接针对冲突对象表达意见，而采取其他方式让对方知道有冲突存在，包括故意用力甩门，故意在菜里放过多的盐，以高亢的声音说话等，这些都可以看作间接向对方表达不满。

(4)说服。即试图改变别人的态度或行为。当发生冲突的双方都很理智时，可以采用说服的方式来对双方进行观点上的协调。若说服是开放而合理的，则不失为一种解决冲突的正向方式，而且很可能找到一个双方同意的办法。

(5)问题解决讨论。问题解决式的讨论是人际关系中处理冲突的最佳方式。在问题解决讨论时必须要仔细考虑冲突的问题是什么，以及可能的解决方案和潜在正负两面的结果。这种方法视冲突为一个解决问题的契机，需要双方一起面对问题。在讨论中，双方是平等的，能有开放的思考，并赋予问题更多可能的解决方案。然而，以问题解决讨论的方式处理冲突并不容易，因为在讨论过程中牵涉参与者是否有意愿参与，且能否控制情绪、客观地表达问题、坦诚面对自己的感觉和信念以及对问题的解决采取开放态度。问题解决讨论需要彼此的信任和合作意愿，以达到最有益于双方的解决方式，而这也是冲突处理中能获得“双赢”局面的解决方法。问题解决式的讨论过程包括问题界定、找出可行的解决方法、选择合适的方案和执行所做的选择等。在这一过程中并没有固定的模式或步骤，重要的是当双方知觉到有冲突时，必须能够各退一步，然后系统地去解决问题。

三、方法技巧

(一)适合于老年小组讨论的技术技巧

掌握及使用小组讨论技术，可以协助小组互动，促进小组成员对角色的了解，使成员获得更好地自我成长。以下介绍的小组讨论技术是从普遍适用于各类小组讨论的技术中挑选出来的，比较适合于老年小组讨论的技术。

1. 头脑风暴法

通常在小组讨论中，人们缺乏自信而不愿意表达自己，所以常常使讨论气氛沉闷，失去应有的创造力。在这时，头脑风暴法就可以有效地排除阻碍人际互动的因素，让成员自由发挥。

实施头脑风暴法的具体方法是：当小组发现某个问题需要解决时，便围在一起，选择一位主持人，开始建议解决的方法。解决的方法被提出并经过组内成员共同修正和衡量，最终形成被大家接受的方案。

(1)在头脑风暴法执行过程中应注意遵循以下几个原则。

①对他人的观点不能有批评的行为。

②所有积极的建议和想法均获得鼓励。

③鼓励大家想出尽可能多的意见和构思。

④寻求综合解决问题的方法。

(2)头脑风暴法的一般过程如下。

①决定团体所要解决的问题，做出清晰的陈述。

②指定记录者，记录所有发表的看法。

③设定时间限制。

④设一个主持人来执行规则。

⑤建立一个非正式的讨论环境。

⑥自由地发问和讨论限定的主题。

⑦时间一到，立即停止讨论。

2. 耳语聚会

听众在小组讨论中是极为重要的一环，他们对小组讨论的参与，将对小组的发展有很大的帮助。

耳语聚会是将小组成员分为若干个小团体，每个人均有机会参与讨论。耳语聚会小组讨论完成之后，由每一小团体的组长将结论提交小组报告，组长在小组公开发表的看法应是总结小团体意见的结果，而不是个人的看法。主要过程如下。

①将听众分为若干个小团体。

②每个小团体指派(或自己推选)一名组长。

③每一个小团体讨论一个小主题。

④组长代表小团体向小组成员作小组讨论报告。

(二)发展小组阶段，引领小组活动有序进行的工作技巧

1. 对峙技巧

对峙是一项难度比较高的技巧，它可以促使小组成员反省自己在言行中或非语言中的一致性，并指出冲突问题的焦点所在。适当运用对峙技巧，可以帮助组员自我成长，使组员更加诚实地面对自我、探索自我，同时也有助于小组内的相互沟通，使成员勇于面对自己本不愿意面对的感觉或行为，帮助当事人找到阻碍自我了解和积极反应的盲点、矛盾和冲突。

在对峙中，社工主要通过有意义的陈述及同情心表达，帮助小组成员面对逃避以及自我否定的行为，促进成员主动地增进对自我的了解。在对峙过程中应注意以下几点。

①对峙要具体正确：针对老人们逃避或不敢面对的问题或行为。

②对峙要强调陈述“此时此刻”。

③对峙必须在小组关系建立之后发生。

④对峙时必须已经对成员有足够的了解，要避免社工的个人成见。

⑤对峙要针对那些成员有能力改变的问题。

⑥对峙时，要本着关怀尊重的态度，表现助人的意愿。

2. 阻止技巧

阻止技巧是指社工运用语言和非语言的行为，防止成员在小组中表现出不适当的语言与非语言行为，通过促进小组有效地互动与沟通，避免成员在小组中被伤害。这要求工作者要有较为敏锐的观察力和协调能力，既要避免攻击行为的发生，又要避免保护一个、伤害另一个的现象。当小组中出现攻击他人、闲聊、泄密、侵犯隐私等行为时，工作者要加以“阻止”。必要时可利用小组规范来达到“阻止”的效果。

3. 仲裁技巧

在仲裁技巧中，社工要以公平、中立的态度对待小组成员，给予每人平等的机会。对于小组内发生的意见冲突要技巧性地“求同存异”，不偏袒任何一方。当小组内出现强势成员、强势语言或强势意见时，工作者应站在中立、客观的立场上，运用仲裁的技巧创造有效的沟通情境。这不仅有助于促进小组讨论的气氛和广泛的沟通，而且有助于促进彼此了解。

4. 联结技巧

联结技巧是指社工运用敏锐的观察力和反应力，巧妙地将成员所表达的内容与有关的题材、任务、事件与小组目标相关联，将成员尚未察觉到的片段信息组合起来，有助于成员不断澄清自己的认识和经验，使小组的互动更有意义。

5. 整合技巧

整合技巧是指每次小组结束前，小组讨论告一段落或整个小组结束前，由社工协助成员整理学习收获的技巧。整合可以使小组过程更加顺畅，有助于协助成员类化、内化及强化学习经验，并将在小组内的收获运用到现实生活之中。整合是需要同时兼顾意见整合与情感融合，同时结合小组内环境与小组外环境的学习迁移，这一技巧使成员增强能力、提高信心，协助成员成长、适应和发展。

6. 调律技巧

调律技巧是指社工调整小组进行的方向和步调，以拓展小组动力。调律技巧一般主要用在小组进行方向偏离主题、发展速度太快或成员不适应小组气氛时。主要可采用口语、非口语、活动或特殊情境安排来进行。调律技巧不仅有助于改善小组气氛，整合成员的学习效率，还可以使小组成员发现小组的新方向，避免小组陷入盲点或使成员陷入“死胡同”。

7. 保护技巧

社工为了避免成员遭受不必要的身心伤害、批评或攻击，需要采取必要的安全反应。社会工作者应该具有敏锐的洞察力，随时发现小组中的危机，尤其是对小组有威胁的个人危机进行及时的预警，引导成员避免不必要的心理冒险。尤其要注意的是不能过度保护成员，以免影响小组互动，也不应减少当事人独立成长的机会。

(三)处理小组冲突的工作技巧

(1)稳定系统，即社工以高度和谐的态度，表达对成员的温暖、诚恳、接纳、同理和尊重，尽可能地去调和成员的关系。

(2)把论题抛回小组，即社工不担任最高的决策者，而是提醒者与创造思考的媒介，他用启发性与示范性的表达鼓励成员表达不同的看法，让任何引起争议的话题能通过老年人们的共同参与达成共识。

(3)善于利用冲突，即工作者澄清冲突的本质，作为一个支持者去协助成员解决冲突带来的紧张。

四、注意事项

(一)小组工作者在处理冲突时要特别注意的问题

1. 避免冲突心态产生

人们能否成功地处理冲突，取决于双方的意愿。如果彼此存有竞争的心态，则会采取攻击性的策略，以求在冲突中赢得胜利。若彼此能够合作，则会采取问题解决的步骤，以达到彼此均满意的结果——双赢。有时候，有一方采取合作的态度，另一方却视冲突为竞争性的，这种情形下要先化解敌意，改变竞争者的竞争心态，使双方成为合作者，冲突才有可能解决。

2. 适时澄清和解释

在冲突的过程中，沟通的情境变得混乱，对于语言和非语言线索的错误解释，会导致困惑、生气、焦虑和受伤的感觉出现。小组工作者应尽快让冲突双方共同有效地处理冲突。除此之外，小组工作者还可以和冲突者一起重新回顾引起冲突的事件，尤其是语言和非语言行为，可以帮助组员将问题分类，把问题分成几个处理的部分，并且澄清彼此同意和不同意的范围以促进冲突的解决，也可以让其他组员分享他们的观察以及看法。

3. 充分运用整个小组的力量

在冲突期间，小组工作者必须注意整个小组的需要。只有这样，小组工作者才能帮助组员更清楚地了解问题，而不是只注意发生在双方互动间的冲突。组员如果能够认识到小组中的冲突不只是冲突双方的事，还会直接或间接地影响到小组中的每一个人，冲突就容易解决。整个小组越了解解决冲突的利害关系，可用于解决冲突的资源就会越多。通过把其他组员纳入冲突中，小组领导者可以引出更为中立的意见。

4. 设立解决冲突的标准和基本规则

为了以合理的方式处理冲突，小组通常需要有一个结构和彼此同意的规范，保护组员免受伤害、虐待和尴尬。这是组员可以依据的一些规则，并且规定了小组中可以忍受的行为范围。这些规则最好在小组开始的时候，以一个实际的方式做出界定。解决冲突的小组规范包括：生气是可以的；不能相互攻击或者说坏话；即使你生气，仍要留在这个活动场所。

5. 保持冷静

有时候小组组员会将矛头直接指向小组社工。在这种情况下，小组社工必须保持冷静，只有保持冷静，才能较好地分析冲突并有效地处理冲突。

(二)组织小组讨论时应注意的事项

1. 做好开场讲演

社工为给小组提供与讨论主题相关的信息，需要在开场时作一个简短的讲演，讲演需注意以下几点：首先，要能吸引人，振奋人心，简短而有趣。其次，开场白的内容要与小组讨论相关，最好是小组在此时此地正需要的。再次，提供的信息要准确、客观、有新意。最后，要考虑小组组员的性别和文化程度。

2. 设定会议基调

社工要事先筹划和设定一种与会议主题相适应的基调，从而把握组员的情绪，创造有利于实现小组目标的会议氛围。

3. 把握中心话题

社工主要通过发表评论、组织活动等方法，促使小组进行讨论和分享，尽快与小组目标相对接，使小组的互动和扮演围绕中心话题展开。

五、实务操作

(一)分析组员特点

1. 关系亲密

进入小组中期，老人之间的熟悉程度开始增加，相互之间变得更开放，也更关心其他成员。这时的成员们相互之间会出现同胞似的竞争，也会发生从家庭成员到小组成员的移情。

2. 认同小组

老人们开始认同自己的小组，心里也承认自己是这个小组的一员，也愿意在小组中表达自己的想法。

3. 权利竞争与控制

组员之间慢慢熟悉后可能会开始出现竞争，来确立自己在小组中的角色和位置。在这个过程中，可能会出现一定的冲突。个别组员如果无法从小组中感受到安全和满足，一般可能会在这个阶段退出。

4. 组员在冲突中的突出表现

在小组为权利竞争出现冲突时，有些人的语言和行为会带有攻击性，有些人会表现为沉默不语，还有一些人成为小组中不满情绪的发泄对象，成为“替罪羊”。除此以外，还有一些组员会自满于自己在小组中的角色，对社会工作者提出质疑，表现出一种非配合的态度。

(二)小组中期活动设计

第三节活动　和年轻人比一比(见表 3-15)

表 3-15　和年轻人比一比

时间	地点	目标	内容	所需资源
15 分钟	老年活动之家	让老人了解大学生志愿者；让老人了解比赛规则	1. 小组主持人将大学生志愿者介绍给老人们 2. 小组主持人讲解比赛规则和计分办法，志愿者做必要的演示	志愿者
45 分钟	老年活动之家	1. 引导老人挖掘年龄优势 2. 理解新老更替的事实 3. 加强组员间的信任与合作	与大学生志愿者一起进行生活常识竞赛、猜谜比赛	纸张、笔
15 分钟	老年活动之家	让老年人了解年轻人对他们的印象	大学生志愿者谈与老年人一起活动的感受；老年人的优势	

续表

时间	地点	目标	内容	所需资源
35 分钟	老年活动之家	增强老年人的自信	老人们谈此次活动的心得体会，对新老更替进行探讨	纸张、笔
10 分钟	老年活动之家	总结	总结老人的表现，公布下一次活动内容、时间、地点	

第四节活动　我们的红色年代(见表 3-16)

表 3-16　我们的红色年代

时间	地点	目标	内容	所需资源
10 分钟	老人院多媒体活动厅	让老人了解活动内容	小组主持人介绍活动内容	志愿者
50 分钟	老人院多媒体活动厅	回忆年轻时的激情与志向；强化和巩固组员已经获得的对人生老龄进程的接纳和认可	1. 全组合唱：《没有共产党就没有新中国》《咱们工人有力量》《学习雷锋好榜样》 2. 小合唱(自由结组，自选曲目) 3. 拉歌比赛：歌曲接力	音响设备、投影设备
70 分钟	老人院多媒体活动厅	激情燃烧的岁月，老电影回忆	观看老电影，根据老人的要求定期播放影片	影音播放设备、观影环境
10 分钟	老人院多媒体活动厅	总结	老人交流收获，评价本次活动	纸、笔、录音器材

第五节活动　心有灵犀(见表 3-17)

表 3-17　心有灵犀

时间	地点	目标	内容	所需资源
10 分钟	老年活动之家	让老人了解活动内容	小组主持人介绍活动内容	
10 分钟	老年活动之家	加强老人间的交流	让老人自选搭档，两人一组	纸张、笔
45 分钟	老年活动之家	强化和巩固老人间的合作与默契	我来比划你来猜	纸张、笔
15 分钟	老年活动之家	总结	老人交流收获，评价本次活动	纸、笔、录音器材

(三)小组活动实施的详细步骤

第三节活动 和年轻人比一比

一、目标

1. 发掘年龄优势。

2. 理解新老更替的事实。

3. 加强组员间的信任与合作。

二、具体步骤

(一)开场白。

1. 目的：

①让老人了解大学生志愿者。

②让老人了解比赛规则。

2. 操作步骤：

①主持人引领介绍大学生志愿者的情况。

②志愿者分别自我介绍，胸前佩戴贴纸，写清姓名。

③设两支代表队，分别为大学生志愿者的青年代表队和老年人代表队。

④主持人公布比赛规则。

比赛分为必答题和抢答题两个环节，在必答题阶段，每个队对于同一个问题给出答案，看谁的更正确。如果都正确将都得分。

在抢答环节，主持人提出问题后发出“开始”指令，代表队思考问题，谁先想好谁举手回答。

回答问题时由一名代表执行，其他成员可为答题代表提供答案或咨询。

每道题十分，最后获胜的一方有礼物。

(二)主题游戏。

生活常识竞赛或猜谜竞赛。

1. 目的：发掘老人年龄和经验优势。

2. 操作步骤：

①首行进行必答题环节，主持人每公布一道题目，两组分别给出答案。

②进行抢答题环节，主持人每公布一道题目，说“开始”后，两组进行思考，并举手示意答题，哪方先举手哪方先来回答问题。

③猜谜环节，主持人公布谜面，两组给出谜底，看哪方猜得正确。

(三)反思和成长。

1. 请志愿者谈谈活动中对老年人们的看法。

2. 请老人们谈谈自身的优势。

(四)讨论。

请老人们对新老更替进行讨论。

(五)总结。

1. 老年小组成员总结此次活动的体会。

2. 小组主持人总结此次活动老年人们的表现，鼓励老人们参加下一次活动的积极性。

(六)公布下一节活动的内容和需要做的准备。

第四节活动 我们的红色年代

一、目标

1. 回忆年轻时的激情与志向。

2. 强化和巩固组员已经获得的对人生老龄进程的接纳和认可。

二、具体步骤

(一)在本次活动进行之前告之老年人们所要进行的准备。

1. 目的：为小组成员培养小组之外的合作。

2. 操作步骤：

①让小组成员进行讨论，决定本次活动要观看的电影。

②让小组成员自由组合准备歌曲。

(二)红歌演唱。

1. 目的：让小组成员一起合作、分享红歌带来的快乐。

2. 操作步骤：

①合唱曲目。

②自由组合小合唱。

③红歌接力、拉歌活动。

④总结：请每位老年人总结演唱后的心情，评价自己小组的合作效果。

(三)观看红色经典电影。

1. 根据老年人投票决定要放映的影片。

2. 观看电影。

(四)主持人总结。

第五节活动 心有灵犀

一、目标

1. 增强老人间的合作。

2. 巩固情感和友谊。

二、程序

1. 小组主持人公布活动规则。

2. 小组成员每两人一组，自由结组。

3. 主题游戏开始：一人按照主持人提供的物品名称或名词进行动作示意，另一名合作者来猜出名称。在规定的十五分钟内猜对的越多得分越高，最后决出胜者。

4. 小组主持人给老人们颁发礼物。

5. 活动总结：

①由老人们总结此次活动的收获。

②请老人谈一谈结交了哪些朋友。小组结束后，他们会怎样安排在老人院的生活？

③小组主持人总结。

④公布小组进度：下一次活动后，小组将结束。

⑤下一次活动内容，需要提前做的准备。

(四)小组活动结束后，工作者对本次活动进行评估，并填写记录

(1)小组观察记录(见任务三“实务操作”部分相关内容)。

(2)小组工作人员自我评估表(见任务三“实务操作”部分相关内容)。

(3)小组工作中期总结。

小组工作中期总结

一、案主问题的中期分析

1. 案主问题性质。

2. 案主问题的主要原因。

二、工作开展情况中期总结

1. 小组专业关系维持情况。

2. 相关资源利用情况。

3. 小组工作运作情况。

4. 案主对小组服务的满意情况。

三、工作者工作计划调整思路(可以另附纸)

四、工作者工作感想总结(可以另附纸)。

中期评估日期：

六、总结点评

小组经过冲突阶段的“磨合与适应”之后，就进入了成熟发展阶段，这是小组目标达成、成员发展成长的阶段。这个阶段，小组成员之间、工作者与成员之间、小组与机构之间的沟通达到了全方位的积极的正向的有效沟通，关系更加和谐，彼此之间的支持力更加强大，成员在小组中感受到最大的温暖、信任、真诚与接纳，因此，这个阶段沟通的内容会更加丰富和深入，有时能够达到心灵深处的对话。

工作者除了以开放、包容、耐心、尊重、温暖等特质和成员互动，运用团体初期的技术及摘要、解释、联结、设限、保护等技巧之外，也可在设计方案时，选择适合的活动来促进小组发展。

在带领整个小组的过程中，要避免认识上的两个误区：一是游戏论。即认为带领小组的过程就是带着组员做游戏，只要气氛热烈就是一个成功的小组，这种认识是极其片面和简单化的。的确，好的小组离不开游戏的使用，但游戏在这里只是一个载体，它承载着我们要传达给组员的某种理念，是为后面将要进行的深入探索做铺垫，小组的核心与灵魂是组员间坦诚地沟通与过程分享。二是工作者中心论。即认为小组的带领者是当之无愧的核心人物，工作者的权威地位不容挑战。这样的小组无异于教室搬家，毫无价值可言。在成长小组中每一个人的地位都应是平等的，小组工作者的角色是协调者和引导者，不能将工作者个人的观点强加给组员。

›››任务体验式教学参与

个人任务工单 1

组号：________ 姓名：________ 学号：________

引导问题：引导问题：结合本单元所学内容尝试进行知识再现。

小组中后期至后期工作要点	小组发展阶段的工作内容 处理小组冲突
方法技巧	适合于老年小组讨论的技术技巧 发展小组阶段 引领小组活动有序进行的工作技巧 处理小组冲突的工作技巧

小组任务工单 2

组号：________ 姓名：________ 学号：________

引导问题：根据本单元的相关内讨论下列问题。

1. 老年小组过程中存在的各种关系和因素有哪些？

2. 老年小组中成员互动原则与自觉原则对工作者的行为有什么影响。

任务五　结束小组工作(小组结束期)

〉〉〉教学目标

通过本任务教学，学生掌握老年小组结束期社会工作者的角色要求与组员的特点，带领小组结束工作；掌握老年小组工作评估方式，能够撰写老年小组工作评估报告。

〉〉〉案例情境

“老当益壮”小组经过一个月的活动，参加这个小组的老年人们对老人院的生活适应了很多，在这里结识了一些朋友，他们互相交流着人生的经历和体验，互相安慰与帮助，在情绪上也不再低沉，每天都做一些力所能及的事情。有儿女的老人对儿女的抱怨也少了许多，开始理解年轻人的压力。有的老人还主动当起了老人院的“义工”，有新入院的老人时会去“现身说法”，帮助新入住者处理情绪问题。这样，小组工作目标已经实现。此时小组活动即将结束，社工安排了小组结业主题活动“俏夕阳时装秀”，邀请老人的家属一起来参与活动。

工作任务：

1. 老年小组结束期的活动设计。
2. 结束小组工作应具备的条件与注意的问题。
3. 老年小组工作总结与档案汇集与保存。
4. 撰写老年小组工作评估报告。

〉〉〉教学内容

一、术语理解

1. 小组评估

小组工作评估是一种工作的方法和研究的过程，具体来说是指有系统地收集有关小组工作中所运用的资源、服务过程与结果的资料，并对其进行分析的过程。目的是分析和确定社会工作者介入或整个小组发展的成果、效率和价值，并为未来的小组工作提供参考。

2. 离别情绪

小组结束时，老人们可能同时有正面和负面两种情绪感受，否认小组应该结束。

3. 情绪转移

小组结束时，老人们面临分离，于是他们开始在其他地方寻找新资源以满足他们自己的需要。

4. 两极行为

小组结束时，老人中可能会有人由于对小组的结束无可奈何，出现焦虑或逃避行为。

二、工作要点提示

（一）分析小组结束阶段老年人们的特点

（1）小组后期阶段，老年小组成员彼此之间开始聚会，这时他们一般能接纳其他成员的个性、实力、态度和需要。彼此之间能够相互支持，自由地进行沟通。

（2）这个时候的老人们对小组一般有较高的认同感，开始经常用“我们”而不是“我”来表达对小组的认同。这时的老人们也掌握了比较好的技巧来履行小组中的角色职责，并在小组中承担了一定的任务。

（3）家庭式的情感减弱，因兴趣爱好结成的次小组出现。

（4）成员之间权利的竞争和情感波动趋于缩小，老人们会以不同方式塑造小组权利结构。

（二）社会工作者的工作要求

（1）认识这一阶段小组成员的特点是相互认同、有聚合性，竞争与冲突开始减少。

（2）帮助组员深刻认识自我，鼓励相互间的尊重、关怀与帮助。

（3）关注小组动力的变化和特点。

（4）在小组完成目标的过程中，做好资源提供者、能力促进者，以及引导者和支持者。

（三）结束小组工作

在小组结束期，社工要帮助老人们处理好离开小组的各种感受，组织各种活动。面对组员表现出的离别情绪，社工应以适当的接纳与支持，引导他们做好情绪表达和学习处理离别情绪。

在小组结束期，社工要以领导者的角色和专业职责协助小组成员完成理想的结束过程。

（四）小组结束期的活动设计

到了小组结束期，活动设计的重点主要应放在两个方面。

1. 巩固学习成果的活动设计

巩固学习成果阶段主要是帮助组员对自己的小组经历做出评估，并强化已经取得的学习效果。常用的方式主要有：通过角色扮演回顾小组历程中的重要事件并分享自己的收获，组员间彼此介绍对方在小组过程中的变化与成长，并进行讨论等。

2. 着手结束小组工作的活动设计

结束小组工作阶段的目的主要是帮助小组工作顺利地告一段落，减轻或消除组员们由于小组即将结束而可能产生的不安或抗拒的情绪和行为。通常主要的方式有：帮助组员回忆小组经历，引导组员分别表达对彼此的感受，举行分别前的聚会等。

三、方法技巧

1. 引导小组成员处理自己未尽事宜的方法

工作者一般利用下列问题刺激成员处理他们自己还没有完成的事项。

- 假如这是最后一次在小组里探究自己的需要，你将如何利用这个时间和机会？
- 如果这是最后一次讨论会，对于你曾经做过的事，你有什么感受？你会期望自己有所不同吗？

2. 引导感受的表达和经验的分享

在即将结束的阶段，社工要引导老人们进行感受的表达与经验的分享。对于正面的经验分享，工作者在结束阶段要刺激成员分享大家在一起走过的生命历程，重新体验和感受大家由陌生到相识相交、再到依依不舍的情感变化，回顾小组过程中所经历的愉快经验和感受。这种回忆特别情景的方法，可以将成员带回小组中曾经发生过的亲密与温暖、矛盾与冲突、幽默与喜悦以及痛苦、紧张与焦虑的生活事件。成员所描述的经验越多，就越能清晰地回忆小组过去所发生的事情，也更能增加他们整合与运用所学的机会。

而引导老人们进行负面经验与感受的表达，目的是让他们带着美好的经验离开小组，并且说出他们的收获，以协助他们认为这个经验值得留念和持续保留下去。引导成员说出负向经验的技巧如下。

· 假设在未来的某个时候，你接受关于小组的访谈，你会告诉访问者哪些小组经验较差，效果不好吗？

· 你是否愿意告诉我们一些你现在想抱怨的事？

3. 催化小组结束的形式

一般以欢送会等喜庆的活动形式结束小组：无论是什么性质的小组，也无论小组时间的长短，小组最后一次的聚会，都应该重视和认真地组织，有始有终。为了缓解小组成员离别时的负面情绪，小组工作者可以发动小组成员来组织小组送别活动，活动的程序、内容可以大家一起商定。总之，要在一个轻松、愉快而又温暖的气氛中结束，当然，在其中会出现依依不舍、甚至是失落和伤感的情景，这也是不可避免的。

4. 祝福与道别

面对即将的分离，成员之间可以互送小礼物，礼物不一定是物质的，也可以是精神上的，如临别赠言和寄语，或者说些祝福和珍重的话，等等。

四、注意事项

(1)社工要注意提前做好关于小组即将解散的渗透。小组工作者如果要在一定的时限内结束小组，就必须在最后一次聚会之前的一次或两次聚会时开始逐步解决离别的焦虑、失落等相关问题，准备“仪式化的结束”。工作者应该鼓励小组成员表达个人对结束小组的感受，以及在小组结束之前肯定个人最想做的事。

(2)社会工作者应该在小组离结束还有一段时间时，利用“即将结束”的事情，刺激成员快速处理自己的问题。同时，设计一些激励自我与承诺实践行动的活动，将团体活动中的经验学习迁移到现实环境中。

(3)社会工作者在小组结束时，除了必须以身作则，保持开放自我、尊重支持、积极负责的态度，运用一些小组工作的技巧外，还应注意让成员有机会回顾思考整个团体过程中自己的经验，彼此给予和接受回馈，进行自我评估和团体评估，互相给予祝福和鼓励等。

(4)结束阶段的回馈：结束期的回馈需要说得清楚、明确，有价值和富有建设性。在回馈的时候要注意不要给对方归类和贴标签，不要带有攻击性和嘲弄他人，但也不要过分的甜言蜜语。回馈的目的是给予成员一些他们能够带走的，并在实际的工作和生活中能加以应用的东西，受馈者只要认真、慎重地用心去听就可以了，而不必有反应。作为工作者要控制好这个环境。

(5)做好未来计划：也就是工作者与小组成员共同计划小组成员离组后的安排，目的是让小组成员的组内生活与组外现实的日常生活之间有一个理想的衔接，同时也是为了小组成员在未来有一个持续的发展与成长。小组成员未来计划的制订必须考虑组员的意愿、能力、需要及其自身所处的环境。同时小组成员未来的计划要现实，具发展性、成长性以及有合理的期望值，并能付诸行动。

(6)小组结束后的一段时间，社工可在方案设计中加入追踪辅导或探访聚会等活动，借此来评估小组工作成效，同时也可督促其成员继续成长。

五、实务操作

(一)分析组员特点

在小组后期，小组成员彼此熟悉的程度进一步加强，基本能接纳其他成员的性格，能够互相支持并进行自由沟通。成员对小组的认同度也较高，开始用“我们”而不是“我”来表达对小组的认同。进入结束阶段时，成员们可能同时有正面和负面的情绪感受，否认小组结束。另外有些组员因为对结束期的无可奈何，出现焦虑甚至逃避行为。为了避免老年人们在小组结束后出现不良情绪，“老福”老人院的社工们在结束期便注意处理组员的分离情绪，帮助组员继续保持他们在小组中获得的经验和改变，并且向老人们保证，今后会定期和老人们一起设计有意义、有趣的活动，随时解决老人们的情感问题。

(二)小组结束活动设计

第六节活动 俏夕阳时装秀(见表 3-18)

表 3-18 俏夕阳时装秀

时间	地点	目标	内容	所需资源
10 分钟	老人院多媒体活动厅	使小组成员和家属了解活动内容	主持人介绍活动内容	
45 分钟	老人院多媒体活动厅	让老人证明自我 使老人树立独立自信	老年小组成员进行时装表演	物资：舞台布景材料、适合老人的服装、音像摄录设备 人力：大学生志愿者、老人院护工
20 分钟	老人院多媒体活动厅	带领小组成员和家属一起回顾小组历程	小组历程回顾：活动图片、作品、录音展示	影音播放设备
30 分钟	老人院多媒体活动厅	给予小组成员鼓励	小组成员家属、亲友谈对老人的新印象	
10 分钟	老人院多媒体活动厅	带领小组结束	总结小组活动；对小组成员表示感谢；公布小组结束后的跟踪工作	
——	老人房间	测评小组成效	结合跟踪：对小组成员进行结束后的访谈和调查	记录册、笔、问卷

(三)小组活动详细实施步骤

第六节活动 俏夕阳时装秀

一、目标

1. 让老人证明自我。

2. 使老人树立自信。

3. 巩固小组成员收获，结束小组。

二、程序

(一)在本节活动之前联系小组成员家属、亲友。

根据老人院记录的老人相关情况，联系老人的家属，包括子女、兄弟姐妹，孤寡老人则联系他原先居住地的邻居等。争取每位小组成员都有自己的亲朋好友来参加活动。

(二)提前为老人定做或购买衣服和饰品，为时装秀做准备。

(三)提前进行舞台布置。

(四)主题活动开始：俏夕阳时装秀。

操作步骤：

①主持人介绍小组成员亲友；

②表演开始：小组成员自行表演。

(五)小组历程回顾：活动图片、作品、录音展示。

小组活动过程中的照片、老人创作的作品、红歌会的歌曲等。

(六)小组成员家属、亲友谈对老人的新印象。

(七)总结。

1. 总结小组活动。

2. 对小组成员表示感谢。

3. 公布小组结束后的跟踪工作。

(八)小组成效评估(社工访谈小组成员，社工代填)。

1. 各项活动的总体感觉。

评分标准：5—很好，4—较好，3—一般，2—较差，1—很差

序号	活动名称	得分情况
1	精彩老朋友	
2	姜是老的辣	
3	跟年轻人比一比	
4	我们的红色年代	
5	心有灵犀	
6	俏夕阳时装秀	

2. 你最喜欢哪一个(或几个)活动？(填序号，请按顺序排列)

3. 你认为哪一个活动最有意义？

____

4. 当你参加第一次活动后，是否希望下次活动快点到来？

____

5. 请简单评价一下主持人的表现。

____

6. 参加此活动后，你最想和你的朋友以后多做些什么？

____

7. 六次活动中，你的最大收获是什么？

____

(四)小组活动结束后，工作者对本次活动进行评估，并填写本部分的评价表、记录册等(参见任务三中的相关内容)

(五)小组活动全部结束后，工作者对整个活动进行总结、评估，并且写出结案报告

小组工作结案评估

一、小组工作开展情况总结

1. 小组专业关系维持情况

2. 相关资源利用情况

3. 小组工作运作情况

4. 案主对小组服务的满意情况

二、小组工作目标完成情况总结

1. 案主原问题表现

组员一：

组员二：

……

2. 案主问题解决情况

组员一：

组员二：

……

3. 小组工作进程安排合理程度总结

4. 小组工作运作方式科学程度总结

三、社工工作总结(可以另附纸)

四、社工工作感想总结(可以另附纸)

结案评估日期：　　年　　月　　日

六、总结点评

小组结束阶段的活动设计主要是为了巩固小组的经验，协助成员成为一个独立的个体，以及协助他们面对未来。因此，小组结束阶段的活动安排应该考虑以下几点：一是针对未来的需要；二是表现个人的独特性；三是提供机会让个人完成工作；四是表达感受；五是分化行为多于一致行为；六是配合小组发展情境。基于上述原则，在小组结束时可以采取的活动类型有小组评估、经验回顾、相互道别等。

在这个阶段，技巧运用的重点在于：①如果有足够的结束时间，通常需要至少三次聚会，即在小组结束前三周就清楚地申明结束将发生在三周后，倒数第二周到最后一周处理成员的感受和一些未完成的事务，以及办理结束的仪式。②结束阶段的沟通与互动结构、人际关系与凝聚力有明显的差别。结束必须是离散性、个别化和低凝结性的。工作者有时可以采取拖延会期、缩短聚会时间以及不解决冲突等方法来刻意消除凝聚力。③由于小组的最后结束仪式在于表现社会地位的转变、表达分离的感受、强调悲伤中的积极力量等功能，所以，对于最后的仪式，小组工作者不可轻视。通常最后的仪式可以采用赠送礼物、颁奖、赠书、拍照留念、临别感言、分别聚餐等方式，或者其他足以表达自然感情的方式来处理。

关于评估，社工可采用观察法、访谈法和问卷法。在观察法中，社工可通过组员的迟到早退、出席率、老年人们对小组活动的投入情况等作为指标，考察小组成员参加活动前后的改变和小组成效。在访谈法中，社工根据设计好的访谈大纲去一个个访问小组成员，然后把资料和开组前对老年人的访谈作一个完整的比较，从中分析小组组员的变化及程度。在问卷调查中，可设计多个量表，获得翔实资料。

七、拓展提高

广泛收集适合老人开展小组活动的设计或训练方面的资料，自己设计老年小组活动方案，准备老年小组活动课堂训练。

〉〉〉任务体验式教学参与

个人任务工单1

组号：________　姓名：________　学号：________

引导问题：结合本单元所学内容尝试进行下列操作。

1. 请根据小组工作方法的过程制作小组工作流程图。

小组工作流程图

个人任务工单 2

组号：________　姓名：________　学号：________

引导问题：根据本单元的相关内容讨论下列问题。

1. 在小组成员中挖掘和培养小组领袖的重要性是什么？

2. 小组结束后，老人的定期聚会如何延续？

教学情境二　任务中心模式工作过程
——以老年文娱康乐小组活动为例

〉〉〉教学内容

通过教学，学生掌握任务中心模式老年小组辅导方法和主要工作步骤。

〉〉〉案例情境

康达老年公寓是某市第一家规模较大的新型养老机构。该老年公寓坐落于该市的康达花园社区，其将社区养老和院舍养老融合于一体。公寓内专门按老年人的生活习惯设计房型结构和公用设施。有养老需求的老人们可以购买公寓中的房子，也可以租住在这里。该公寓提供酒店式管理，配备护工、服务员、管理人员。在设施中有餐厅、图书室、活动室、健身房、小型网吧、棋牌室、多媒体室等。目前康达公寓入住老年人共 122 人，有剩余房间 53 间。入住该老年公寓的老人文化层次较高，离退休前基本上都是各自行业中的代表人物。老人们对公寓的硬件设施和服务管理方式很满意，但对精神文化生活不足有很大意见。由于老年公寓缺乏丰富的文娱活动，老人们普遍反映生活枯燥，入住后的新鲜感越来越弱，满足感下降。同时，老年公寓的经营方也迫切希望通过举办一些活动来吸引社会各界对老年公寓的关注，提高其房屋销量。公寓经营方找到本市的某大学社会工作系，希望与学校合作把康达公寓作为实习基地，并请校方为老人们提供活动安排，为老年公寓建立起精神文娱氛围。社工系的师生们决定先以小组工作形式入手，为老年公寓营造文娱氛围。

工作任务：

1. 前期筹备。
2. 组建小组，制订老年小组活动计划。
3. 开启小组，实施老年小组初期和中前期活动计划。
4. 发展小组，促进老年案主转变。
5. 结束老年小组，进行评估。

〉〉〉教学内容

一、术语理解

(一)老年公寓

老年公寓(Apartment for the Aged)，是专供老人集中居住，符合老年体能心态特征的公寓式老年住宅，具备餐饮、清洁卫生、文化娱乐、医疗保健服务体系，是综合管理的住宅类型。这一类型的住宅既能实现老人居家养老的愿望，又能满足老人对社会养老服务的需求。公寓式养老仍属于机构养老的范畴。在北京、上海这样的城市，老年公寓已经很普遍，并且出现低、中、高档分级。

西方国家的老年公寓，多建在环境优美、交通方便的城市郊区或闹中取静的城市中心；室内设备齐全，取用方便，室内布置与一般家庭居室大体相同。公寓设有生活服务、呼救报警、医疗保健、休息娱乐、文化学习、自助劳动等设施和场所。随着西方福利事业的发展及老年公寓条件的改善，许多虽有子女或亲属照料的老人，为避免代际冲突，也自愿申请到老年公寓来安度晚年。

我国从20世纪70年代末80年代初开始，在上海、北京、天津、大连、烟台等地兴建老年公寓。此后，各种形式的由国家、社会或企业建立的老年公寓在各地相继出现。

(二)机构照顾

老年机构照顾是目前国内比较普遍的老年照顾方式，它作为老人长期照顾的一个环节，是指在老年福利服务制度下，对生理、心理和精神上有障碍的或居家养老有困难的老人，由机构专业人员提供带有医疗、保健和相应的护理照料和日常生活起居的照顾方式。机构照顾形式包括老年医院照顾、特殊护理院照顾、护理型养老院照顾、康复保健型养老院照顾、老年公寓照顾。

(三)老年机构照顾中的社会工作者的主要工作任务

养老机构是由老人系统、院舍系统、老人家庭系统、社区系统等构成的一个生态系统。因此，在介入养老机构服务时，社会工作者需要采取多系统的介入模式，采用多元化的工作方法，协调各系统之间的运作，充分调动各系统的资源以维系整个生态系统的平衡。总体来看，在养老机构工作的老年社会工作者需要承担的工作任务可分为以下三个主要内容。

1. 做好老人入住机构前的衔接工作

离开熟悉的家庭进入养老院，老人会有一个痛苦的适应过程。因此，养老机构中的社工需要做好老人在入住前的衔接工作。首先，对申请入住机构的老人进行面谈和家访，为老人及其家人提供机构的各种信息，协助老人及其家人做出积极的和可行的选择。其次，和老人及其家人一起探访机构，以充分认识机构环境和生活方式。最后，收集老人及其家庭状况的信息，包括老人入住机构的背景及目的、老人的疾病史、老人的精神状况、家庭护理照料情况、家庭生活状况、老人的生活历史、老人的性格、老人的日常生活照顾能力状况等，并对以上各项及老人的认知、沟通、情绪、行为、社交、疾病及医疗状况、社会支持系统状况等内容做出评估，为入院老人建立档案并与相关部门进行信息的沟通。

2. 为入住机构的老人构建满足其精神需求的社会支持网络

由于机构往往把老人限制在机构中，使其缺乏与家庭和社区的接触互动，造成机构住养老人的生活单调、乏味，这对老人的精神和心理健康会产生不利影响。国外研究表明，社会隔离是给老人身心带来最大伤害的因素，而强有力的支持网络是老人进行良好的心理调适的最重要因素。养老机构内老人社会支持的内容分为三种：情感支持、认知支持和行为支持。机构住养老人最希望获得的是情感支持。因此，老年社会工作者对入住老人的主要工作内容是帮助老人建立起愉悦的精神生活、情感生活网络，使老人在精神、物质上同时得到满足。

3. 倡导积极老龄化，引导老人树立“老有所用”的自信

俗话说：“莫道桑榆晚，余霞尚满天。”从岗位上退下来以后，大多数老人在年龄体

力、知识技能方面还可以继续为社会做出贡献。老人希望为社会做一些力所能及的事情，充分发挥自己的潜能和余热，实现自身的价值或未完成的心愿，也从中体验到成功的喜悦和满足感。为此，养老机构中的老年社会工作者可以通过成立各种老人义工组织或组织丰富的活动来鼓励机构内身体健康、年龄较低、有一定技能或者有文化素养的老人积极参加义工活动，从而为老人建立自信，消除因年老而产生的“无用”感。

二、要点提示

1. 做好小组开组前的准备工作

小组开组前，首先要对本次小组服务的老年案主情况、老年公寓的设施资源情况、老年公寓经营方的意愿三方面进行调查，以确定即将开设的老年小组中成员的主要问题和需求，老年公寓能够提供的资源以及老年公寓经营方的需求。其次，为了招募到老年朋友参加小组活动，在筹建小组时需要对潜在的小组成员进行宣传，宣传方式灵活多样，以能够充分引起受众注意为目的。最后，对报名参加小组活动的老人进行小组目的、活动方式、活动规则、意义等讲解，让老人们初步了解小组的情况，考虑是否愿意参与。

2. 组建小组，制订小组活动计划

根据已了解到的即将参与小组活动的老年案主的特点、需求等确定小组规模，落实小组活动场地、经费、活动项目、活动时间等基本内容。

3. 开启小组，实施小组活动计划

按照制订的小组活动计划书开展小组活动。

4. 发展小组，促进成员转变

社工利用小组活动技巧，连接小组成员，与小组成员一起设定工作任务，鼓励小组成员通过积极参与共同完成任务。这一过程中，社工要强调小组成员的参与与否对任务达成的重要性，培养小组成员的参与意识，从而通过一些任务的完成使老人建立起自信与积极的老年心态。

三、方法技巧

老年社会工作者常用的技巧如下。

(1)怀旧：引导老人回忆和描述以前发生在生活中的重大事件，尤其是那些让老人引以自豪的事件，让老人获得人生的满足感。

(2)生命回顾：这一方法与怀旧法的不同之处在于，生命回顾是和老人一起探讨老人这一生的过程，其中涉及辉煌事件，也有遗憾的事件，以此激发老人对生活和生命的思考，引导老人用平和的态度来接受目前的老年状态。

(3)给每个参加活动的成员按其能力情况分配工作任务或作业，以激发老人“老有所用”的自信。

(4)与老人一起探讨社会热点事件，鼓励老人发表意见，从而促进老人积极思考。

四、注意事项

(1)在筹建小组前，一定要对本次老年小组成员的特点有充分的认识和把握，社工要清楚成员的需求、能力限制等。

(2)小组活动内容的设计不应超出小组成员的能力范围，以避免给小组成员带来负面的自我认知。

(3)如果报名参加小组活动的人数过多，可考虑分组或分期，最好不要拒绝成员参加。

五、实务操作

(一)前期筹建阶段

某大学社会工作系大三的学生以及指导老师王老师在接受此次康达老年公寓的求助意愿后，决定为公寓的老人们营造一个良好的文娱环境，以丰富老人们的精神生活。首先，王老师及学生们对康达老年公寓进行了实地调查与参与观察，明确了老年公寓中老年朋友们的需求和公寓可运用的资源。

师生们分别到老人家里或老人活动室等与老人进行面对面的访谈，了解老人的需求。通过与老人的谈话得知，老人们选择公寓式居住环境就是看到了老年公寓与老人院的差别，希望既能享受到照顾服务又没有离开家的感觉，而今入住康达老年公寓，对物质环境还算满意，老人们相互间也熟识了。但困扰他们的是精神活动太贫乏了，承担服务的公寓工作人员以往所组织的活动也很枯燥，进行了几次老人们就没有兴趣了。精神生活缺乏让老人们的生活少了乐趣，每天就是看看电视，吃吃睡睡，老人们成了名副其实的“等死队”。对于这种状态，很多老人对死亡的恐惧越来越重了，担心自己突然一下子就倒下了。老人们迫切希望开展一些有意义的活动，充实他们的生活，发挥他们的余热，让每天的生活更有意义。师生们认真记录下了老人的需求，并根据老人的要求准备开展一项试点活动。

根据这类老人的特点，师生们进行了活动设计。通过前期宣传，招募到了小组成员。

(二)组建小组，制订小组活动计划

小组组建过程

1. 小组名称：夕阳红

2. 小组目的

通过此次小组活动，引导公寓内的老人们组织起精神娱乐项目并形成老人之间、老人与大学生群体间的互动，搭建一个老人休闲娱乐的平台，让他们切实感受到社会对他们的关心与重视。同时老人通过与大学生生活经验、人生经历的交流以及实事问题讨论，找到老年期的收获感与优势感。大学生向老人传递时代信息及技术，以拓宽老人们的时代知识视野，让老人找到进步感。通过一系列寓教于乐的文娱活动，丰富老人们的精神生活，为老人们建立起精神生活内容。

3. 小组成员

本公寓内头脑清晰的老人，男女皆可。在人数上不作具体的限定，视报名参与人数再进行二次小组划分。每组成员控制在8人，若报名老人多可分成多个小组同时进行。

4. 小组特征

由老年公寓支持，社工专业师生主办的一个老年文娱、康乐小组。

5. 活动时间

2020 年 4 月 27 日到 2020 年 5 月 25 日。每周三举行一次。

6. 活动地点

老年公寓餐厅、活动室、小型网吧、多媒体室。

7. 招募计划

到老人家中或餐厅，与老人近距离沟通交流，建立亲密关系后，诚邀几位参与意愿较强的老人向其他老人进行活动宣传。

在公寓中张贴海报。

由公寓工作人员进行“走家串户”，达到广而告之的目的。

招募时注意老人头脑清晰即可，鼓励轮椅老人参与。

8. 需要的资源

人力资源：每个小组需要两名工作人员，一人负责主持活动，一人负责记录。

活动地点：根据每次的小组活动内容提前选定合适的活动场所。

设备和物资：报纸、电脑、网络、麦克风、音响设备、纸张。

9. 预料中的问题和应变计划

招募成员时如果参与的老人过少，可以向老年公寓求助，请他们提供一些老人的详细情况。

可能有个别组员互相认识，这样也有利于活动的开展。

中途想退出的老人，要问清原因以及向其他老人解释清楚，以免出现更多的人员流失。

若遇天气原因，活动顺延另行通知(在前期通知时向参与人员说明)；若因活动内容致使老人突发疾病，需立即送往医院。小组成员在通知时应征得老人家人的同意，在活动前学习突发疾病紧急救治知识。

工作者的经验不足，可能难以让老人产生信任。另外，工作者控制局面的能力不够，会让场面失控。在活动进行之前，工作者应做好充足的准备，从思想上到资料上再到临场的发挥，都要先进行模拟。活动进行之时，工作者应该尽量展现自己的优势方面，避免暴露自己的弱势。

10. 活动预算(单个小组)

预算内容	合计
奖品	200 元
纸	10 元
笔	10 元
报纸	5 元
水果	100 元
总计	325 元

(三)开启小组，实施小组活动计划

按照事先设计好的小组活动方案开展活动，见表 3-19。

表 3-19　小组活动计划

活动序号	活动时间	活动名称	活动目标	活动步骤	活动地点
1	4月27日	有缘才相会	小组形成和组员相互认识 建立小组规范	开场白 认识朋友 契约树 吃香蕉 列举事物 总结及回应	公寓活动室
2	5月4日	拉歌比赛	活跃小组开组气氛 大学生与老人互相熟悉	每个小组成员唱红歌 互相拉歌 以小组为行动单位，小组间集体拉歌 总结及回应	公寓餐厅
3	5月11日	网络小游戏对弈	让老人学会上网玩小游戏，以丰富精神生活	连连看 对对碰 走迷宫 总结及回应	公寓小型网吧
4	5月18日	关心下一代	提升老年期阅历优越感	为年轻人解答各种困惑 总结及回应	公寓活动室
5	5月25日	养生课堂	保持良好心态 懂得必要的养生知识 结束小组活动	专家讲解养生知识 小组历程回顾 小组评估测量 拍照留念 道别	公寓多媒体室

此次招募的老人很多，由于工作人员有限，最后组成了两个8名老人的试点小组。工作人员准备在此次活动中，重点挖掘老人中的领袖人物，由公寓中的领袖带领老人们在今后继续开展活动，使公寓的精神生活内容丰富多彩。

(四)发展小组，促进成员转变

依照小组计划进度，此次小组活动逐一开展。

在拉歌活动中，老人们兴致很高，因为所唱曲目一般都是他们熟悉、喜爱的红色经典歌曲。在此次活动中，大学生们受益匪浅，前期准备时他们学唱了一些红歌，在活动过程中又参与拉歌，从老人那里学到了一些曲调优美、欢快的歌曲。

网络小游戏对弈，使老人们尝到了网络娱乐带来的乐趣。在这一对弈开始前，大学生们用了近一周的时间对老人进行网络应用扫盲，教老人学会网络基本应用，除了游戏之外，老人们最欢迎的是网络博客写作、健康类论坛网上交流等。

在“关心下一代”活动中，大学生们提前准备了一些关于“恋爱”“交友”“择业”“代沟”“读书”等方面的问题，这些问题既有参与此次活动的大学生自己的问题，也有在前期准备工作中大学生们向在校学生做的调查收集。

最后在“养生课堂”活动中，老人们讨论了很多日常保健、疾病保养、饮食健康等方面的问题，互相传授了很多经验。

经过此次小组的一系列活动，老人们在与大学生的交流中获得了快乐，在活动中与大学生结成了对子，建立了长期的交流关系。老人们在学会了电脑的使用方法后，彼此之间又多了一项在网上虚拟空间交流的乐趣。活动结束以后老人们讨论了自己的感受，他们非常支持社工专业师生们组织的这次小组活动，如果不是师生们的时间和人员有限，他们希望可以让更多的人参加进来。社工专业师生们也谈了自己的想法，希望部分老人可以起到带领作用，发挥自己的特长，把公寓内的老人集合起来，由第一批老人带领开展更多的活动。组员接受了这一想法。而社工专业师生们也表示，校方可以为老人们的小组活动随时提供学生资源，并把定期进入老年公寓参与活动列为该专业学生必修实习内容。

受到鼓励的实验组老人们也开始自己组织小组活动来丰富他们的精神生活。

(五)结束小组，进行评估

此次活动历时一个月，试点小组成员成熟后，社工专业师生们就适时退出了小组，由小组成员自己继续开展活动。退出后的社工师生对此次小组活动进行了评估。

1. 对过程进行评估

观察组员对小组的投入程度。

2. 对活动进行评估

(1)依据小组活动结束时老人所说的一些感受进行评估。

(2)依据督导老师和公寓工作人员的评价进行评估。

3. 对结果进行评估

通过收集组员对小组的成效的评价进行评估。

附：

康达老年公寓文娱康乐小组活动评估报告

1. 目标评估

本次活动基本完成了预定的各项任务，实现了最初设定的目标，这些目标主要表现在以下几个方面。

一是公寓内老人精神状态普遍提高。活动丰富了老人的生活，让老人在公寓内不再感到寂寞，老人普遍更加依赖公寓环境，更加喜欢在公寓中生活。

二是由于我们的时间有限，故重在培养老年群体中的领袖。经过我们了解，在我们不在的时候，这些老人在领袖的带领下利用自己的特长自行组织活动，丰富公寓内老人的生活。

2. 对组员的评估

在本次小组活动中，老年小组成员们都能积极参与，成员之间的默契程度也比较高，形成了较好的合作基础，保证了小组活动的顺利进行。组员对活动很感兴趣，虽然我们培养了领袖，但是老人们还是希望我们年轻人可以来陪他们做活动，与他们一起交流。

3. 工作者自我评估

由于时间仓促、精力有限、准备不足以及专业的社会工作经验的相对缺乏等方面的原因，本次活动不可避免地存在一些不足，在今后的实践工作中需加以改进。

一是服务对象的范围不是很大。由于时间限制，本来我们计划的是可以有许多工作人员成立多个小组，来培养老人的社区归属感和认同感，但实在是力不从心。

二是工作人员的专业水平有待进一步提高。这是我们第一次进行老年社会工作的实习，在理论的准备、技巧的掌握、方法的运用等方面，专业化、规范化和科学化的程度还需要进一步提高。

三是只依靠工作者的力量是不够的，还要发动志愿者来帮助工作者达成老年精神文化生活内容的丰富。

4. 工作总结

通过这次活动，社工专业学生们对老年社会工作的技巧有了进一步的提高。在前期访谈中和工作中主要运用了以下工作技巧。

一是积极倾听。所谓积极倾听是指积极主动地倾听对方所讲的事情，掌握真正的事实，藉以解决问题，而不是仅被动地听对方所说的话。

二是反映。反映是指同感的传达过程，主要是通过复述成员所表达出来的内容和揭示背后的情感来实现。

三是澄清。澄清是指使用某些方法使组员陈述的内容和感受更加清楚和条理化的过程。

四是总结。总结是小组过程中必须使用的方法。

五是鼓励和支持。作为小组工作者必须使用这一方法，必须消除小组组员的顾虑，必须多加鼓励和支持。

六是基调的设定。基调的设定是指设置和创造一种小组的情绪氛围。

七是眼睛的应用。在领导小组时，眼睛的应用是十分重要的。眼睛可以帮助领导者收集有价值的信息，鼓励成员们发言，也可以阻止成员的发言。

八是沟通。这主要包括两个方面的内容，一方面是与老人的沟通，另一方面是与社区机构的沟通。与老人的沟通主要分为两个阶段，一是小组开展前的个案阶段，与老人谈心，进行倾听，建立情感；二是活动进行中，不断征得老人们的回应，并在每次活动结束后，询问他们的意见，以便及时调整与完善活动。

5. 个人体会

①实习回顾：四个星期的实习已经结束了，但是我们还是意犹未尽，因为需要我们去做的还有很多很多。时间真的是太仓促了，我们有很多想法都没有办法实施。如果有时间，我一定会把这项计划继续实施下去，让整个老年机构充满爱，充满老人的笑容，让老人们体会到老年机构给他们带来的关心与爱护。

②前期：一定要做好充足的准备工作。比如，与老人建立专业关系，取得老人的信任，向他们了解他们最真实的需要是非常重要的，这决定了我们设计的活动项目是否能够调动老人参与的积极性，决定了我们该采用怎样的方式来让老人通过参与小组而获得他们想要的快乐与满足。

③中期与后期：在活动中重视对老人领袖的培养，是非常正确的。因为我们的目的是为老人们建立起一些精神娱乐生活的习惯和内容。我们的活动结束后，这些娱乐生活内容能否继续下去，关键是看有没有人来起带领作用。我们在活动中努力培养老

年领袖，以便在我们退出以后计划不会中断。还好，我们成功实现了这一目标，经过我们的了解，在我们不在的时候，领袖们坚持带领老人开展活动，而公寓工作人员受我们的启发，也有了开展活动的计划。总之，我们的计划实施还是比较成功的。

六、总结点评

(1)在任务中心模式中，社工要把握好自己的角色，作为活动设计者和行动策划者，重点是激发小组成员的参与积极性，培养小组成员的能力。

(2)在老年小组社会工作中，根据案主群体的特点设置活动基调和内容是十分必要的。

〉〉〉任务评价

"任务中心模式工作过程"学习任务自我检测

工作要点	小组筹建阶段 组建小组，制订小组活动计划 开启小组，实施小组活动计划 发展小组，促进成员转化 结束小组，进行评估

续表

思考与拓展	请根据社区中老年群体特点设计一个社区中的老年活动小组 讨论机构养老、社区养老、居家养老的不同特点

项目四　老年社区社会工作

〉〉〉理论连接

当人们进入老龄状态后，对原有居住环境的依赖程度和依恋程度都会较其他年龄阶段加深。另外，受我们国家传统文化价值观的影响，人们进入老年后首选的养老方式还是家庭养老，一是与亲人生活在一起，二是与自己熟悉的环境生活在一起。目前，随着人口老龄化程度的加剧，人们越来越认识到老年问题的解决，仅仅停留在老人个人及家庭层面是不够的，需要扩大到老人所处的社区之中。因此，社区工作方法在老年群体中的应用，成为群体社会工作中的一个重要实务领域。

一、认知老年社区工作基本概念

(一)定义

所谓老年社区社会工作就是指社会工作者在社会工作价值理念的指导下，以社区为载体，以社区内的老人及其他社区成员为对象，运用各种专业的工作方法，改善老人与社区的关系，提高老人的自助、互助能力，促进老人的社区参与，通过老人的集体参与去改善他们的生活质量的一种服务活动和服务过程。

(二)对老年社区工作的理解要点

根据以上老年社区社会工作的定义，我们可从以下几个方面来进一步理解老年社区工作的含义。

(1)在本质上，老年社区社会工作是传统社会工作的一种方法和过程。

(2)在服务对象上，主角虽然是老人，但也包括社区内的其他相关成员。

(3)在过程上，由社会工作者提供专业帮助，老人与其他社区成员通过社区参与，建立社区归属感和认同感，在这个过程中老人及其他社区成员可培养自助、互助及自觉地解决问题的能力。

(4)在功能上，发挥老人及其他社区成员的潜能，培养其解决问题和自我价值实现等方面的能力。

(5)在总体工作目标上，帮助老年群体加强社会参与意识及能力，合力营造一个不分年龄、人人共享的和谐环境。

(三)老年社区工作的原则

一般来说，老年社区社会工作的原则包括以下几个方面。

(1)注重以老人为中心的发展目标。老年社区工作的理想是要帮助社区中的老人建立起自己的集体力量，从而改善社区中老人的生活状况，因此，以老人为中心的发展目标的确定就非常重要。

(2)积极地看待老人的形象，尽可能多地找出老人的优点和长处，肯定他们在社会上的价值和地位，相信老人有自己的潜能。

(3)要有足够的耐心，不要期望有即时的效果，要按部就班地协助、引导老人，要强调转变的程度多于完全的改变。

(4)对老人要有深入地认知和分析，了解个别老人的兴趣、爱好以及能力，要有计划地将老人的参与度提高。

(5)多给老人亲身参与的机会，不要过分地保护老人，要充分认识到老人只有通过更多地参与和实践，才能得到学习和改变。

(6)除了积极带动老人参与社区，还要足够地重视他们的基本需求和兴趣，并为他们提供相应的服务。

(7)社会工作方法会对老人有较高的要求，因此需要不时地给予老人适当的支持和鼓励，以增强他们的动力和积极性。

(8)要与老人建立起一种互相支持、信任及平等的工作关系。

(9)不要将资源及注意力只集中在个别的核心老人身上，要多与其他老人接触，挖掘他们的参与能力。

(10)要建立更多的社区关系及挖掘更多的社区资源。

二、认知老年社区工作的理论基础

对老年社区工作实践产生指导意义的相关理论，包括增能理论、标签理论、回归社会理论、社会网络理论、正常化理论、系统理论等。下面选择几个常用的理论进行简要介绍。

(一)增能理论

1. 内容

通常在传统世俗的观念中，老人是脆弱的群体，因自身生理机能与能力的丧失而需要他人提供照顾与供养。在这一观念下，老人的精神和价值需要往往被忽略或不被重视。增能理论认为，通过一定的方法引导老人，可以在一定程度上恢复他们的生理和社会的功能，并有助于他们进入正常的社会生活。增能不仅在于增强老人逐渐减弱的机体功能，而且可以增强他们的生活信心。

2. 对老年社区社会工作的启示

在对老年案主实施社区工作方法时，可以引导老人积极进行社区参与而获得增能。其中可考虑的社区参与方式多种多样，如老人的社区康复训练、老人的教育、丰富多彩的社区文娱活动和改善老人的环境条件等。

(二)标签理论

1. 内容

标签理论认为个人的偏差行为很大程度上是由于他人应用规范及制裁于违反者而造成的后果，而不完全是个人品质所决定的。根据这个观点，如果社会或者社区中其他人随意给老人贴上不好的标签，如“老糊涂”“人老珠黄不值钱”“老不中用”等，往往会促成被标签化的老人陷入更为严重自我形象贬损的境地。当这些老人被贴上不良的标签，可能会不知不觉地开始修改他们的自我形象，将自己归属于这些被标签的角色，导致一种“自我应验预言”的恶果。然后，更进一步用虚弱的、无助的、无能的、可怜的等心态及行为来防卫及适应周围环境。

2. 对老年社区社会工作的启示

在这一理论指导下，老年社区工作者应该洞察老年服务对象某些心理和行为产生的可能性因素，从而利用各种手段尽可能地消除社区环境对老人随意的负面标定，以及减少在开展老年社区工作时的先入为主和偏见，有效地改善老人的生活处境。

(三)社会网络理论

1. 内容

社会网络是一群人之间的关系结构及他们之间所存在的交换关系及特定角色。社会网络中蕴含着社会支持资源，网络大多数情况下都扮演支持性角色。社会支持网络是一种非正式的社会支持，通常可以起到两种作用：一是能够起到缓冲压力的作用，可以帮助个人在危机状态下去采取较乐观的态度或做较适当的准备，使个人采取较积极的态度去面对困难，或鼓励个人去执行适当的治疗程序。二是能够起直接及整体的保护作用，社会支持能够帮助个人融合进社会的网络之中，因此而强化个人的心理及生理健康，帮助个人与社会之间的协调。通常社会网络被视为解决个人及社区问题的“第一线”，因为当个人遇到问题时，第一反应通常是寻求相熟或亲密的人的协助。所以，社会支持网络无疑是补足正规社会服务的一种有效支持模式。

2. 对老年社区社会工作的启示

在社会网络理论的影响下，社区工作者在进行老年社区工作时，除了发动老年案主的社会参与外，更重要的工作内容是为老人建立社会网络系统，包括个人网络、志愿者网络、互助网络、邻里援助网络、社区授权网络等。这些网络支持系统可以包括亲戚、朋友、志愿者、互助小组及邻舍关顾团体等，而所提供的支持可能包括心理及情绪上的支持，协助日常生活上的细节，提供物质、金钱、技术及意见等。

三、认知老年社区社会工作实施模式

学者罗斯曼提出了社区社会工作的三种实施模式：社区发展、社会计划与社会行动。这三种模式的工作目标、工作原则与工作方法有很大的差异。但在实际的社区工作中，这三种模式并非是绝然分立的。社区工作者往往根据实施的场合不同选择其中之一，或者混合使用几种模式。

(一)社区发展模式

1. 含义

这个模式假设社区成员之间漠不关心，因此需要社会工作者发动社区居民广泛地参与社区事务，共同来决定社区目标与行动方案，以达成社区居民自助与互助，以及社会问题解决的目的。用这个模式指导开展老年社区工作，首先可以考虑的服务内容是：发动社区内的老人自助和互助，扶植老人的志愿性合作，培养社区内的老人领袖以及开展老年教育工作。

2. 适用的社区情境

简单社区，即居民背景比较一致。居民关系状况不佳，对社区中的其他居民不关心，对社区面临的共同问题不关心。社区政治情况比较稳定，居民信任政府。社区变迁比较缓慢。

(二)社会计划模式

1. 含义

这个模式强调以理性的、谨慎的计划去控制社区变迁和利用可行的技术去解决具体的、实质性的社区问题。用这个模式指导开展老年社区工作，就是依靠各类专家和技术能力的运作，了解社区内老人的真实需要和各类问题，制订详细的解决老人问题的方案和为老人服务的计划，并以最有效的方法予以实施，把各种服务输送到有需要的老人身上。

2. 适用的社区情境

存在一种或多种严重问题，且针对这些问题社区居民缺乏合理的方案和实施能力。

(三)社会行动模式

1. 含义

这个模式假设社区内有一些群体始终处于无权无势的边缘地区，所以社会工作者就要把这些群体的成员组织和动员起来，并根据社会正义和民主的理念，对整个社会提出正当的要求，如资源的增加或合理的对待。用这个模式指导开展老年社区工作，就是要充分地发动老人，组织他们为寻求权力和资源的再分配而抗争，直至改变有关老人的社会政策。

2. 适用的社区情境

社区内矛盾较多，政府部门存在官僚化现象，部分老年居民处于劣势。老年群体利益缺乏保障的社区。

四、熟悉老年社区社会工作内容

(一)老年社区服务

1. 含义

所谓老年社区服务，就是指政府或非政府团体通过社区组织和社区所在的福利机构，为解决社区老人的实际困难与满足各类需求而有针对性地提供设施与服务的福利性项目的活动。

2. 具体工作内容

在社区层面上主要为有需要的老人提供以下几个方面的服务。

(1)贫困老人慰问和物资援助。逢年过节，各级老龄问题委员会和退休职工管理委员会配合社区有关部门上门慰问老人，尤其是为那些特困老人捐钱捐物和发放困难补助。

(2)老人各项有关权益的争取。一些涉老机构专门在社区设立法律咨询部门或者设专人接受老人的咨询，为老人寻找资源或在财产、房屋、经济、婚姻等方面为老人争取相关权益。

(3)老人文体康乐活动的开展。在各级涉老机构的组织下，以社区为单位，不少老人积极参加有益的体育、健身、文娱和康乐活动，以充实自己的晚年生活。

(4)为老人提供收养和寄托服务。这项服务一般由街道和居委会兴办的老年公寓(小敬老院、小福利院)和托老所承担，收养对象首先应是社救孤老(三无对象)。这类老年公寓和托老所，一般规模较小，设在本社区之中，有的是把分散在社区内需要照顾的老人集中到一个院子或一栋楼房中办起来的，也有的是利用社区空地建成。

(5)老人庇护服务。主要包括为老人提供法律庇护，即为老人通过法律途径争取权益。生活庇护，即为受害老人提供良好的生活服务，使他们有安全感，精神上得到安慰，重新鼓起生存的勇气和信心，防止不良后果。舆论庇护，即为了维护老人的合法权益，借助各种宣传媒体，动员社会力量，进行舆论庇护。

(二)老年社区照顾

1. 含义

社区照顾，是指利用社区资源和社区非正式的支持关系网络，把服务对象留在社区环境下，在其熟悉的环境中向其提供照顾和帮助的福利服务模式。社区照顾分为在社区内照顾、由社区来照顾、为社区照顾三层含义：在社区内照顾是指不使被照顾者离开他(她)所熟悉的社区，而是在本社区内对其提供生活服务。由社区来照顾也就是动用本社区的人力资源，运用社区支持(非)体系开展照顾服务。为社区照顾是指社区资源被整合起来解决本社区的特殊群体困难，提升整个社区的归属感，为全社区营造了守望相助的福利氛围。在社会工作的理念里，老年社区照顾是指社区中的各方面成员——家人、亲戚、朋友、邻居、志愿者和社区领袖、社区积极分子等组成的非正式网络，与各种正式的社会服务机构——医院、养老院、福利院、精神病院及各种康复中心等政府的和非政府的机构相配合，在社区内为需要照顾的老人提供服务的过程。在完整的意义上，社区照顾是“在社区内照顾”“由社区来照顾”和“为社区照顾”三方面的结合。它既包括由政府、社区及市场化的企业等各种非营利和营利的社会服务机构提供的专业服务，也包括由社区内的居民提供的非专业服务。

我们可以从四个方面来理解社区照顾的具体含义。

(1)社区照顾是一个社会服务网络。这个网络包括家人、邻里、朋友、各种民间服务组织、政府有关部门、义工、社工等，这些个人、团体或组织构成了社区内的社会救助与社会照顾的系统和网络。

(2)社区照顾是一个社会服务过程。在社区照顾网络中，社区工作者结合有关人士和有关组织，在深入调查研究的基础上，调动社区资源，有步骤、有计划地为有实际困难而需要帮助的社区居民提供必要的物质援助和精神帮助。这种服务不是一蹴而就的，而是随着社区的发展变化和照顾对象的变化不断进行的。

(3)社区照顾是一种专业化、职业化的社区社会工作方式，是社区社会工作内在的和必然的过程，要通过专业的甚至是职业的社区工作者的努力工作，发动社区群众，建立社区网络来加以实施。

(4)社区照顾有其特定的对象。社区照顾的对象生活在社区内，但不是所有的社区成员都需要社区照顾，那些通过自己的努力或本来就有能力解决和克服困难的居民，不属于社区照顾的对象。社区社会工作意义上的专业性社区照顾的对象，主要指社区内有特殊困难而自己不能解决并且需要较长时间照顾的个体及其家庭。

2. 具体工作内容

(1)为有特殊需要的老人提供日常照顾，包括医疗照顾、日间护理等。

(2)居家服务。对于外出困难且无人照顾的老人，由社区组织志愿者和专业护理服务组织为老人提供居家服务，以提高老人的生活质量。

(3)社区支援服务。通过社区工作者和社区志愿者、邻里等为老人提供日常困难支援和紧急情况支援，为老人建立起社会支持网络。

(4)为老人创造社交条件。社区一般会定期举办各种学习班、兴趣小组及文娱康乐活动，促进老人与社会的紧密接触，让老人与外界保持联系而不与社会生活脱轨。除一般性小组及社区活动外，中心也提供多样化的辅助服务，如送饭、洗澡、洗衣等，帮助有困难的老人。

(5)老人入户访问服务。通过入户访问接触，社工人员与一些老弱、独居且到社区中参加活动有困难的老人会面，协助他们申请所需的服务，如公共援助、家务助理，并为他们提供探访、社交、康乐活动及辅导服务。

〉〉〉任务体验式教学参与

个人任务工单1

组号：________　姓名：________　学号：________

引导问题：结合本单元所学内容尝试进行知识再现。

社区工作方法理论链接内容要点	老年社区工作的理论基础 老年社区社会工作实施模式 老年社区社会工作内容

小组任务工单 2

组号：________ 姓名：________ 学号：________

引导问题：根据本单元的相关内容思考下列问题。

1. 老年社区社会工作方法的本质是什么？

2. 老年社区社会工作方法可以在养老机构内适用吗？

教学情境一　地区发展模式工作过程
——以家园社区老人社区服务为例

任务一　发现社区需求，选择工作模式

〉〉〉教学目标

通过本任务教学，学生了解如何发现社区老年服务需求问题，根据实际工作任务选择社区工作模式。

〉〉〉案例情境

某市家园社区是该市一个大型社区，约有居民两万人。户籍在册人口中，60 岁以上老人人口数约为 2033 人，约占户籍总人口数的 25.8%。其中，80 岁以上的老人有 362 人，纯老人家庭 162 户，单身独居老人 119 人，孤老 32 人。显然，根据国际上通行的老龄化标准，家园社区面临着严重的人口老龄化问题和高龄化问题，面临着繁重的老人服务和老人照顾的任务。目前该社区老人问题突出表现在两个方面：一是老人经济保障和医疗保障不足的问题。该社区有部分老人，因退休较早，退休工资很低，随着生活费用的不断上涨，现在这些老人的生活比较窘迫。此外，随着年龄增长，疾

病越来越多，而且医疗费用也在逐年增加，老人们面临着收入低、生活困难、看病难的困境。二是老人照顾、服务和支持缺乏的问题。该社区有超过百户的纯粹老人家庭，这些老人身边因缺乏照顾、沟通和求助途径而容易出现意外情况。

根据该社区老人的基本情况，家园社区的社工们决定为社区范围内有需要的老人开展一次专业化的社区服务。

工作任务：

1. 发现社区老年服务需求。

2. 选择老年社区工作模式。

〉〉〉教学内容

一、术语理解

(一)社区需求

社区需求是指因社区中存在的问题给相应案主带来困难，从而导致案主寻求改变的欲望和要求的状况。社区需求既有物质需求也有精神需求，需求的存在是因社区问题造成的。合理性社区需求长期受到压抑而得不到满足，最终会形成对社区秩序和社区生活状态的破坏力量，导致私人生活和公共生活混乱和无序。社区工作的主要任务就是解决社区问题，满足社区需求，维护生活的常态秩序，增进社区福利状态。

(二)本土化老年社区服务

在国外社区工作中，积极鼓励社区居民参与社区事务和社区民主建设是社区工作的核心，因此，在国外老年社区工作中，旨在动员老年力量发挥选举效应的举措成为引导社会各界重视老人、关心老人的一个主要方式。于是“充实力量”“增加机会”等成为老年社区工作中的重要概念。但是，我国国情与国外有着很大的差别，社会工作者不能照搬国外老年社区的工作方式，而须与我们的国情相结合。具体而言，在我国，老人的民主参与、能力建设、社区服务、社区康乐、社区教育、社区照顾等，都应该是开展老年社区工作的重要内容。因此，在开展老年社区工作时，除了强调提升老人参与社区公共事务的机会之外，更主要的是积极组织老人自助和互助，积极开展各种为老人服务的活动和老年文化娱乐活动，以提高老人晚年的生活质量。

二、工作要点提示

(一)接受社区工作任务的途径

1. 途径一：主动开展社区状况调查，发现社区需求，确定社区工作任务

所谓社区调查是指社区工作者运用科学的调查方法，有目的、有计划地考察了解、分析研究社区的状况和存在的问题，以发现当前社区中存在的普遍性需求，进而确定社区工作重点和任务的活动。开展社区调查是解决社区困难，满足社区需求的前提条件之一。因为，只有通过社区调查来了解和把握社区实际状况，才能保证社区服务工作符合社区需求，做到有的放矢，收到明显成效。社区调查不仅出现在社区服务工作的起始阶段，而且贯穿于社区服务的全过程，在一定程度上关系着社区服务的成败。因此社区工作者必须积极主动地开展社区调查，及时了解社区居民的各种需求，发现

社区工作任务。

2. 途径二：接受工作机构委派的社区社会工作任务

接受工作机构委派的工作任务也是社区社会工作任务的来源之一。工作机构发现了工作任务，需要合适的组织或部门去完成，在这种情况下，社区工作者就要接受工作机构委派的任务，融入社区生活之中，动员社区资源，发挥社区居民的自助精神，有效地解决社区现阶段面临的问题。

(二)选择社区工作模式

在本项目的理论部分，曾介绍了老年社区工作方法中的主要模式。在具体的老年社区工作实务中，应根据社区面临的老人问题选择合适的工作模式。我们要清楚各个模式的特点，也就是通过对比分析看哪种模式更适合于社区实务情境。

三、方法技巧

通过对三种工作模式进行“目标、所关系的问题、策略和技术、社会工作者角色、案主范围”等多项进行比较，结合实务工作中的社区情形，可以确定需要选择哪种工作模式，见表4-1。

表4-1 传统社区工作三种模式比较

模式比较项目	社区发展模式	社会计划模式	社会行动模式
目标	过程目标：社区能力的整合和发挥	任务目标：解决实际的社区问题	有时为过程目标，有时为任务目标
所关心的问题	社区的冷漠和疏离	实际的社会问题，如老人照顾问题、住宅问题、缺乏设施等	处境不利群体的遭遇
策略和技术	策略：引导社区居民关心、参与社区问题和需求 技术：沟通、讨论等取得意见的一致性的技术	策略：了解问题事实并提出理性的解决方法 技术：事实发现与分析技术	策略：将议题具体化，然后组织民众采取集体行动 技术：质问、直接行动、谈判等冲突技巧
社会工作者角色	促成者	专家	倡导者与行动者
变革的媒介	社区团体	正式组织或机构	群体组织
案主的范围和角色	范围：地理社区与功能社区 角色：参与者	范围：地理社区与功能社区 角色：消费者和接收者	范围：地理社区与功能社区 角色：居民

总之，地区发展模式是以合作、参与为工作取向的，而社会计划模式主要是以问题为取向的。在社区工作中，我们既要注重社区发展模式的应用，也要注重社会计划模式的运用。

四、注意事项

(一)在选择社区工作模式时，必须清楚目前所要服务的社区的基本情况，以及社区中的主要困境

要遵循因地制宜的原则，把理论上的社区工作模式与实际工作需要相结合。理论上所提及的社区工作模式在工作应用过程中并不是分开的，我们可以根据实际需要把理论上的社区工作模式结合起来运用，即各种工作模式在同一时间或同一情况下可以交替混合使用。比如，采用社会计划模式去制订计划时，发觉缺少居民意见，可兼用社区发展模式策动居民参与。采用社区发展模式时也可兼用社会计划模式去解决一些主要的社区问题。采用社会行动模式时如觉得社区案主的对手变得友善并开始与社区案主合作，可改用较温和的方式让双方去讨论和谈判，也可以在不同的时期用不同的模式去推动工作。例如，开始采用社区发展模式，如果有需要的话，稍后可转用社会计划或社会行动模式。总之，社区工作是一种实践性强的工作，社区工作者要根据实践的需要去调整工作方法和策略，一切以解决社区困境、服务案主为主。

(二)选择地区发展模式需考虑的问题

首先，明确发展目标。社区工作的目标可分为任务目标和过程目标两大类。任务目标是为了解决特定的问题，完成具体的任务。过程目标则是协助居民战胜困难，促进社区居民一般能力的提高，建立社区内不同群体之间的合作。社区工作的展开需要社区成员的大力配合和支持，所以在制订任务目标的同时，社区发展模式要求社区工作者重视过程目标，在自助、团结、合作的基础上去解决社区问题，发动居民积极参与社区活动，运用民主的程序来进行社区决策，以促进社区发展。

其次，找准存在的问题。社区中存在的问题很多，社区工作者需要找准现阶段的主要问题、关键问题，才能及时制定出符合客观实际的对策，有效地满足社区发展的需求。

再次，研究解决问题的策略。社区发展模式的主要策略是引导社区内所有的居民个人、团体来参与社区的发展，为大多数社区成员提供关心和讨论社区问题的机会和场所，并提出具体可行的行动方案。

最后，涉及案主的范围和角色。从现实生活中来看，社区发展模式中的案主主要是指社区居民，只有他们才是社区发展的主体和主导力量，是社区发展的原动力。

五、实务操作

在本案中，家园社区的问题是人口老龄化带来的老人需求问题，社区居民意识到这种需求，但没有形成合力给予解决。根据老年需求的方方面面，社区工作者需要发动社区居民自助、互助、利用社区资源为老人提供服务，包括对老人的生活照顾、精神陪伴、简单医疗支持等。这种利用社区资源的过程也涉及对社区力量的整合，如邻里关系资源的利用，社区居委会工作内容的调整，社区内教育机构的利用，社区志愿者资源的开发等。因此在工作模式的选择上，考虑以社区发展模式为主，利用社区互助合作对老年提供“社区服务”，同时还涉及对社会计划模式的运用。

六、总结点评

接案是社区工作的开始，也是社区工作的准备阶段，针对社区内老年案主的情况，选择合适的工作模式是这一阶段的重要内容。

〉〉〉任务体验式教学参与

个人任务工单1

组号：________　姓名：________　学号：________

引导问题：结合本单元所学内容尝试进行知识再现。

发现社区需求，选择社区工作模式内容要点	接受社区工作任务的途径
	选择社区工作模式
注意事项	在选择社区工作模式时，必须清楚目前所要服务的社区的基本情况，以及社区中的主要困境。

小组任务工单2

组号：________　姓名：________　学号：________

引导问题：根据本单元的相关内容思考下列问题。

1. 老年社区工作方法中三种工作模式的优缺点是什么。

任务二　建立专业关系，收集老年案主资料，进行社区分析

〉〉〉教学目标

通过本任务教学，学生掌握收集社区老年案主资料的方法，能够撰写调查报告，掌握老年社区工作初步阶段建立专业关系的技巧。

〉〉〉案例情境

家园社区工作者在接受为社区老人开展社区工作的任务后，面临的首要任务就是掌握该社区中老人的具体情况、社区中可利用的资源和社区外可利用的资源，并结合了解到的社区现有情况对社区各方面进行分析，以制订具体的社区工作计划。

工作任务：

1. 介入社区建立专业关系。
2. 调查社区内老人、资源等基本状况。
3. 进行社区分析。
4. 撰写社区调查报告。

〉〉〉教学内容

一、术语理解

(一)社区发展模式的特点

1. 社区问题所在

社区问题主要有：地方社区缺乏良好的人际关系与解决问题的技术，社区中的居民是孤立的。或者社区为传统所束缚，社区领导者思想保守，缺乏解决问题的能力。

2. 变迁的策略与方法

“让我们聚集在一起来商量这件事”，也就是激发社区居民广泛地参与。强调一致与共识，即通过不同的个人、团体间的充分讨论与沟通，实现一致与共识。

3. 目标

目标在于建立社区自我发展的良性机制，培养一种态度、氛围、程序和秩序。在这个基础上，社区成员就能自发地、有效地解决具体问题。

4. 社区社会工作者角色

社区工作者是一个促成者、协调者或者教导者。他协助人们表达不满，发现自身的需要，培养良好的人际关系，协助社区建立组织与制度。

5. 案主体系

案主通常是一地域性的实体，包括社区中的各种团体。

6. 案主角色

案主被看成是有相当丰富的未开发潜能的个体。案主在与其他案主的互动以及与社区社会工作者的互动过程中，被看成积极主动的参与者。

7. 公共利益的假设

社区发展模式倾向于理性主义，认为对社区的共识是可能取得的，社区中各团体与阶层的利益是可调和的，社区的公共利益是可能实现的。

(二)专业关系

所谓专业关系，就是社区工作者与案主之间为了一个共同的目标，在特定的时间和空间里，社区工作者运用专门的知识和技巧与案主进行情感的互动，为物质上的援助和心理上的疏导做准备。社区工作者所要建立的专业关系的对象主要包括社区居民、社区机构与社区团体，以及社区中的有关机构、社团的领导人物、有关方面的代表人物和知名人士。建立专业关系，了解社区居民需求是社区社会工作程序的第一步。建立专业关系有两个目的：一是使社区工作者对社区以及社区居民、社区问题有全面的了解；二是让社区居民了解社区工作者，接纳和支持社区工作者，共同开展"助人自助"的社区社会工作。

(三)社区评估

社区评估就是社区工作者在对社区的"社情民意"进行较为详细的调查和分析之后，对社区现有问题程度、社区需求程度、可利用资料等情况进行的综合估计。它包括社区积极因素的特点及各要素之间的关系、社区的主要类型和功能特征以及社区存在的主要问题。

对社区工作者而言，面对的是整个社区，只有尽可能多地去了解社区，才能更好地搞好社区工作，促进社区的发展。社区分析是开展社区工作的前提条件。因此，社区工作者在掌握社区基本状况后，在制订和实施社区工作计划之前，先要对社区进行科学细致地分析，分析重点是社区的基本情况和社区需求。

二、要点提示

(一)社区调查的方法

社区调查也是收集社区问题的主要方法，主要涉及社会调查研究方法在社区实务中的具体运用。

1. 文献法

文献法是根据一定的目的和范围来收集和摘取文献，以获得所需资料的方法。它具有超时空性、间接性、方便与节省等特点。文献有多种类型，如图书、期刊、报纸、会议记录、档案、统计资料、录音、录像等，这些都可以为调查者提供一定的信息。运用文献法应该注意紧紧围绕社区的问题收集文献，不能漫无边际，要有选择、有分析地收集文献。

2. 观察法

观察法是根据一定的调查目的，凭借感官和辅助工具直接考察研究对象来收集资料的方法。它与日常观察相比，一是具有明确的目的，二是具有严密的计划，三是具有系统的设计(一般是按观察提纲或观察表进行的)，四是具有详细记录。它与其他收集资料的方法相比，一是表现为调查者直接面对正在发生的社会现象，二是表现为观察资料往往带有观察者的个人色彩。观察法适于调查正在发生的社会现象，能够获得较为真实的资料，适于搜集各种非语言性信息。

3. 访谈法

访谈法是通过调查者向调查对象口头询问有关问题来收集资料的方法。它具有两个主要特点：一是互动性。访谈法以语言为媒介，通过调查双方面对面的直接互动来实现。这在较大程度上取决于互动过程中人际交往的成功与否。二是灵活性。访谈法适用于多种调查对象，但往往适用于小范围的调查。访谈法的优点是：可以使访谈对象畅所欲言，收集到真实、丰富的资料；可以选择访谈对象方便的时间和地点进行访谈，容易取得他们的配合，访谈成功率较高。

4. 问卷法

问卷法是调查者请被调查者填写统一设计的问卷来收集资料的方法。它有书面性(问卷是一种书面形式)、间接性(调查双方一般不直接接触，而是靠问卷作为中介发生间接联系)、标准化(因为问卷是按统一要求设计的)等主要特点。使用问卷法可以在较短的时间内作大面积的调查，并且便于量化分析，但往往缺乏深度。

(二)社区评估涉及的主要内容

1. 社区老人生活环境分析

包括社区内牵涉到老人生活、休闲和活动的社会、人文与自然环境等。

2. 社区老人人口状况分析

包括老人人口总数、年龄结构、性别结构、婚姻家庭状况、学历程度、未退休之前的职业状况，等等。

3. 社区老年社会问题分析

主要指社区范围内影响到老年生活和活动的带有普遍性的问题，如老人的经济保障问题，老人的就医保障问题，高龄老人的照顾问题，老人的家庭关系问题，各类老人的违规行为(包括偷窃、欺骗、性犯罪以及自杀、斗殴等)，老人闲暇时的活动安排问题，老人精神健康问题等。

4. 社区老人各类需要分析

包括服务对象要求服务的种类、项目、形式、数量及其服务收费标准、时间安排等。

5. 社区促进老人良好生活和活动的资源分析

包括各类机构资源的存量、权属、运用等。

(三)社区调查报告的撰写

通过对社区中相关问题情况的调查了解，社区工作者需将所了解的该社区中的问题进行系统化的分析与总结，对社区问题的成因进行分析，并针对性地提出解决措施。调查报告是调查研究成果的集中体现，撰写调查报告是整个社区调查工作的重要组成部分。调查报告的基本格式内容包括：标题、所选取调查问题的理由、所调查问题的具体表现、问题的成因、解决问题的措施或问题对社区工作的启示等几个主要部分。有的调查报告还有附录，把调查问卷或访谈提纲和回收问卷附在报告内容的后面。标题通常有三种写法：一是用调查对象和主要问题作标题。例如，“×××社区邻里关系问题的调查报告”，这类标题使得调查的主要内容一目了然，但形式比较呆板，往往缺乏吸引力。二是以一定的判断或评价作标题。例如，“邻里关系是不可或缺的社会互助资源”这类标题既揭示了主题，又表明了作者的态度，但调查研究的主要问题在正标题中不易看出，因此常伴有副标题。三是用提问作标题。例如，“邻里关系能够成为我们生活中宝贵的社会支持资源吗?”，这类标题鲜明、尖锐，具有较大的吸引力。所选调查问题的理由一般是调查报告的开头部分，通常主要介绍调查这个问题的目的和意义、调查对象和范围、调查方法和过程等。所调查问题的具体表现、问题的成因、解决问题的措施或问题对社区工作的启示等是调查报告的正文，它是调查报告的最主要的部分。结尾是调查报告的结束部分，常用的写法有：概括地说明报告的主要观点；小结研究结果，并提出具体建议等。附录是调查报告的附加部分，内容一般是注明调查报告有关材料的出处，调查统计图表的注释、说明与旁证材料等。撰写调查报告要注意提炼和确定主题、审读和选择材料、拟定写作提纲、起草及修改调查报告几个环节，还要注意明确读者对象，注意文体特点，强调调查事实，突出时代气息，重视写作中的再研究等问题。科学客观的社区调查报告往往为社区工作的开展提供依据。

三、方法技巧

(一)社区工作者与老年案主接触的技巧

社区中的老年案主是社区工作的资源，也是社区工作的归宿。社区老年案主是社区工作者开展社区工作的依靠对象，又是实现社区工作目标的受益群体。在与社区老年案主接触时可以是正式的，也可以是非正式的；可以是一对一的，也可以是集体的。可以通过谈话、访问、电话交流、电子媒介等不同形式进行。

1. 做好事前准备。

与老年案主接触是一种有意识的介入活动，因此要做好充分的准备。

(1)明了接触的目标和出发点。是为了收集资料，建立关系还是树立形象？访问对象需要什么样的工作者？目标明确才便于日后评估效果。

(2)选择对象。根据访问的目标选择合适的受访对象，如以前接触过的老人，受事件影响的有关人士，或属于特定利益群体的成员，还要将先后次序排好。

(3)选择访问时间。如避开老人休息、外出活动时间，不能因为访问而扰乱老人的正常作息。如重要的节假日、流行的电视剧播放时等都要尽量避免访问老人。

(4)准备话题，引导访问的开始。如提前准备一些访问对象需要的或使问题能得到了解的话题。可直接谈论老人的兴趣，或展现工作者的吸引力，促使其继续对工作者发生兴趣。

(5)穿着得体。要留意被访老人的文化背景，包括对人和事所持的价值观，自己希望在对方心目中留下什么印象。应尽量给人以整洁、大方、成熟、可信的印象。

(6)预想可能会遇到的问题和克服的方法，以免临场阵脚大乱。事先做一些预演或与旁人讨论一下可能的情绪。

(7)对前往访问的场所环境有所了解。

2. 设法建立信任关系和引起谈话兴趣

(1)介绍自己。根据不同的情况和对象，采取不同的自我介绍方式。可说明自己是由与他熟悉的一个朋友介绍而来的。可用自己和调查对象都熟悉或有好感的话题作为谈话线索介绍自己。对不信任自己的人可适时出示证件，打消其顾虑。赠送一些礼品或宣传单让其收存，加强受访对象对工作者的信任和好感。态度热情、诚恳，清晰地介绍访问的目的，表达对被访者的关心和关注。

(2)展开话题。在获得对方接纳或不拒绝的情况下，工作者要抓住时机，继续交谈使内容逐步转向正题。注意避开一些敏感的话题，话题要由浅入深，由具体到一般再到抽象。由感性到理性。用普通、容易回答的问题提问，也可运用周围正在发生的事情来展开话题。

(3)结束对话和访问。初次接触不要太长，除非他有特殊的个人问题需要及时了解。工作者要肯定任务目标完成的情况，临别留下进一步联系的方式，鼓励主动联系。

(4)结束接触活动。在结束与老人们的接触工作时，首先要记下主要资料。离开被访老人后记下有关资料，包括有用的数字、被访者的背景、谈话留下的印象、老人的反应、热心程度、是否容易被调动、人际网络情况等。及时总结，包括目标达到情况、自己对访问对象的感受，评估访问对象以前和现在有什么不同，自己有什么做得不妥和一些遗漏，是否有补救的余地等。

(二)社区介入，与老年案主建立专业关系的技巧

顺利进入社区后，社区工作者需要与老年案主建立专业的关系，“良好的开始是成功的一半”，专业关系建立得好坏直接影响着社区工作者即将开展的社区工作能否顺利进行。以下几种常用的介入社区的方法，在推行社区工作时可以考虑采用。

1. 开展全区性活动

进入社区之初，为了尽快与老年群体熟识，并取得他们的信任，工作人员可以先办一些老人喜爱的大型社区活动，如“消夏晚会”“慰问演出”“养生保健讲座”等，这些活动可以让更多的老人了解社区机构及其工作人员。同时在活动中穿插一些机构介绍、工作人员表演，可以初步树立工作者形象，让老人们对工作人员有印象，消除以后工作中因陌生而带来的障碍。

2. 举办大众化的参与性活动

一些参与性强的活动，如“秋季趣味运动会”“有奖竞答”等，能够较容易吸引老人参与，为社区工作者与老人间的熟悉创造条件，同时增加彼此间的凝聚力。

3. 宣传咨询活动

针对社区生活中与老人们关系密切的话题，开展宣传咨询活动，能够拉近社区工作者和老人之间的距离。如针对贫困的低保资格问题，针对身体健康的医疗讲座等，可以聘请相关部门的政策负责人或专家给老人们进行面对面的问题解答，为老人提供具体的帮助。

4. 入社区事件

当社区出现一些亟待解决的问题，如“房屋拆迁”等引起的纠纷，由工作者进入社区向居民作宣传解释和调解，会化解纠纷、缓和矛盾，同时也让工作者近距离了解居民的心声。有时一些问题的解决还可以通过召开居民代表座谈会或居民大会进行政策宣传，排除居民的疑虑，更好地配合政府的工作。

5. 经常深入社区

老人对工作者的抗拒或疏远，一般是由于彼此缺乏信任了解、有距离感造成的。工作者要建立与老人的关系，就要多在社区内出现，让老人有机会了解和认识。随时随地就老人们关心的问题与之交谈，并介绍自己所计划的工作、征询意见等。这种自然化的交往可降低居民的防卫心理，使工作者更易深入社区。

6. 家庭访问

利用前面的一些活动或相关资料了解到的老人情况选择入户访问的对象，以家庭访问的形式来进入社区也是常用且有效的方法。

7. 利用社区媒介展开宣传动员

在老人们经常经过或出现的地方设置宣传栏，向老人派发有关宣传品等，推介社区工作计划中的一些活动，吸引老人参加；普及有关的知识和政策规定，便于老人保护自身权益不受侵害等，这些都十分有利于深化工作者和老人的关系。

总之，介入社区是社区工作者的基本功，要有计划、有步骤地逐层展开。除了可运用前面介绍的一些方法，还要注意调动老人参与的热情。只要注意大胆尝试和不断反思，开展社区工作计划及推动社区工作总能有所成就。

四、注意事项

在初步进入社区了解社区问题时，要选择好的接近方式，以获取老人们的积极参与和支持。需要社区工作者注意的事项如下。

1. 积极沟通

指社区工作者与老年案主彼此交换意见，在沟通过程中，明确双方彼此的立场、观点，坦诚地交换意见。沟通本身就是对老年案主的一种尊重，社区工作者应注重与老年案主的双向沟通，以便及时了解老年案主的客观情况。

2. 对待老年案主应采用个别化方式

在进入这个社区工作之前，社区工作者可能由于工作的关系已经接触过类似情形的社区，有了解决相似问题的经验。即使社区工作者对即将了解的问题在经验上有熟悉度，也要将该社区问题看成是具有独立特点的，老人们的需求具有独特性，需要考虑运用不同的方法帮助老人们解决问题。如同医生看病需要对症下药，社区工作也要以个别化来保证工作的质量和服务的质量。这也是社区工作艺术性的体现。

3. 工作者与不同组织交往的重要性

社区工作者要积极利用社区内外有效的资源，积极与各种组织、机构、团体或政府机构的力量进行交往。因为，工作者在协助案主解决问题、获取资源，或协助他们善用不同机构的服务时，要与各种团体或政府机构发生接触，必要时还要向这些组织和机构施加压力，谋求政策的改变。所以了解这些组织的运作，有助于工作者向服务对象提供服务。同时，任何组织和部门都无法拥有一切资源，工作中必定需要得到其他组织和机构的协助。目前社区工作中来自政府方面的资金和物质支持有时是远远不够的，还需要各种企业、资金会的捐赠资助。

4. 影响建立专业关系效果的因素

开展社区工作是一项十分复杂的工程，社区工作者要深入进去才能了解到社区问题的真实性、客观性和需要解决的紧迫性？因此，在进入社区之前，首先要了解影响进入社区的因素有哪些，然后才能设计采取何种方式介入社区，建立专业关系。

(1)社区工作者对社区问题的把握是否清晰准确？清晰则目标明确，反之则没有方向感。

(2)社会问题解决是否迫切？如果十分迫切则运用危机介入的方法，很快就可进入基层。

(3)社区权力动态是否复杂？如果社区的权力动态相当复杂，工作者通常采用各种服务及温和的方法与社区建立信任关系，等稳定立足后再做其他打算。

(4)工作者和机构的思路是否明确？如果机构关注的是社会政策，则进入社区应较少采用服务手段，而应以居民大会和社区咨询宣传等手段较快地进入社区。

五、实务操作

家园社区老年服务工作初期阶段

一个社区工作者能否顺利地介入社区、被社区接纳是顺利开展社区工作的前提。这种接纳一部分来源于社区居民，一部分来源于社区组织和有关团体。

(一)社区介入

社区工作者是基于对家园社区老龄化问题关注而要对社区老人实施社区工作的，所以社区工作者采用外展社区工作的方法，即社区工作者走出机构，主动寻找社区案主，并把他们发展成服务对象。在介入策略上，社区工作者在本市的一家综合医院聘请了一位著名的老年医学专家，在社区中进行了一次“如何预防跌倒”的讲座，受众是家园社区中的老年居民。

1. 准备

社区工作者根据老人容易跌倒并因此获病、致死、致残率高的情况，由机构出面聘请一位医学专家进行专门的讲座。在明确讲座时间、地点后，社区工作者利用11点到13点和15点到17点比较暖和的时段，通知在社区晒太阳的老人，同时在各栋楼门口张贴醒目的宣传海报。

2. 利用时机宣传社区即将开展的老人服务工作

讲座如期进行，由于选择的是周六下午的时间，很多青年人和中年人也陪老人来参加。讲座结束后，主持讲座的社区工作者鼓励老人们积极向老年医学专家就自己关心的问题进行提问，现场气氛热烈。最后散会时，一些老人主动问社区工作者以后还能不能多开展一些类似关心老人的活动，社区工作者借机向老人们介绍了家园社区即将展开的社区老人服务工作。

3. 与老人聊天，进行初步沟通

为了进一步拉近与社区老人的关系，获取老年朋友的信任，多名社区工作者利用老人外出晒太阳的机会与老人进行聊天式的沟通。在谈话中，运用的技巧如下。

(1)说一些让老人们感兴趣的事物。

(2)在社区内找些可以谈及的话题引起交流。

(3)注意保持聆听并适时对话。

(4)在同一时间内只说一件事。

(5)尽量让老人们多说。

(6)感知老人们的感受。

(7)让他们知道，他们对社区工作者和这个社区都是重要的。

(8)激发老人的一些想法和意见。

(9)针对老人生活中的需求发问。

(10)肯定和表扬他们。

(11)不和他们争辩。

(12)不要答应一些社工不能遵守的承诺。

(二)建立专业关系

由于前期工作的影响，老年朋友感受到社区工作者对他们的关注是出于真诚的关心，非常愿意社区工作者与他们接触，并向社区工作者提及了一些因年老体弱不能外出的老年案主，而且纷纷表示愿意去帮助那些更有需要的老人朋友。在一些热心老人的介绍下，社区工作者顺利地接触了居家不能外出的老人和他们的家属。以点带面的形式扩大了此次社区老年服务工作的宣传，得到了社区居民的普遍支持。至此，在获取全体居民的信任和支持之后，社区工作者与该社区建立了稳固的专业关系。

(三)开展社区老龄状况调查

通过前期的介入工作和建立专业关系的工作，社区工作者得到了社区居民尤其是老人的认可和欢迎。通过与老人聊天，社区工作者了解到目前该社区中的老人以开放的心态随时可以与社区工作者配合，于是针对家园社区的老龄状况调查是时候进行了。

此次针对家园社区老龄状况的调查，采用问卷式调查和访谈相结合的方式进行。

家园社区老人状况及生活需求调查

尊敬的居民朋友：

老年状态是人生必经的风景。人到老年有岁月洗礼过的淡定与从容，但也因身体的衰老带来了一些需求，除此之外老年人更需要心灵的慰藉。您家里的老人或您本身作为老人，在日常生活中有什么样的需要？此次调查是我们社区老年服务中心针对生活的家园中老年朋友所面临的需求问题而开展的，希望通过您的帮助，让我们清楚地了解应该为老年朋友做些什么。谢谢！

家园社区老年活动中心

2020 年 3 月 16 日

一、基本情况(请在符合您情况的选项号上打"√")

1. 您今年__________岁。(请填写数字)

2. 您的性别是：(1)男 (2)女

3. 您的文化程度是：

(1)文盲、半文盲　(2)小学　(3)初中　(4)高中　(5)大专及以上

4. 您目前的婚姻状况：

(1)有配偶　(2)丧偶　(3)离异　(4)未婚　(5)再婚

5. 您有子女数：

(1)1 个　(2)2 个　(3)3 个　(4)4 个以上

6. 目前您家庭成员的代数：

(1)1 代　(2)2 代　(3)3 代　(4)4 代

7. 目前与您生活在一起的是您的(可以多选)：

(1)父亲　(2)母亲　(3)老伴儿　(4)儿子　(5)女儿　(6)其他亲属

二、老人生活现状(请在符合您情况的选项号上打"√")

8. 您的生活费用来源：

(1)自己的退休金　(2)养老保险　(3)子女供给　(4)低保

(5)老伴儿的退休金　(6)房租收入　(7)其他________(请简单填写)

9. 子女经济状况：

(1)很差　(2)较差　(3)一般　(4)较好　(5)很好

10. 目前您的养老方式：

(1)轮流供养，子女按月交纳养老金

(2)常住一个子女家中，其他子女按月交纳养老金

(3)与配偶一起单独居住，子女按月交纳养老金

(4)无配偶，独居，子女按月交纳养老金

(5)无配偶，独居

(6)无配偶，无子女，独居

11. 日常生活中谁能够照顾您？

(1)老伴儿　(2)子女　(3)其他亲属　(4)无人照顾　(5)请保姆　(6)朋友

12. 如果您生病了，谁能够照顾您？

(1)老伴儿　(2)子女　(3)其他亲属　(4)无人照顾　(5)请保姆　(6)朋友

13. 如果您生病了，所需医疗费用的自费部分谁来付？

(1)自己　(2)子女　(3)老伴儿　(4)其他亲属

14. 您有了心事会和谁交流？

(1)没有人　(2)子女　(3)老伴儿　(4)其他亲属　(5)朋友

三、老人社交状况

15. 每年外出频率：

(1)不外出　(2)1 次　(3)1～3 次　(4)3～6 次　(5)7～10 次　(6)10 次以上

16. 每年主要外出原因(可多选)：

(1)探亲访友　(2)旅游参观　(3)看病就医　(4)照顾父母或者孙子孙女

(5)开会学习　(6)经商贸易　(7)其他

17. 每天外出活动频率：

(1)不外出　(2)很少　(3)一般　(4)较多

18. 每天外出的原因(可多选)：

(1)找人聊天　(2)买菜及其他生活用品

(3)锻炼　(4)接送孙子(或孙女)上学

19. 参加何种社会活动：

(1)义务服务　(2)社会捐助　(3)老年书画活动　(4)老年文体活动　(5)不参加

四、精神文化状况

20. 每天看电视时数：

(1)基本不看　(2)看 1～2 小时　(3)看 3～5 小时　(4)看 6 小时以上

21. 阅读报刊状况：

(1)基本不看　(2)不常看　(3)经常看　(4)天天看

22. 是否上网：

(1)经常上网　(2)偶尔上网　(3)不上网　(4)不会上网

23. 子女主动交流谈心情况：

(1)每天　(2)经常　(3)偶尔　(4)很少，基本没有

24. 您感到孤独吗？

(1)从不孤独　(2)偶感孤独　(3)不知道　(4)经常孤独　(5)总是孤独

25. 与别人相处关系好吗？

(1)很好　(2)较好　(3)一般　(4)不大好　(5)非常不好

五、老人的需求

26. 在生活中遇到的困难主要有哪些(可多选)：

(1)收入低，经济困难　(2)子女不孝顺　(3)缺钱看病买药

(4)没人谈心　(5)和外界交往有困难　(6)行动不便，无法自理

27. 日常生活求助方式(可多选)：

(1)向子女求助　(2)偶尔请钟点工　(3)长期雇保姆

(4)邻居或者亲朋照顾　(5)社区居委会

28. 您对社区有什么服务需求？(可多选)

(1)多提供健身场地和设施　(2)多开展文化娱乐活动

(3)多办些健康咨询　(4)定期入户访问

29. 如果社区工作需要您的参加，您愿意吗？

(1)不愿意　(2)愿意

30. 其他意见

(四)撰写调查报告

关于家园社区老龄状况的报告

随着人们生活水平和医疗水平的提高，人的寿命越来越长，在国民人口比例中，60岁以上的人口所占比例越来越高。根据世界人口组织的相关测算，一个国家或地区中，60岁以上人口占当地总人口的10%以上或65岁以上人口占总人口的15%以上，则可认定该地区人口特征为老龄化特征，称该地区或国家为老龄化社会或老龄化地区。人口老龄化引起了上到政府下到百姓的广泛关注，人人都会老，而社会对老人的态度、为老人提供的生活服务和保障成为和每个人息息相关的问题。针对本市的人口老龄化问题，××市民政部门推行了社区老年服务工作试点，以期以小见大，找出老人服务的经验给予推广。

家园社区位于该市的老城区。该社区的户籍在册人口中，60岁以上老人人口数为2033人，约占户籍总人口数的25.8%，其中80岁以上的老人有362人，纯老人家庭162户，单身独居老人119人，孤老32人。显然，根据国际上通行的老龄化标准，家园社区面临着十分严重的人口老龄化问题和高龄化问题，面临着繁重的老人服务和老人照顾的任务。目前该社区老人问题突出表现在两个方面：一是老人经济保障和医疗保障不足的问题。该社区有部分老人因退休校早，退休工资很低，随着生活费用的不断上涨，现在这些老人的生活比较窘迫。此外，随着年龄增长，疾病越来越多，医疗费用也在逐年增加，老人们面临着收入低、生活困难、看病难的困境。二是老人照顾、

服务和支持缺乏的问题。该社区有超过百户的纯粹老人家庭，这些老人身边因缺乏照顾、沟通和求助途径而容易出现意外情况。由于家园社区老龄人口问题具有典型性，该社区被市民政部门列为老龄工作开展的试点社区之一。为了更准确地了解该社区中老人的生活状况以及目前的需求状况，社区活动中心的社区工作者开展了有针对性的社区调查。

一、家园社区基本概况

（一）地理位置

家园社区位于××市S区，S区是该市市内最早的区之一。家园社区具体的位置在S区与该市W区的交界处，有一条货运单线铁路从旁边穿过，与社区围栏之间有约40米远的距离，铁路边有绿色灌木隔离带。由于新的市政规划需要，毗邻社区正门入口处建成了本市快速路一号线。其通往市内各方的交通便利。

（二）社区人口构成

家园社区共有在籍人口7881人，60岁以上老人人口数为2033人，约占户籍总人口数的25.8%。由于该社区位于与郊区的交界处，相对本行政区的其他社区房屋租金便宜，交通又便利，社区内有1/3的房屋被出租，流动人口较多。社区内40～59岁人口平均教育程度为高中，约占总人口数的50.5%；30岁以下人口占总人口数的23.7%，在学人数占这一部分人口的40.3%。

（三）社区组织

目前家园社区有基层组织社区居委会、社区服务中心（社区工作站）各一个。社区居委会中，有正式工作人员13名，负责社区服务中心的工作。在13名工作人员中，男性为4名，女性为9名；教育程度：初中以下1名，初中学历3名，高中学历5名，大专以上学历为4名(3名所学与社会工作无关)。年龄状况：20～30岁1人，30～40岁3人，40～59岁9人。在2005年该社区与本市××大学社会工作专业签订实习基地协议，偶尔有学生来进行实习和参观。

社区内有一所“家园小学”，该学校历史悠久，是S区的主要小学之一。家园社区所在街道的社区医院坐落在家园社区内。

社区内有小型超市一家，小卖店两家，临街住宅一楼被商家租用，开设饭馆、房屋中介、理发店、水果店、学生用品店、洗衣店等21家。

目前由社区居民自发组成的正式组织没有，临时组织有一个晨练队，但活动不固定。

（四）社区基本公共设施

有公共健身器材若干，分布在社区活动中心广场；社区居民活动室三间，因很少有公共活动，被闲置。

二、家园社区针对老人开展的工作状况

目前，在社区工作人员中，有两人专门负责老人工作，其工作内容主要是发放救济金、孤老户定期入户访问等。工作内容涉及面窄，工作人员反映，不知道还能为老人做些什么。在过去的两年里，社区出面组织过社区娱乐活动两次，老年居民参加得很少。在工作方式上，主动去查询老人生活困难的很少，主要是等待老人到社区居委会反映困难，能解决的给予协调解决。

社区居民对社区工作人员开展的为老服务期望不高。

三、社区老人生活状况

由于该社区属于老型居住社区，年轻人成家后有经济实力的大多不与父母在此居住。该社区人口中老年人占多数，还有相当数量的未成家人口与父母居住。

(一)老人人口数量

该社区的户籍在册人口中，60岁以上老人人口数为2033人，约占户籍总人口数的25.8%。其中，80岁以上的老人有362人，纯老人家庭162户，单身独居老人119人，孤老32人。

(二)老人的生活来源

在本次调查中，有退休工资的占老人人口的63.4%，有退休工资的老人每月收入在800元以上的约占此类人群的57.2%，其余在800元以下。没有退休工资的老人其生活来源分为三部分：儿女或其他亲属供给的占67.1%，有出租房屋收入的占这部分人口的28.6%，靠政府救济的老人占4.3%。

(三)生活照顾

在家园社区中，子女亲自照顾的老人约占老人人口总数的43.7%，其他老人一般是配偶照顾和自己照顾自己。在生活照顾中，子女一般关注的内容是老人的物质生活，如为父母做饭，带老人看病，给老人买生活用品等。子女不在身边的老人，其子女对父母的关心程度也不同，有一周左右来看望一次老人的，有经常打电话问候的。但老人们普遍反映，与子女们进行心情交流的很少，主要是交流饮食、身体健康等问题。

(四)人际交往状况

老人的人际交往状况因其自身的健康状况而异，身体健康和年轻型的老人每天外出的频率相对高于年老、体弱的老人。但在交往欲望上，不同特征的老人表现出极强的一致性，即交往欲望都很强烈。老人们觉得生活乐趣很少，枯燥烦闷，有的还经常和老伴儿吵架。在访问过程中，一些老人表示愿意做点有意义的工作来充实生活。

(五)老人的需求

当被问到老人的一些需求时，集中需求体现在社区能不能多举办些让老人可以参加的活动，丰富他们的生活。一些有老人的家庭反映，照顾老人的应压力大，社区能不能想些办法帮他们分担，因为他们还要工作赚钱养家。而对于孤老户老人来说，获得别人的支持是他们目前最大的需求，有一位年近70岁的老人很担心自己病得不能动了没人知道。

四、家园社区老年工作存在的问题

通过分析调查资料和走访感受，社区工作者明显感觉到，目前在家园社区老人工作中普遍存在的问题如下。

1. 社区没有充分利用资源，如邻里关系、大学生志愿者、社区活动室等。

2. 社区老年工作被动，工作内容少，影响力小，因此形成恶性循环，得不到社区各界力量的支持。

3. 没有具体掌握社区居民尤其是老年居民的需求。

4. 社区居民的自助有余，互助不足，需要调动社区居民积极参与老人的照顾。

五、总结

通过调查，目前社区居民对老人的问题还是比较重视的，老年朋友自身也期待社区等外界力量给他们带来生活的改变。有这一需求存在，将为后期开展的工作提供社区动力。

概括起来社区内的总体需求主要包括以下几项内容。

1. 多开展老人能够参与的活动，丰富他们的生活。

2. 为孤老户提供必要的入户服务。

3. 组织公益活动，为老人提供发挥余热的渠道。

4. 社区内外资源有待开发利用。

目前社区内可利用的资源有：已有活动场地、健身器材、小学、社区医院、社区居民。

社区外可利用的资源：此次社区被确定为社区老年工作试点，为工作开展提供了政策性支持；家园社区是某大学社会工作专业实习基地，学生定期来提供志愿服务，我们可利用这一教育资源。

家园社区服务中心

2020 年 4 月

六、总结点评

(1)在这一实务操作中，社区工作者采取的是社区发展模式中的相关行动策略，以老人中常见问题“跌倒并致残率高”为突破口，用社区案主普遍关注的问题开始介入社区，收到了良好的效果。这是我们在社区实务过程中，可以首先考虑的介入方式，对社区案主“投其所好”，容易引发案主的关注。

(2)以点带面的工作方式，可以逐步扩大社区工作的宣传力度，并收到好的效果。在此次实务过程中，社区工作者先去接触一部分老人，再由他们引荐接触其家人和老年朋友，从而获得了社区居民的接纳和肯定，为专业关系的建立扫清障碍。

(3)在进行社区问题的调查时，也要充分关注社区内外部资源利用情况，以期为社区问题的解决拓展可利用的资源。

〉〉〉任务体验式教学参与

个人任务工单 1

组号：________ 姓名：________ 学号：________

引导问题：结合本单元所学内容尝试进行知识再现。

建立专业关系，收集社区资料，进行社区分析工作阶段工作要点	社区调查的方法 社区评估涉及的主要内容 社区调查报告的撰写(框架)

方法技巧	社区工作者与老年案主接触的技巧 社区介入，与老年案主建立专业关系的技巧

小组任务工单 2

组号：________　　姓名：________　　学号：________

引导问题：根据本单元的相关内容讨论下列问题。

1. 作为社区工作的介入，建立关系与社会生活中的建立关系有何区别。

2. 老年案主的支持和参与是社区工作顺利进行的保证，社区工作者如何取得老年案主的信任。

任务三　制订社区服务计划

〉〉〉教学目标

通过本任务教学，学生掌握进行社区评估的方法；掌握制订社区服务计划一般原则、方法；学会制订老年社区服务计划书；掌握申报并协调资源的程序与协调资源的方法。

〉〉〉案例情境

通过对家园社区的老龄化状况调查，社区工作者对社区中的老人生活状况以及他们的需求进行了分析。目前社区中的老年案主主要面临着老年社会救助、老年生活服务、老年家庭关系处理、老年心理辅导、老年社会参与和社会融合等几个方面的问题，其中生活服务、家庭关系处理和社会参与为诸多问题中的重要内容。基于对老年状况与需求的准确把握，结合社区内外可利用的资源分析，社区工作者认为，在社区中为老人提供服务可以采用社区照顾、邻里协助、义工联结等方式，结合家庭照顾。因此，工作者需要制订出符合社区需求的社区服务计划，作为进一步开展社区工作的指导。

工作任务：

制订老年社区服务的整体计划和具体计划。

〉〉〉教学内容

一、术语理解

(一)社区服务计划

社区服务计划或者称之为社区服务规划，是以社区为单位的发展计划，是对社区建设的整体部署与设计，故也称其为“社区设计”。

社区服务计划分为整体计划和具体计划两种。整体计划是指对社区工作的现在和将来进行全局着眼，涉及社区组织与发展的全局，可分为长远规划和近期规划。具体计划是对社区中亟待解决的问题制订出工作方案，它只涉及一时之事，是整体规划中的一部分。

(二)社区服务计划的特性

1. 整体特性

社区服务计划并非社区某一方面的发展部署，而是对社区全方位建设做出的结构性战略部署，是一个完整的社区发展计划体系。它区别于社区单项发展规划的地方还在于，社区服务计划并非社区各主要部分发展规划的简单相加，而是具有自身的结构性和系统性。

2. 地域特殊性

由于社区建设具有突出的地域性特征，这个特征反映在社区服务规划中具有明显的地域特殊性。不同社区的社区服务计划具有各自不同的内容和发展方式。

3. 未来预测性

这个特性意味着社区服务计划要为社区的未来发展指明方向，要预见到可能影响社区发展的有利条件和不利因素等。

4. 结构开放性或动态性

指社区服务计划本身的结构是开放的、动态的、可修改的，而不是一个封闭的体系。

(三)社区服务计划制订的要求

有效的社区服务计划必须符合全体居民或案主的愿望和需要。目标必须明确。必须具有适用性、可行性与可接受性。计划的产生必须集思广益，民主决策。计划必须要有整体性，即与社区的整体规划是衔接的、配合的、一脉相承的。计划及计划相关的资料，必须妥善保存，以备总结、评估之用。

二、要点提示

老年社区服务计划的制订程序如下。

1. 实地调查

实地调查是社区服务计划程序的开始，也是整个社区规划最主要的步骤。它的主要任务是调查了解社区地理、经济、政治、文化的历史和现实，以及未来发展趋势，掌握社区资源的分布状况等，为下一步制订规划草案做准备。这就需要运用各种调查方法获取有关社区历史和现况的大量资料，全面了解社区的各类资源分布。调查了解社区内老年案主、辖区内单位对社区建设的需求状况、参与愿望、作用力度。调查了解各类社区居民和社区组织间的相互关系和共建状况等。

2. 资料分析

资料分析是将实地调查得来的各种资料进行分类整理、分析研究，从中发现本社区的基本特点和发展规律，以及存在的突出问题，为制订规划草案提供翔实可靠的资料依据和理论基础。

3. 确定目标

确定目标是在实地调查和资料分析的基础上，提出和确定社区建设的规划目标。社区建设的规划目标是一个体系，既包括总体目标，又包括社区建设各主要方面的规划目标。既包括中长期的战略性目标，又包括阶段性、短期内要达到的操作性目标。这些目标的有机统一构成了社区建设的规划目标体系。

4. 规划草案

规划草案往往由社区规划大纲(文字说明的文件)、社区规划图表以及一些用以说明问题的数据、表格等附件组成。有时还附带一些大纲以外的分析报告，以补充大纲中某些部分的背景情况或资料说明。需要强调的是，社区规划草案既可以是一个，也可以是多个，以供决策机构比较、选择、定夺。

5. 确立方案

由于制订的社区规划草案可能是多个，这就需要决策机构经过反复讨论、比较，从多个草案中确定一个作为基本的社区规划方案。接下来要征求意见和修改草案，对所选定的规划草案，要通过多种形式广泛征求社区成员、相关专家、社区组织、基层党委、政府等方面的意见。在此基础上，要对规划草案进行修改、补充，这也需要经过几次由下到上、由上到下的反复过程。然后是审议通过，经认真修改定稿的规划草案，要按一定程序送交审议机构审议，审议通过后才能成为正式的规划方案。最后是公布方案，也就是由社区权威机构正式颁布社区规划方案，并开始付诸实施。

三、方法技巧

计划的制订就是把活动的不同步骤、项目详细地演绎出来，加以丰富，以方便具体工作的执行。其具体技巧如下。

1. 掌握活动的基本目标

在计划的制订过程中，社会工作者可将本次社区工作中涉及的一些不同的目标，按照一定的次序排列出来，然后在讨论实施步骤的过程中，再慢慢地筛选出最适当的目标。

2. 衡量老年案主的特色、需要、兴趣

除了在目标的确立上必须考虑老年案主的需要以外，为了确保社会工作者在目标、形式、时间安排等方面都以服务对象为中心，在整个计划的制订中也需参考老年案主的背景，以提高服务的针对性和老人的参与率。

3. 配合机构宗旨、赞助团体的期望

应该考虑不同类型机构的特点，采取对应的活动方式。比如，政府赞助的公益基金可能倾向于采取较为缓和而非激烈的活动方式。这些因素在活动计划中是不可忽略的。

4. 评估本身所拥有以及可动用的资源

社区工作的过程，也是充分动员社区内外资源的过程，在制订计划时要充分评估社区可利用的资源，包括人力、财力、物力等。

5. 制订初步计划书

根据已有的资源条件，可制订初步计划书，内容包括：订立具体目标、对象、形式及整个活动进程表。

6. 评估可行性

根据大致计划，考虑服务对象的特征、需要、兴趣以及可用资源，进行比较以选择最符合代表需要的形式。

7. 确立详细方案

一个详细的执行计划主要包括以下各项：目标、对象、形式、日期、时间、场地、程序表(将活动中各事件一一列出)、人手分配、资源要求，预见困难及应付办法等。

四、注意事项

(一)制定老年社区服务计划的原则

1. 系统性原则

这个原则要求社会工作者在制订社区规划时，首先应该把社区看成是一个由各种要素构成的综合体，从综合出发，并在综合的控制下对社区的各部分进行分析，然后又回到综合，做出关于整个社区协调发展的系统设计。

2. 前瞻性原则

亦可称为先进性原则。也就是在现有基础上积极提出可望达到的发展目标。这个目标应高于现实，具有引导的功能。

3. 因地制宜原则

即从本社区的实际情况出发，发挥社区的优势，科学地确定社区发展的目标、重点，形成符合本社区实际的社区规划。

4. 规模效应原则

即在社区规划中注意使社区建设项目能够产生较大的社会经济效益。这就需要从人口、空间距离、服务半径及投资因素等方面综合考虑各类设施的规模和布局。

5. 阶段性原则

即根据社区发展的总体目标要求，确定社区发展的阶段性目标任务和工作重点。

6. 可操作性原则

所谓可操作性，就是能够付诸实施。按照这个原则，社区规划必须有相应的指标和指标值，有比较具体、可以检查的措施等。

(二)老年社区服务计划应包括的内容

1. 社区现状分析

社区现状分析是社区计划的构成部分。它主要是通过调查、统计及文献资料的分析，掌握社区的历史变迁和现状特点，掌握社区资源现状和社区各要素的发展情况，掌握社区的区位特征和环境条件及其发展优势与不足，从而判断社区的发展阶段、发展水平，明确社区建设中存在的问题。为社区老年工作目标体系的提出和相关对策措施的制定奠定基础。

2. 老年社区工作的任务(结果)目标和过程目标

老年社区社会工作分为任务(结果)目标和过程目标两大类，过程目标是为了达到老人们的信心、价值观或态度等方面的改变；任务目标是为了达到物质情境的改变。前者的着眼点在于培养社区内的老人关心社区、参与社区、互助合作，以共同解决社区内老人面临的问题的生活态度以及学会参与社区发展的技巧和知识等；后者的着眼点是去解决特定存在的问题，满足特定的需要，完成具体的任务。

这两组目标在整个老年社区工作中都是非常重要的，但是地区发展模式强调的是一种过程目标。在制订任务目标的同时，社区发展模式要求社区工作者非常重视过程目标，在互助、团结、合作的基础上去解决老年问题，运用民主程序进行社区决策，以提高社区的保障能力和发展水平。

具体的过程目标内容应该有：(1)各种社会网络的重新建立；(2)老人间以及老人与其他居民间互动及交往的增加；(3)邻居关系的改善；(4)老人与社区团体之间重建紧密关系；(5)老人能积极参与社区活动并愿意承担责任；(6)老人对社区更加认同。

3. 老年社区工作各主要部分的规划

这是老年社区工作规划的主体内容。其涉及方面的多少取决于老年社区工作的基本构成部分的数量。一般说来，应该有老人福利服务、老人照顾服务、老人社区教育服务、老人社区医疗护理服务等方面的规划。这些方面的规划应与老年社区工作的总体目标规划相一致，并且注意各部分之间的相互协调与组合。

4. 开展老年社区工作的条件与支持、保障系统的规划

这部分内容主要解决老年社区工作运行的机制、经费运筹和物质保障等问题。其主要内容大致包括：老年社区工作的组织体系、管理体制、参与机制、激励机制、经费来源、物质保障等方面的规划。

5. 社区服务项目开展的具体进度安排

这部分内容主要涉及工作开展的具体时间安排，在什么时间安排什么工作内容，要在制订社区服务计划时给予明确，这一内容对社区工作有直接的指导作用。

五、实务操作

“老有所乐”社区服务计划书

一、理念与方式

承蒙社区各界力量的大力支持，通过近一个月的努力，我们了解和掌握了家园社区中的老人的生活状况和基本需求，为了有针对性地开展老人服务工作，我们制订此计划书，希望社区各界力量一如既往地支持我们。

这次社区计划主要结合“社区为人人，人人为社区”的社区理念，针对社区老龄人口的种种问题，采用社区计划、社区照顾、邻里协助、志愿网络等方式，结合家庭照顾及自助互助模式开展工作，以增强社区居民的归属感和主人翁意识，加强社区凝聚力，敬老爱老。我们这一系列活动旨在提升居民的社区参与意识，从感性和理性上使居民开始思索与社区的关系、社区的需要、自己有没有意愿和能力为社区做贡献。这种贡献可否被接受、自己可否从中获得满足感。让其明白社区里还有很多处境不利群体需要他们的贡献，通过这些活动对他们产生影响，使其成为社区建设的踊跃参与者，并争取建立一支为老服务的志愿者队伍。

同时我们希望通过这些活动，发动起社区各个层面的群体(尤其是处境不利群体)，全方位地调动社区居民的积极性，让更多的人融入社区，交到好朋友。

二、目标

1. 倡导社区对老人特别是孤老或残疾老人的关怀，提高孤老或残疾老人的生活质量。

2. 提升为老人服务的志愿服务精神及社区参与意识，提高他们进行社会交往的自信心和能力。

3. 使老年群体更好地融入社会，锻炼和发展自我，树立或巩固健康的生活态度。

三、服务案主：社区内全体老年朋友

四、参与者

1. 全体老年朋友及家庭成员。

2. 社区居民。

3. 社区服务中心工作人员。

4. ××大学社会工作专业学生。

五、活动设计及其要素(见表 4-2)

表 4-2　活动设计及其要素

节次	形式	日期	时间	地点
1	开幕式/健康知识讲座	4月9日、10日 4月16日	14：00—16：30	家园小学礼堂
2	志愿者服务培训 入户志愿服务	4月17日至4月23日	15：00—16：30	社区活动中心 及社区孤老/ 残疾老人家中
3	启动老年服务资源	5月1日至11月30日	8：30—17：00	社区内
4	工作阶段性评估	12月10日至12月20日	15：00—16：00	社区内及案主家中

六、具体内容

第一节 开幕式暨健康知识讲座

参加者：社区内的老人、本次活动的社区居民志愿者、社区工作者。

活动内容：

1. 向大家明确本次活动的目的、意义、内容、形式。
2. 介绍社区内老人及社区孤老或残疾老人的情况，凸显问题。
3. 健康知识讲座。
4. 义务健康咨询。
5. 发放健康宣传单。
6. 简短讲解：志愿服务的理念、知识。

资源配备：

1. 事先邀请社区内老人及社区孤老参加，必要时安排志愿者接送。
2. 相关健康宣传资料。
3. 邀请××医院老年病专家李主任出席并作讲座。
4. 社区内老人的资料，以及有关志愿服务和沟通技巧的讲稿。
5. 横幅、茶水。

人员安排：由第一小组主要负责人带领两名大学生志愿者，其他小组配合。

活动时间：2020年4月9日、10日，4月16日。

第二节 志愿者服务培训、入户志愿服务

参加对象：志愿参与本次活动的为老服务志愿者。

活动内容：

1. 沟通技巧培训。
2. 志愿者带领能出户的老人组建老人活动小组、兴趣小组。
3. 志愿者按照事先分派，分别入户拜访行动能力较差的孤老。
4. 志愿者通过交谈了解孤老或残疾老人目前的生活状况及困难和需求，并形成简要报告。
5. 志愿者向孤老宣讲健康知识。
6. 回收访谈报告，呈交街道民政科参考，并由小组进行了解分析。

资源配备：

1. 事先分派每位志愿者所要访问的孤老或残疾老人家庭。
2. 孤老或残疾老人生活状况及困难或需求访谈提纲。
3. 健康知识有关资料。

人员安排：由第二小组主要负责人带领大学生志愿者和社区志愿者，其他小组配合。

活动时间：2020年4月16日至23日。

第三节 启动老年服务资源

参加对象：社区工作者、街道和区民政部门。

活动内容：

1. 向街道和区民政部门申请社区照顾所需资源。

2. 利用申请到的资源支持建设老年公共设施：老年活动室一间，托老室一间(提供日间照顾)，娱乐器具若干。

3. 针对残疾老人或孤老等行动不便者制订入户值日表，帮老人代办代买日常用品，与老人聊天。

4. 组织老人进行社区义务活动：宣传、日间治安巡逻、卫生监督、邻里纠纷调解、社区公共事务讨论。

5. 利用教育资源，与大学生志愿者一起定期组织社区公共活动，丰富老人生活。

资源配备：

1. 向有关部门进行资源申请的调查报告和申报书。

2. 定期入户服务对象，值日表。

3. 义务活动袖标。

4. 公共活动所需设施。

人员安排：家园社区工作人员和大学生志愿者、社区志愿者。

活动时间：2020 年 5 月 1 日至 11 月 30 日。

第四节　工作阶段性评估

参加对象：社区居民、街道及区民政部门工作人员、大学生志愿者。

活动内容：

1. 老人满意度评价调查。

2. 家庭成员与老人关系改善状况评价访谈。

3. 老人服务设施使用频率调查。

4. 社区居民满意度调查、访谈。

资源配备：

1. 老人满意度评价调查问卷。

2. 家庭成员与老人关系改善状况评价访谈提纲。

3. 老人服务设施使用频率调查表。

4. 社区居民满意度调查问卷、访谈提纲。

人员安排：街道及区民政部门工作人员带领部分社区志愿者和大学生志愿者。

活动时间：2020 年 12 月 10 日至 20 日。

七、活动经费预算(见表 4-3)

表 4-3　活动经费预算

活动内容	资金预算(单位/元)
1. 开幕式/健康知识讲座	纯净水 1 元/瓶×50=50 元 印刷宣传资料 0.1 元/页×600=60 元
2. 志愿者服务培训 入户志愿服务	纯净水 1 元/瓶×20=20 元 问卷等印刷预计 20 元　水性笔 20 元

活动内容	资金预算(单位/元)
3. 启动老年服务资源	老年活动室改造2000元　托老室改造5000元 家具装饰3000元　娱乐器具3000元 袖标、条幅制作300元
4. 工作阶段性评估	问卷、调查表200份，1元/份×200=200元
总计	13670元

注：以上为计划预算，若有剩余将如数返还街道。谢谢支持！

节选具体工作计划：

第一节　开幕式暨健康知识讲座计划

时间：2020年4月9日—4月17日

地点：家园小学礼堂

参加对象：

1. 社区内老人及家属(社区服务中心提前通知)
2. 社区志愿者
3. 大学生志愿者
4. 社区工作者

具体流程：

(一)开幕式　主持：张小霖

14：00～14：20主持人向大家介绍本次活动

14：20～14：30请社区居委会主任讲话

14：30～15：00请社区工作者介绍社区老人的情况

以上活动仅在4月9日举办

4月9日15：00～16：00老年营养讲座

(二)健康知识讲座　主讲：李铎　张庆玉

4月10日15：00～16：00老年心理健康讲座

4月16日15：00～15：15健康咨询和发放健康宣传单

15：15～16：15老年疾病预防和保健

(三)志愿者服务讲座　主讲：王桐

4月17日15：00～16：00志愿服务的理念和知识

16：10～16：30各志愿小组代表介绍小组成员(各小组自行选举代表)，并请志愿者填写“志愿者花名册”

资源配备：

1. 请社区服务中心安排活动场地、茶水(50份)等
2. 社区内老人及孤老参加活动——社区居委会帮助安排
3. 横幅制作——社区医院义工
4. 健康宣传资料——志愿小组准备
5. 社区老人情况介绍——社区服务中心安排

六、总结点评

社区工作计划是社区服务的指导方针，同时也是后期对社区工作进行评价的依据。一个完善的社区计划必须在前期对社区问题与需求的客观调研的基础上制订，同时也要考虑可利用的社区内外资源情况。

〉〉〉任务体验式教学参与

个人任务工单 1

组号：________　　姓名：________　　学号：________

引导问题：结合本单元所学内容尝试进行总结。

1. 请结合相关知识总结老年人社区支援网络主要内容。

老年人社区支援网络

小组任务工单 2

组号：________　　姓名：________　　学号：________

引导问题：根据本单元的相关内容讨论下列问题。

1. 社区计划的制订步骤分为哪几步？

2. 结合公益创投项目要求为某社区孤寡独居人设计一份社区照护计划。

社区公益创投项目计划书模版文档

任务四　实施服务计划，开展社区工作

〉〉〉教学目标

通过本任务教学，学生能够掌握发动社区成员的技巧，掌握主持社区会议的技巧，学会如何动员和利用社区内外资源，掌握培养社区志愿队伍的方法。

〉〉〉案例情境

在工作期间，社区工作者动员社区各界力量开展了一系列关心爱护老人的活动，提升了全社区居民爱老、尊老、护老意识。为了巩固这次工作的成果，社区工作者为危机老人建立了社区支持网络，并充分挖掘和运用社区内的人力资源，为社区老人培养优质志愿者，扩展社区中心对老人的服务范围。

工作任务：

1. 发动群众参与。
2. 主持居民会议。
3. 动员社区内外资源。
4. 培训社区志愿队伍。

〉〉〉教学内容

一、术语理解

(一)社区行动

社区行动是指社区工作者激发社区居民行动起来，利用有效资源将制订的计划付诸实践的过程。社区行动是整个社区工作的核心部分，再好的计划如果无法得到有效

的实施，也不会对问题的解决起效用。所以社区行动也是社区工作者与社区各种资源携手共同运作的过程，关系到社区工作的成败。

(二)志愿者

志愿者是指在不为物质报酬的情况下，基于道义、信念、良知、同情心和责任，为改进社会而提供服务，贡献个人的时间及精力的人和人群。志愿活动泛指利用自己的时间、技能、资源、善心为邻居、社区、社会提供非盈利、非职业化援助的行为。社区志愿活动就是限定在社区层面的志愿活动。

招聘志愿者的目的：填补人手；扩展服务；备用资源；保持活力。

二、要点提示

(一)社区行动的要求

社区行动的要求关键在于成立或巩固社区内居民组织，让社区工作系统化。如果社区中没有各类居民组织，社会工作者就要推动建立具有代表性的居民组织。比如，我国城市社区中普遍建有社区居民自治组织就是社区居委会，所以社会工作者的任务就是巩固各类居民组织，动员居民支持社区工作。社会工作者可以通过培训、培育的方式，帮助居民组织建立内部合理的运作程序，分享服务的经验和教训，协助他们建立或巩固资源支持系统。有了充足的社区组织力量，社区行动就有了动力基础。

(二)发动群众的原则

1. 明确动员群众的目的

(1)增强群众的理解和支持，壮大社区工作力量。

(2)充分挖掘和使用社区人才资源，有效地解决社区问题。

(3)社区工作者和群众相互交流，相互学习，共同进步。

2. 掌握动员群众的原则

(1)掌握群众参与社区工作的动机，进行有针对性的动员。群众参与社区工作的动机各不相同，有些是为了获取某种实际利益，有些是为了为社会做贡献，有些是为了发展自我能力，提升自己的素质。社区工作者只有了解了群众参与社区活动的动机才能有针对性地动员群众，从而取得更好的动员效果。

(2)让群众看到自己参与解决社区问题的成效。很多群众往往不愿意参与社区事务的管理，他们认为这些活动都是形式上的，没有什么实际的意义。社区工作者要让群众亲眼看到自己参与解决社区问题的成效，才能扭转他们对参与社区管理的认识，从而提高其参与社区活动的积极性和主动性。

(3)选择动员对象。社区工作者需要明白，不是所有的群众都愿意参与社区活动的。一些群众可能由于时间、身体健康情况、认知水平等因素的限制，没法参与社区活动。社区工作者要选择那些态度积极，客观条件允许，具有工作热情的人作为自己的动员对象。

(4)让参加者能够感受到自己的成就和贡献。社区工作者要根据参加者的兴趣和能力，让其承担一定的任务，待其完成后给予肯定和赞许，让其感受到自己的价值，知道自己的努力和辛苦都是值得的。

(5)减少参与者做出的牺牲。社区工作者要合理地安排工作任务，适时给予群众帮助，使参与者参与社区活动并不需要付出太多的时间、精力和物质，维持其工作的热情。

(6)注重工作者自身的素质。社区工作者良好的工作成效和能力，能够产生号召力和影响力。特别是社区工作者留给群众的印象对动员效果具有重要的意义。

(7)为参与者带来个人的改变。让参与者在参与社区活动的过程中，感受到自己的成长和成熟。让其感受到参与社区活动对本人来说也是一种锻炼，可以丰富其日常生活。

(三)社区行动的主要方法

1. *发动群众参与*

群众参与是社区工作的重要价值观念，因为参与是居民的一种民主权利，而且群众本身才是自身需要和感受的最佳和最重要的诠释者。发动居民广泛参与到社区工作中，可以提高社区居民的生活质量，提升人们的能力，增强个人的自主性，还能使社区成员对影响自身的社区事件和问题有更多的认识，为自己赢得更多的资源，也有利于加强居民的归属感、满足感和安全感。

但是受沿袭下来的工作方法的影响，多年来在社区管理和社区功能的发挥中，居民自觉参与的意识并不十分强烈。如今社会转型中社区功能的扩大，使人们对社区的依赖性逐渐增强。如何将这种被动的依赖和接受他人服务，转变为主动寻求或提供服务、自我服务，就成为广大社区工作者期待和努力的方向。

学者们认为动员群众的目的不外乎下面几点：扩大群众的支持和参与，增加社区工作的主要内容和重要任务，增加社区工作力量；充分挖掘和使用人才资源，促进社区问题的解决；工作者和参与者互相学习，体验成长。故发动群众参与是社区工作的主要内容和重要任务，也是社会工作者的一项基本功。

2. *召开社区会议*

社区工作涉及社区内的每个居民，因此，社区工作十分强调居民的集体参与，需要社区居民、社区内的机构、社团等社区内各界力量通力合作才能开展。让社区各界力量参与社区事务的最佳途径之一就是召开各种社区会议。社区会议通过居民聚集在一起讨论社区问题、表达意见、交流意见、计划行动方案，求得共识，最终使各界力量获得参与、合作的承诺。

召开社区会议一般涉及会前准备、会议进行中、会后促进和行动四个步骤。

(1)会前准备。会议的目的是什么；会议内容及程序安排、资料准备；参会人员确定及通知；场地设备的安排；提前到场检查各项安排落实情况及人员联络；会前接待。

(2)会议进行中。会场气氛把握，民主、平等、轻松；按议程进行，注意把握时间；有集中讨论、反馈时间，不能拖延时间太长；决议要经反复讨论，谨慎通过；注意观察和掌握会场气氛和与会者的反应；主持人做集中归纳和总结，突出主题及收获。

(3)会后促进。进一步明确会议决定；着手会议决定的工作；通知未出席者有关会议的重要内容和决定；整理好会议记录，将任务落实到人。

(4)行动。执行会议决定，必要时征求有关人员意见，做好下次会议报告行动的准备，并随时向与会者通报工作进展情况。

3. 教育与宣传

社区行动的成败关键在于社区居民是否热心参与，而居民的热心参与则与居民对社区事务的兴趣、关心程度、与自身的密切程度息息相关。为此，社区工作者在开展社区工作的过程中始终要有教育与宣传。其中，宣传可运用多种传播媒介，如请专家作讲座，开展竞赛活动，把要宣传的内容制成短片，开通了社区网络BBS论坛的还可以利用论坛等。大众传播媒介强大的影响力是工作者依赖其推动社区工作的原因。

三、方法技巧

(一)发动群众的技巧

发动群众要讲究方式方法，具体来说可分为直接接触和间接发动两种。

1. 直接接触途径

如果目标对象的姓名及联络方式提前就已知道，可采用短信通知、电话联络或登门拜访三种方式进一步宣传、说服，建立关系。如果没有具体对象及联络方法则可以采用设立社区咨询站点、向往来的居民宣传介绍，发现目标对象或现场交换意见，建立联系。也可采用逐门挨户上门宣传的方式，挖掘潜在的参加者。也可通过小区广播或流动宣传车，甚至居民大会等宣传方式进行社区鼓动宣传。

2. 间接发动途径

如果工作者不与居民面对面进行交流，可以利用一些间接的方法达到类似的目的。最为常用的方法便是借助大众传播媒介报道、展板和广告宣传、电视新闻稿、宣传单、信箱广告、招贴和海报条幅等。

在动员时还要讲究策略，注意根据对象的反应灵活应变，不做无根据的保证。不能引起居民反感，不与对象发生争执。还要小心了解对象的真实想法，积极地宣传，耐心地等待动员效果的产生。

(二)发动群众时的劝服技巧

在动员居民中，常会遇到许多实际情况，如何恰当地处理？下面举几个实例借以说明。

例一：居民："我文化水平低，没法参与。"

反应："您认识的李嫂、张嫂都来，您当然要来！"(策略：熟人参与)

"大家一起学习，慢慢就可以了。"(策略：互相帮助)

"××起初和您一样担心，但后来参加活动后真的改变了许多。"(策略：成功示范)

例二：居民："只有我们几个人也难成什么大事。"

反应："最近大家加班很累，有时难免缺席。"(策略：体谅他人)

"你们下班这么累还来参与，实在让人感动！"(策略：赞赏对象)

例三：居民："上次都已经试过了不成功，为什么还要试验？"

反应："上次您一人去所以不成功，今天我们大家一起去有声势，效果一定不错。"(策略：告别失意)

"一次不行不等于次次不行。"(策略：纠正以偏概全)

"参与其实不太费时间，况且有事时还可以临时退出。"(策略：减少代价)

例四：居民："没用！这种情况很难改变的！"

反应："只要不放弃努力，机会也许就会来了!"(策略：努力尝试)

总之，发动群众是社区工作中的一项重要任务，只有在居民的积极支持和参与下，社区工作才能更好地满足社区居民工作的需要。因而在发动过程中，要注意掌握方式方法，了解居民的心理。因人而异，因地制宜，以积极的态度和良好的工作技巧团结和吸引更多的有识之士，投身社区建设和发展，使社区工作因广大居民的参与而更加丰富而充满活力。

(三)主持会议的技巧

会议中，主持者的技巧以及所带动的场内气氛是会议成功的关键。主持者作为会议的核心要用到以下一些技巧。

1. 聆听

要让发言者知道你在仔细听他发表的意见，要从讲话人的语言内涵和表达方式中收集更多的信息，还要同时观察其他与会者的反应。

2. 提问和邀请发言

要善于启发引导和鼓励参与者发表意见，用开放式的问题给每个人均等的机会，有时也用特别邀请征求有关人员的意见或阻止滔滔不绝的发言。

3. 注意澄清和引导

为使发言不离主题，要适当复述成员的意见，及时核实和纠正一些观念。

4. 综合、集中

及时综合各方的意见，做出总结分析，找出共同点和分歧点，把握会议进程。

5. 多用赞美和鼓励

对发言者和提供信息的人予以及时的鼓励和肯定，使其感到被尊重和重视，增加日后参加社区活动的积极性。

6. 运用身体语言

主持人的目光、面部表情、身体姿态都可以辅助会议的主持，尤其是目光和表情的运用。要让参加者感到主持人对每个人都同样关注，态度开放、谦和、友善、民主。

7. 时间运用准确，时长适中

要注意时间的长短，不拖延。

(四)招募志愿者的方法与技巧

1. 招募志愿者的方法

(1)志愿者介绍。

(2)举办志愿者训练课程。

(3)活动推广。

(4)对外宣传。

(5)举办志愿者招募周。

(6)印制志愿者服务资料册。

(7)运用互联网。

2. 甄选志愿者的技巧

(1)做好招募前的准备事项。

①考虑清楚机构的需要及服务的要求。

②会面应由机构职员与资深志愿者共同进行。

③设计一张详尽的志愿者登记表，以便记录有关资料。

④地点及时间要做适当安排，以示对志愿者的尊重。

(2)招募时的注意事项。

①详细解释志愿者工作的性质及要求。

②告诉志愿者将会遇到的挑战，让他们做好心理准备。

③尽量提供多种工作的选择。

④说明志愿者必须参加有关训练课程，以增加对志愿者工作的兴趣及了解。

四、注意事项

(一)激发社区参与程度时须注意的事项

实施社区计划，开展社区服务是整个社区工作的重点阶段。在实施过程中，社区工作者一方面要针对社区需求提供服务，另一方面也要激发社区各界力量的参与热情，着力培养社区居民的自立意识，防止社区对社区工作者产生依赖，为社区工作结束后社区工作者的撤离打下基础。所以在工作中，一要防止把注意力过分集中在少数居民带头人身上，而忽略了占多数的普通居民；二要不断地提醒居民组织除了提供服务，还要维持居民参与社区活动的持续性。

具体工作包括以下几个方面。

1. 注意掌握群众参与的动机，有针对性地进行动员

群众对社区工作的参与动机往往是各不相同的，有些是为了获取某种实际利益，有些完全是为了奉献社会，有些是为了提高能力、增长技能。只有了解了参与者的动机，才能“对症下药”，取得事半功倍的动员效果。

2. 注意及时向社区展现居民参与对社区问题解决的成效

以往人们不愿参与社区的集体事务，很大程度上是感到许多参与都是形式上的，没有什么效果。所以让群众看到，由于大家的积极参与带来了社区问题的转变或者转变的希望，便能有效地使其积极投身社区事务之中。用“角色示范”的方法让过来人现身说法，效果会比较直接。

3. 及时表扬参与者个人在参与活动中的改变

群众参与不仅对社区事务有帮助，同时对参与者本人也是一个锻炼的机会，可以丰富他们的生活，令其增强自信，提高面对压力时的应变能力，获得个人的进一步完善和发展。社区工作者通过对参与者个人的贡献、收获等各方面的及时表扬，给参与者以反馈，强化参与者继续做出参与行为的积极性，同时也对其他人产生榜样效应。

4. 选择合适的动员对象

工作者不能指望所有居民都参与到社区工作之中，因为任何组织内部都会存在个别冷漠、消极甚至抗拒的成员，那不是动员的对象。社区工作者应选择那些态度积极、工作热情，或是那些有兴趣但尚采取观望态度的成员。

5. 减少参加者付出的代价

以往居民不愿参与是因为参与的代价太大，如时间太长、缺乏效率。工作者应适时支援及合理安排，使参与者不用付出太多时间、金钱和精力，从而保持其参与的

热情。

6. 注意工作者自身素质对居民参与的影响

工作者的工作成效和自身良好的能力素养，可以产生号召力和吸引力。所以工作者留给居民的印象，对动员效果有决定性的影响。

(二)一个成功的会议要遵守下列守则

(1)会议目的清楚。

(2)认真规划会议进程。

(3)邀请有关、有需要的人士参加。

(4)事前向有关人士简介会议情况。

(5)主持人主持会议而不是垄断会议，不能只听到主持人发言的声音。

(6)让所有的人有发言机会，互相沟通，彼此回应。

(7)使参加者身心舒畅，觉得参加会议有所收获。

(8)保证会议能带来行动。

(9)小心会而不议、议而不决、决而不行、行而无人负责。

如果是居民大会，那么会前的宣传及动员要作为一个重点。因为会议召开的目的就是将重要的社区问题和事件告知居民，使他们加强对问题的认识、提高关注程度，所以广泛的动员也是一种宣传推广工作。

五、实务操作

家园社区服务计划制订后，在社区工作者、社区居民志愿者、大学生志愿者等多方的协作下，社区开展了为期 7 个月的社区老人服务活动。在这一过程中，社区工作者先培训了社区志愿者，在志愿者的帮助下开展一系列针对老年群体的服务工作，包括孤老入户照顾与服务，社区老人日间照顾，社区老人文娱活动，动员老人家庭成员与老人谈心活动，通过连接邻里形成探访联系，建立老人社区支持网。通过一系列活动的开展，社区内老人无论是在生活照顾上还是在精神抚慰上都有人来关心他们了。同时，一些身体健康的老人通过帮助社区进行卫生监督，探访其他老人，日间治安巡逻，讨论社区公共事务等，为社区公益贡献力量，感到“老有所为”，生活充实。

工作剪影一：社区志愿者培训与入户志愿服务活动情况

时间：2020 年 4 月 17 日 14：00～17：00

地点：家园小学礼堂

参与者：总计参加人数 26 人(名单略)

1. 社区居民志愿者。

2. 大学生志愿者。

3. 社区工作者。

4. 辅导老师。

5. 居委会老年服务工作人员。

过程简述：

(一)志愿服务培训　主持：张小霖

1. 由王桐主讲：老人的行为特点以及陪同老人出行应注意的事项。

2. 由志愿者肖岳莲主讲：服务与沟通——介绍志愿服务的经验与体会。

3. 介绍入户服务的内容。

4. 由田成印老师主讲：如何填写调查问卷。

5. 由赵红老师主讲：服务对象介绍、志愿者与服务对象配对。

6. 由丁广友主讲：孤老入户、日托老人照顾的要求。

7. 发放志愿者胸卡。

（二）志愿者分组入户服务

1. 问卷调查。

2. 发放健康保健知识宣传单。

3. 与孤老家庭确定定期服务时间与内容。

4. 下周活动参与意见征询。

（三）工作人员集中信息反馈、下周活动布置

1. 问卷回收。

2. 工作人员简短的交流与信息反馈。

3. 下一次活动的具体分工、安排。

"志愿者培训与入户志愿服务活动"评估报告

一、计划完成情况

（一）志愿服务培训

1. 老人的心理、行为特点以及在访问孤老时应注意的问题。

2. 服务与沟通——志愿服务经验介绍。

3. 服务内容介绍。

4. 问卷填写培训。

5. 服务对象介绍、志愿者与服务对象配对。

6. 孤老、残病老人服务需求。

7. 发放志愿者胸卡。

（二）入户服务（志愿者分组活动）

1. 孤老或独居老人的现状及需求问卷调查。

2. 健康保健知识宣讲。

3. 孤老、残病老人服务的具体安排。

4. 下周活动参与意见征询。

（三）活动总结

1. 问卷回收。

2. 工作人员简短的交流与信息反馈。

3. 下次活动分工。

二、活动过程简要描述

略（详见计划部分）。

三、目标完成情况

由于天气影响，活动的内容与程序作了相应的调整，未能完全按计划完成，但基本达到原定目标。

(一)基本完成预定程序及内容

1. 对志愿者进行了有关服务的知识培训。

2. 由工作人员陪同、志愿者们成功地对服务对象进行了访问，并完成问卷调查。

3. 了解服务对象的现状。

4. 确定了参加入户服务的名单，为入户服务做了培训与准备工作。

5. 根据天气情况，及时调整活动的程序与内容的安排使活动顺利完成，且基本完成预定程序及内容。

(二)活动过程中，志愿者们积极参与

1. 志愿者们冒着瓢泼大雨赶来参加活动，许多志愿者的衣服都被淋得透湿。他们中有的回家换了衣服再来，有住在附近的志愿者就将其他志愿者带到自己家里换上干衣服。

2. 志愿者们认真聆听培训内容，积极参与讲解和示范；向其他志愿者介绍自己对志愿者的认识与理解。

3. 志愿者们冒着雨去访问服务对象，认真完成入户服务的内容

(三)根据工作人员带回的信息，志愿者通过入户服务与问卷调查，亲身感受和了解了孤老或独居老人的困难与需求，这有助于他们加深了解志愿者活动的意义，并激发他们参与社区志愿者活动、奉献爱心的愿望与信念。

四、意见和建议

(一)活动内容的安排

1. 一节的内容安排不宜过多，且有些培训可以用发放资料的形式来进行。

2. 志愿服务经验介绍的内容最好能事先审稿，使内容与主题紧扣。

(二)时间安排

1. 居委会的有关人员在活动开始的 60 分钟后到达，以免他们长时间地等候。

2. 入户服务出发之前，通知其返回的时间。

(三)活动的评估

1. 后一节的参与情况可以体现前一节的成效。

2. 除此之外，是否应有对活动成效的评估方法。

工作剪影二：老年活动室与托老室改造与投入使用

社区服务中心根据工作需要向街道及区民政部门进行了经费申请，由于此次家园社区老人服务工作是市民政局开展的一个老年服务工作试点，经费很快就被批拨下来。2020 年 5 月中旬开始，社区对原有的社区老年活动中心进行了改造，开辟出老年活动室一间约 80 平方米，托老室一间约 80 平方米。老年活动室配备活动桌椅可供室内棋类游戏、会议讨论等。活动室在 7 月开始投入使用，老人们经常来这里聊天、下棋，谈天说地，很是热闹。社区工作者为活动室制定了值日表，由老人志愿者监督环境和设施维护。托老室用于日间托老服务，服务对象是残病行动不便者，社区老人家庭中因家庭成员暂时外出或有其他事宜无法照顾老人的，可安置在托老室由社区工作人员陪护，晚间由家庭成员接回。因托老室与老年活动室毗邻，老人可以聊天解闷。

工作剪影三：老年健脑益智有奖竞赛

学生志愿者为丰富老人娱乐生活，精心设计了一次家园社区“老年健脑益智有奖竞赛”。此次活动着重鼓励行动不便、平时很难参加社区活动的老人参加。把报名参加的老年人分成四组，每组三人，以组为单位，进行生活文化历史等知识问答比赛。在比赛前一周把相关知识进行总结分发给感兴趣的老人们，让他们提前准备。比赛在7月的一个周末进行，比赛由两位机灵、风趣的大学生志愿者主持，参加比赛的四组老人分别为红队、蓝队、黄队、绿队。不亲自上场的老人们被分为各组的亲友团，比赛规定如果参赛的队员有困难、不能回答问题，可由亲友团提示或代答，这样不论是否亲自参加比赛，老人们都有表现的机会。现场非常热闹，老人们在娱乐中增长了知识，培养了友谊，加强了联系。这次比赛对老人是一次难得的鼓励机会，使他们增强了信心。比赛结束时，参加的老年朋友无论是观众还是“运动员”都有奖品收获，老人们非常高兴。此外，在农历的九月重阳节，社区工作者和志愿者们还组织了老人趣味运动会，有慢跑、托球走、袋鼠跳、踢毽子、拔河、皮球砸筷子等，老人们活动情绪高涨。

工作剪影四：老年志愿者发挥余热，爱心献社区

社区工作者安排一些老年志愿者进行宣传、日间治安巡逻、卫生监督、孤老残病慰问等工作。这一支志愿队伍人数达23人，被分成几组，轮流进行上述各项工作，此外还有一些“业余”志愿者，方便时也加进来帮助做一些工作。这些老年志愿者对社区分配的工作任务一丝不苟，得到了社区居民的普遍好评。其中有一位志愿者蒋大叔，他的儿女们工作体面，收入又高，蒋大叔本人也有退休金，儿女们不和他住在一个社区，平时因为工作忙很少有时间来看他，但孩子们还是很孝顺的，每天电话不断。蒋大叔身体很好，老伴儿不在了，平时闲得没事总是在社区里溜达，这次听说社区里进行的老人服务工作需要志愿者，他第一个报了名，每天张罗各种活动，很是意气风发。儿女们听说了这事怕老人累坏了，都劝他不要做了。老人不高兴，和儿女们说心里话：“你们知道我一个人多没意思吗？我又不想和你们一起住打扰你们，被你们当成麻烦。我现在有个事干，心情好，天天吃饭也香了，觉也睡得好了，你们还有啥不放心的，我还能再活几年啊，你们不想让我高高兴兴的？”儿女们没敢再阻拦。蒋大叔每天高高兴兴，做起工作来还很有办法，社区里的邻里纠纷工作由他出面解决很有成效，现在社区里的大人孩子都知道他了，见面都热情地和他打招呼，他自己都说这种感觉美滋滋的，比退休前拿了奖金还舒服。他的情绪也感染着社区里好多犹豫不决的老人，在他的影响下纷纷参加社区公益活动。

随着人们生活水平的提高，有车的居民越来越多，社区里每天上下班时间车很多，交通不便，行人也不便，给社区带来很多麻烦。老人们通过研究发现社区的栅栏外和小铁路之间相隔近40米远，中间除了绿化带占了几米外，还有3000多平方米的空地，因隔在了社区栅栏外，不属于社区使用范围，但偶尔有人在这里练车。于是他们建议社区居委会能不能申请把这个空间利用起来，规划出统一的停车带，把社区靠铁路这一方向的栅栏打开两个小门，供人员进出，把空地围起来设置一个大门让车辆进出，这样就可以把车停放在社区外面，不影响社区内的交通。社区居委会也考虑这个问题很久了，但是有两个顾虑：一是不能随便用这块空地，需向行政部门申请。二是怕居

民不愿出钱修整这块空地，有车的人出钱会痛快，但没车的人估计不会出钱，这就会导致出钱的人不愿让不出钱的人用。老人们了解到居委会的想法后，想了办法，让社区居委会出面申请，老人们在行政部门负责这方面管理的子女们给予协调，争取到了使用权。同时，老人们发出宣传，让社区居民集资修整停车场地面、装围栏，明确表示这是公共停车用地，每个月收取停车费，停车费用很低，收集上来用于社区公共活动开销和雇用停车场看门人、维护停车场环境等。而出钱集资修停车场的车主相当于预先交纳了停车费，可免费使用到集资数额用完为止。这一办法得到了社区居民们的强烈支持，6月提出建议，8月的时候车就可以停进停车场了。同时，为本社区内两户贫困家庭解决了就业问题，把看门人的两个名额分给了他们两家。这次事件后，老年志愿者们在社区的威望大增，做起维护社区环境等工作更得到广泛的支持。

社区老人服务工作中，社区工作者动员和利用了各界力量和资源，共同营造出一个尊老敬老、老有所乐、老有所为、老有所帮的生活局面，使社区风气焕然一新。

六、总结点评

(1)社区行动过程就是把社区工作计划给予实现的过程。在此过程中，每一项工作完结后都应该有工作评估，以查看与原计划的符合程度，或纠正计划中的不足之处。

(2)社区工作的关键是动员社区参与力量，社区成员参与得越广泛，社区工作的效果就越明显，这样容易形成良性循环，吸引更多的社区居民参与，那么社区工作的成果在社区工作者撤离后就会被更好地维持下去而成为一种传统。

〉〉〉任务体验式教学参与

个人任务工单1

组号：________ 姓名：________ 学号：________

引导问题：结合本单元所学内容尝试进行总结。

实施服务计划开展社区工作要点	社区行动的要求： 发动群众的原则 社区行动的主要方法

方法技巧	发动群众的技巧 发动群众时的劝服技巧 主持会议的技巧 招募志愿者的方法与技巧

小组任务工单 2

组号：________　　姓名：________　　学号：________　　检索号：________

引导问题：根据本单元的相关内容讨论下列问题。

1. 一个成功的社区协商议事会议应遵守哪些规则。

2. 社区社会工作方法实施过程中，如何实现“助人自助”的关键是什么。

任务五　社区服务评估

〉〉〉教学目标

通过本任务教学，学生掌握老年社区工作评估方法与方式，能够撰写老年社区工作评估报告。

〉〉〉教学目标

通过为期 7 个月的社区老人服务工作的开展，社区居民尤其是老人和有老人的家庭从中受益匪浅。社区居民普遍反映，通过参与社区的活动，心情愉悦了，同时也对社区更具有安全感了。社区内的面貌也焕然一新，社区内尊老爱幼、互帮互助、和睦相处的氛围增加。社区工作者通过收集社区各界对此次工作的反馈，觉得有必要进行下一步社区服务评估的工作了。

工作任务：

1. 老年社区工作总结及档案汇集与保存。
2. 掌握老年社区工作评估的几种方式。
3. 撰写老年社区工作评估报告。

〉〉〉教学内容

一、术语理解

(一)老年社区工作评估

老年社区工作评估是在社区行动计划执行了一段时间，或当计划执行完毕后，通过科学的方法和程序，对计划的执行情况进行评估，以检查计划执行的实际效果。社区工作评估是社区工作中必不可少的环节。

(二)老年社区工作评估的方式

通用的社区工作评估方式同样适用于老年社区工作中的评估工作。在老年社区工作评估中通常有三种方式可选择。

1. 过程评估

过程评估是对整个社区工作过程的监测，它对社区工作者介入的每一步骤、每一阶段分别做出评估，关注的是介入中的各种步骤和程序怎样促成了最终的结果，方法是了解和描述介入活动的内容，回答工作过程中发生了什么，以及发生的原因。

过程评估提供有关社区工作过程中的各种信息，包括工作目标、介入过程、介入行动以及介入的影响。也就是说，过程评估是对社区工作的一种全程跟踪评估。在介入的初期和中期，过程评估的重点是评估介入对象的表现和社区工作者的工作和技巧，以便了解介入对象的改变过程，适时修正介入的方案，改进工作技巧。在结束阶段，重在评估导致介入对象改变的因素。

2. 结果评估

结果评估是在工作过程的最终阶段进行的评估，包括目标结果和理想结果两个方面。其中，目标是指介入要努力达到的方向。结果是介入的直接和最终效果。结果评估是对产出结果的一种评估，通常在工作过程结束时进行，它关注的是预期的目标或者结果是否达成。

在进行结果评估时，评估人员应该关注以下一些问题：这个工作的过程是否对服务对象有效？服务对象有了些什么变化？社区工作者还有什么事情是可以做却没有做的，为什么？服务过程中，社区工作者所运用的理论或者方法技巧是什么？社区工作者在工作过程中学会了什么？有何感想？从事后效果来看，这样的工作方式对服务对象真的有用吗？

3. 效益评估

效益评估注重程序的成本效益，即在一定的成本下，提供服务所获得的成果怎样。效益评估主要针对的是达成程序目标的资源成本，因此，收集的资料可以帮助决策者评价不同程序的财政机制，从而进行效益比较。

二、要点提示

(一)老年社区工作评估的目标

(1)社区工作者监测有关程序的实施和进行。

(2)提供资料去帮助了解程序所面对的问题和困难，并从中找出可以改善的地方。

(3)检查程序的表现，从而选择对参加者更有效果的服务和计划。

(二)老年社区工作评估阶段的工作重点

1. 行动方针和主要任务

根据社区的变迁重新评估老年案主的需要和面临的问题。社区工作者对专业工作过程进行总结，决定未来专业工作的方向。另外，社区工作者对工作进行经验总结，重新界定组织的方向，对以后的发展做出安排。

2. 介入策略和工作方法

这一阶段的主要介入策略是策划和倡导。社区工作者要利用科学和客观的标准来衡量自身的独立办事能力，并界定未来工作的方向。在需要的时候，可以邀请专业人士做顾问，减少社区工作者对决策的影响。

3. 阶段性工作目标的实现

当老年社区工作小组能够用客观的方法总结以往的工作，并有系统地计划未来时，这一阶段的目标就实现了。

4. 注意事项

总结工作不能过分依赖感性，不能太注重单纯的数据统计。总结工作要考虑到未来工作的方向，而不是仅仅走形式而已。

三、方法技巧

评估是一种有系统的资料收集和分析活动，目的是检测社区工作程序的效能是否与我们期望的一致。评估可以允许社区社会工作者监测有关程序的实施，并从中找出可以改善的地方，从而选出对参与者更有效的服务计划。过程评估、结果评估、效益评估这三大类具体采用哪种，往往取决于评估的目的。

评估过程四步法：

(1)确定程序目标。以制订的程序策划目标为标准。

(2)建立成果量度准则。将目标转变成可以观察和量度的指标。如老年案主参与社区综合治理是一个抽象的概念，变为量度指标则为：

①老人出席座谈会的人数。

②老人组成巡逻队，并参加巡逻工作。

③老人参与社区及警方召开的社区会议，共同讨论改善社区治安问题等。

(3)选择合适的研究策略去加强这方面的解释，常用以下两种研究设计方法。

①比较法。可以将接受服务的一组人与没有接受服务的一组人作比较，从中找差别。

②时间序列测量法。可以将参加者接受服务前后的状态进行比较，以观察同一参加者在不同阶段是否有变化。

(4)选择恰当的资料收集方法。如访谈、问卷调查、现存资料记录的活动与观察法。问卷法适合收集大量标准化资料，常用于调查老人们对活动的认识、态度和满意度。访谈则能对被访问者的观点有较深的了解，多用来了解老人们对活动的经验和教训。现存提供一些方便而较客观的资料，常用于收集过程评估资料。而观察法则用来了解组员的互动和组织者的技巧。

四、注意事项

(一)社区工作成效评估的基本原则

(1)确定科学的评估方法，制定完整的评估体系，使得评估项目具体化。

(2)评估工作要由社区工作者、社区行政管理人员、社区群众以及相关的专家或学者参加，以做到评估结果的科学性、客观性和真实性。

(3)衡量社区发展和变化，要设定经济、社会、心理、文化、组织等多层面的内容，以从综合的角度反映社区社会工作的成效。

(4)既要有定量评估，也要有定性评估，以全面、系统地掌握社区社会工作的成效。

(二)社区工作成效评估应注意的问题

(1)评估会受到社区工作者所持有的价值观和理论框架的影响。价值观和理论框架不同，其评估的切入点也不同。

(2)评估是一个动态的、不断发展的过程。社区工作本身在不断发展和改进，评估工作只是对某一段时间中社区工作所取得效果的评估，而社区工作仍在进行。因此对社区工作成效的评估具有相对性，必须随着社区的发展而不断进行调整。

(3)评估是社区工作者与社区有关成员共同参与的过程，社区工作成效的评估必须有社区有关成员的参与，只有这样，才能共同发现问题，了解问题的成因，共同寻找解决问题的方法和途径。

(4)评估是一个分析与行动并重的过程。需要运用理论和知识去分析社区工作的过程和结果甚至是产生的效益，总结经验和教训。

五、实务操作

家园社区老人服务工作进行了一个阶段后，社区工作者安排社区居民代表、老年人代表、街道及区民政工作人员、大学生志愿者所在系教师等组成评估组于 2020 年 12 月 10 日至 12 月 20 日进行了家园社区老人服务工作阶段性评估，目的是考核以前的工作效果，为今后的工作做好计划。

评估采用了随机调查、入户访问、社区居民座谈评议等方式收集对工作状况的评价，最后形成了评估报告。

社区工作评估访谈问卷

尊敬的家园社区居民朋友：

自 2020 年 4 月起，家园社区服务中心接受区民政部门任务为本社区老人提供服务，自工作开展以来已 7 个月有余。在社区各界力量的共同努力下，我们的工作取得了一定成效。在这一阶段里您对社区工作者、社区老年服务、社区志愿者等有什么评价，请如实告诉我们，为我们今后努力工作的方向提供依据。

家园社区服务中心

1. 您觉得您在这次社区服务活动中受益了吗？

(1)受益　(2)未受益

2. 您参加过这次社区老人服务工作吗？

(1)没有　(2)参加，但很少　(3)经常参加　(4)积极参加

3. 您觉得下列哪些服务项目为您解决了实际困难？(可多选)

(1)老年活动室　(2)托老室　(3)入户服务　(4)户外健身设施

(5)娱乐活动　(6)社区志愿者服务　(7)以上项目都没有给我帮助

4. 您觉得和没有开展社区老人服务工作之前比较，现在社区有哪些变化？(可多选)

(1)社区治安好了　(2)邻里和睦融洽了　(3)在社区里活动的老人多了

(4)社区热闹了　(5)没什么变化　(6)情况更糟了

5. 您觉得和没有开展社区老人服务时相比，现在您自己有什么感受？

(1)老人开心了　(2)家人上班放心了　(3)给自己减轻了负担

(4)生活方便多了　(5)没什么变化　(6)比以前更麻烦了

6. 您对社区工作人员的评价：

(1)不满意　(2)比较满意　(3)满意　(4)很满意

7. 您对社区志愿者的评价：

(1)不满意　(2)比较满意　(3)满意　(4)很满意

8. 您对今后社区继续开展这项工作有哪些建议？请写在下面。

谢谢您的支持！

2020 年×月×

家园社区老人服务工作评估报告

一、计划实施情况

此次社区老人服务工作，基本上按照原计划实施了工作内容。老人生活得到改善。根据评估组成员的访视，家园社区内的独居老人 119 人和孤老 32 人都被安排了入户服务和定期访问。社区老年活动室发挥作用良好，平均每天达 20 人次使用。社区托老室提供服务及时便利，有残老、病老的家庭普遍反映受益。与大学生志愿者相结合进行的娱乐文化活动，使老人生活中增加了快乐，在所访问的老年案主中，有 70%以上的人都参加过这类活动。在所有项目中，受评价最高的是邻里互助网，一栋楼内的老人之间加强了联系，每天都能见面聊天，即使不见面也会打电话聊天，在老人们身边建立支持网，使其安全感增加。通过本次评估调查，老人的普遍反馈是生活内容丰富了，经常有朋友聊天，与没有开展此类工作时相比，心情愉悦舒畅了。

二、目标完成情况

总的来说，这是一次较为成功的活动。以老人为服务对象，动员社区内外资源的活动，平安、顺利地完成预定计划，应该算是一个极大的成功。老人们很开心，享受到了社会的关爱。志愿者们在活动中培养了志愿服务精神，加强了沟通和支持，为他们更好地融入社会，提高社会交往能力和自信心有很大的帮助。

三、经验和不足

在本次老人社区服务工作结束后，社区工作者进行了工作成效评估，并从中总结了工作的经验和不足。其中经验是：这次成功之处在于连接网络的介入策略很精准，起到了事半功倍的效果，在工作中建立了志愿服务者网络、个人网络、邻里网络等。不足之处在于建立社会支持网络时，与正式社会支持网络的连接仍显不足，对于有些老人的需要在介入过程中回应不够。

四、意见和建议(今后工作的方向)

(一)成员之间的互动性还需要进一步加强。在整个过程中还是很难打破原有群体的界限，例如，家庭经济情况差不多的老人经常在一起活动聊天；行动不便的老人总是和其照顾者形影不离，和其他人的沟通很少。如果事先能够组织一些小的破冰活动，活动的效果会更好一些。

(二)服务人员的服务意识还需要进一步加强。由于服务人员没有细心地采取措施，以致在老年趣味运动会时，有一位腿脚不灵活的老人摔了一跤。后来，老人家怕给志愿者带来麻烦，在以后的很多活动中都选择了旁观而不好意思参加。

(三)社区为老志愿服务需要长效机制。这次活动历时不短，为老人的生活加入了一些习惯因素，因此，这一服务应长期坚持下去，否则会对老人造成与不进行服务相比更深的伤害。社区服务机构应与大学生志愿者等社区内外资源建立长期合作机制，保持服务的延续性。同时社区工作人员也应及时鼓励更多的社区志愿者加入，扩大社区内的志愿服务力量。

家园社区老人服务工作小组
2020 年 12 月 22 日

六、总结点评

(1)老年社区工作评估是对老年社区服务质量的一次检查，评估在每个工作步骤完成时都应该进行，这有利于回顾工作，总结经验和发现不足，有利于下一步工作的有效展开。

(2)老年社区工作评估需要从多角度进行，以期客观地看待老年社区工作的成效。“当局者迷，旁观者清”，由社区工作者之外的专家、案主、第三方等进行工作成效评估，能够更准确地发现工作中的不足，增加工作成效的可行性和客观性。

〉〉〉任务体验式教学参与

个人任务工单1

组号：________　　姓名：________　　学号：________

引导问题：结合本单元所学内容尝试进行总结。

社区服务评估阶段工作要点	老年社区工作评估的目标 老年社区工作评估阶段的工作重点
方法技巧	评估过程五步法

小组任务工单 2

组号：________ 姓名：________ 学号：________

引导问题：根据本单元的相关内容讨论下列问题。

1. 社区工作成效评估应注意的问题？

2. 社区工作在服务老年人的过程中如何盘活社区内的各类资源？

教学情境二 社会计划模式工作过程
——以天安里社区老年社区照顾实施为例

〉〉〉教学目标

通过教学，学生掌握如何根据社会计划模式开展老年社区工作，了解和掌握社区照顾的具体实施过程，熟知社区照顾模式的工作要点。

〉〉〉案例情境

位于D市老城区的天安里社区是D市纺织厂家属区，初建于20世纪80年代初。该社区一直以纺织厂家属区为名，直到2002年在该市的城市社区规划中改名为天安里社区。天安里社区因为历史原因，原住居民都是本市国营纺织厂的职工或后代，因此该社区属于老式社区，再加上楼房是老式房屋，年轻人不喜欢，因此一般都是老人们在这里居住。该社区现有455户常住户，在籍人口1682人，其中有521人只是户籍在册，人并不住在本社区内。天安里所在辖区内有本市著名的重点小学和重点中学，家长购置此社区房屋获得户籍认证后会将其空置或出租给外来务工人员。在剩余的1161人中，60岁以上的老人有667人，占总人口的58.3%，这些老人中90%以上是空巢或丧偶独居。由于天安里属于老式社区，在社区规划和设施便利程度上很欠缺，老人们生活在这里并不怎么方便。

2020年4月的一天，本社区陈爷爷被修理管道的工人发现在家中去世了。当社区工作人员和邻居们撬开陈爷爷家门时，发现陈爷爷已去世几天了。陈爷爷去世时71岁，老伴儿在2013年因突发心脏病而逝世，陈爷爷有一个儿子在本市的另一社区居住，与老人的关系不好。这一悲剧事件虽然在该社区是首次发生，可是其他地方与此类似的事情并不少见，只是没有造成死亡这一严重结果。该事件发生后，社区内的很多老人们情绪低落。

该社区工作人员对陈爷爷事件进行了深刻反思，觉得天安里社区内老人们的生活现状很让人担忧。通过咨询专家及街道民政科，决定对该社区内的老人建立社区照顾体系，以提高社区内老人的生活质量。

工作任务：

(1)选择老年社区工作模式，建立专业关系。

(2)收集社区资料，进行社区老年问题分析。

(3)制订社区照顾工作计划。

(4)实施社区照顾工作计划。

(5)社区照顾工作效果评估。

〉〉〉教学内容

一、术语理解

(一)社会计划模式的特点

1. 社会问题所在

社区中存在着许许多多具体的问题，这些问题因为缺乏合理的社会策划与实施能力而产生，所以，解决问题的途径是专业技术人员参与。

2. 变迁策略

“让我们获得事实真相，并采用合乎逻辑的下一步”，社会计划模式侧重于资料的收集、正确策划的制订和实施。

3. 目标

与地区发展模式寻求解决问题的普遍性机制相比，社会计划模式更着重于具体问题的解决。

4. 社区工作者的角色

社区工作者要以专家的角色参与。社区工作者从事调查研究、方案拟定，并与不同层次、不同体系及各种不同学科的专业人员建立关系。他们是事实的汇集者与分析者，是社会行动的策动者，也是方案的实施者。

5. 案主体系

该模式中，被服务的案主群体可能是处于困境中的那部分社区居民，也可能是全体社区居民。

6. 案主角色

案主更倾向于被看成“服务的消费者”，他们享受各种社会策划的成果，如住宅、娱乐、福利等。他们的主动性与积极性主要表现在服务的消费上，而不是政策或目标的决定上。社会计划是社会工作者、社区领袖等热心社区事务的团队所聘请的专家制订的，所以，社会计划本身较多地反映了社区群众的共识。

7. 公共利益的假设

社会计划模式倾向于理想主义，认为社区内各团体的利益不受政治利己主义的影响，各群体都应当强调知识、事实与理论，并采取客观中立的态度。

(二)社区照顾

1. 内涵

社区照顾就是为老人提供在社区内的照顾与服务。从提供给老年案主在最熟悉的家中各种生活协助的居家服务，到提供案主在熟悉的生活圈中增加照顾密度的社区式日间照顾服务，社区照顾包含针对案主不同的需求所提供各种适切性的服务，同时还提倡案主自立，发掘潜能、不取代案主能力所及并提供家属照顾支援、教育及社区网络联结等协助，以延长失能的老人留在家中和社区的时间。

2. 实施社区照顾的意义

社区组织推动社区照顾工作，目的是结合社区资源帮助老人获取各项权益及福利，并促进社区改造。当着重于协助老人自我成长与发展，健全老人身心，增进老人家庭幸福，保障老人生存权益，这时社区照顾则落实了福利社区化的精神。

二、工作要点提示

(一)确定社会计划模式时的工作着手点

首先，确定目标。社会计划模式注重任务目标，即以解决社区中现阶段存在的具体问题为导向。因此，其目标的选定必须结合社区发展的实际情况，围绕主题制订计划。

其次，确定社区计划的内容。从社区工作者的视角来看，社区计划涉及的是现阶段社区内存在的各种问题，如老人问题、残疾人问题、未成年子女学校之外的教育问题等，社区工作者在进行社区计划时，必须充分利用自己的专业知识和技术，考虑到这些与社区居民生活息息相关的方面。

再次，确定社区工作者的角色。在社会计划模式中，社区工作者具有较高的专业素养和技能，他们扮演的是专家的角色。他们需要进行社区诊断、社区研究、社区分析、资料的收集、组织运作和成效评估等方面的工作。

最后，确定涉及案主的范围和角色。在社会计划模式中，案主可以是地域社区中的，也可以是功能社区中的。案主是服务的消费者、接受者，而不是社区活动方案或者目标的决策者。

(二)收集社区相关资料，进行社区老年问题分析

社区工作者在收集资料时，要针对社区中已经存在的老年照顾问题，充分了解社区内老人的需求以及他们对即将进行的社区照顾工作的看法，形成对社区老人问题状况、可利用资源状况等的初步评估。这一过程就是通过户籍及访问了解社区内潜在需求人口群，并在初步访查中观察社区动态状况，从而发展出社区照顾方案。依据案主需求及整体状况进行评估，以不取代原有能力、不破坏原有支持系统为主要前提，再行评估介入范围及程度，提供必要的、合适的服务。

(三)制订老年社区照顾工作计划

要在征询社区居民和老人意见的基础上，设置多个备选方案，通过召开社区会议，让社区居民和老人参与充分讨论，最终确定一个最佳工作计划。这个工作计划中应该包括的内容有：实施社区照顾的理念；实施社区照顾的目标；本次活动计划的服务对象及人数；具体的社区照顾内容；社区照顾策略和执行步骤；社区工作者的角色、任务；预计的计划成效；评估方式；等等。

(四)社区照顾实施策略

在推行社区工作计划、实施服务的过程中，最重要的是社区工作者发动社区居民广泛参与，同时能够联系、协调和调动社区内外的资源以协助解决问题。就社区照顾实施来看，应注意以下几个实施策略。

1. 实施处境不利"在社区照顾策略"

(1)"在社区照顾"是指将一些服务对象(即老年案主)留在社区内并向其提供服务，即有需要及依赖外来照顾的处境不利人士，在社区内的小型服务单位或住所中获得专业人员的照顾。

(2)"在社区照顾"的核心是强调服务的"非机构化"，将被照顾者放回社区内进行照顾，在他们熟悉的社区环境中生活，协助他们融入社区生活。

(3)"在社区照顾"的服务形式有三种。

①将被照顾者迁回他们熟悉的社区中的家庭里生活，并辅以社区支援性服务，如家务助理、社区护士及社区中心等。

②将社区内的大型机构改造为更接近社区的小型机构，如老人庇护所、小型儿童之家等。

③将远离市区的大型机构迁回社区内，使服务对象有机会接触社区，方便亲友探访见面。

2. 实施"由社区照顾"策略

(1)"由社区照顾"是指由家庭、亲友、邻里、志愿者等所提供的照顾和服务。

(2)"由社区照顾"的核心是强调动员社区内的资源，发动社区内的亲戚、朋友和邻里协助提供照顾。

(3)"由社区照顾"的重点是积极协助处境不利群体和有需要人士在社区中重新建立支持网络。网络大致可以分为下列三类。

①提供直接服务的网络。这类服务较多的是以地域社区为基础，在同一社区内动员亲人、邻居、居民组织或志愿者等去关怀区内有需要的人士，借此建立一个支援系统。如动员志愿者访问独居老人，帮助他们打扫卫生。

②服务对象自身的互助网络。建立服务对象本身的互助小组，使他们能够以助人自助的方式互相支持。这类服务是以同一类型的服务对象为主体的，如糖尿病人互助小组、癌症病人互助小组等。

③社区紧急支援网络。帮助个人及家庭预防突发事故或危机而建立的支持网络，如独居老人的电铃呼叫系统、社区综合治安巡逻等。

3. 实施"对社区照顾"策略

①"对社区照顾"认为要成功地进行社区照顾，单靠社区及家人的力量是不够的，

为了不使这些照顾者被耗尽，还需要充足的支援性社区服务辅助。

②这些社区服务包括日间医院、日间护理中心、家务助理、康复护士、多元化的老人社区服务中心、暂托服务、关怀访问及定期的电话慰问等。

(五)社区照顾工作效果评估

在进行工作效果评估时，可以考虑从社区照顾计划实施的程度、社区照顾的效用和效益的视角进行。

三、方法技巧

1. *设计备选服务计划的方法*

在设计备选服务计划时通常根据两个标准进行：一是需求导向为本，主要根据需求变化的概率预测来设计相应的服务方案。二是资源约束为本，主要根据筹资的可能性设计相应的服务方案，然后根据效率原则和风险回避原则来选择最优方案。

2. *实施服务计划的方法*

通常包括的方法有：计划服务进度表、监视服务进展和反馈调整计划。

计划服务进度表。通常有两种：一是工作的逻辑流程图，用来分析工作发生的逻辑步骤顺序，分析每个步骤所花费的时间、资源及服务标准等。二是工作进展的时间表，把准备开展的各种活动，按照计划的完成时间列成表格，并用图示来区分正在进行的和已经完成的内容。时间进度表能够保证服务计划有序地进行。

监视服务进展。对服务项目的监视主要是利用上面提到的时间进度表记录各项服务计划的进展情况和利用其他一些分析工具和手段，发现并分析计划实施过程中出现的问题并找出原因，以保证达到目标。

反馈调整服务计划。依据服务计划的进度表，监视服务实施计划的过程，对其中出现的问题进行深入分析，并且及时有效地解决，不断调整、改善实施计划，提高服务计划的质量。

3. *评估的具体方法*

评估计划努力程度，是就服务项目的过程投入进行的评估，需要收集的是有关项目的活动类型和数量的资料。如项目提供了多少服务，有多少人接受了服务，为实施方案工作人员投入的是什么等。

评估计划效用，是对服务项目是否符合起初规划方案的原定目标进行评估，需要收集的资料是有关该计划完成的目标有哪些。例如，社区工作者为了解决社区居民参与社区活动的积极性问题设计了一些方案，那么当计划完成后，就需要知道社区活动参与现状是否取得了预期的改变，并且还要了解变化的原因与计划方案是否有关等。

评估计划的效益时，是对服务项目的成本与收益比例进行评估，关注的是计划的成本效益，即每个投入计划的成本和努力所产生的服务效果。

四、注意事项

(一) 在社区照顾工作中社会工作者的角色

1. *治疗者*

社会工作者以个案或小组的方式介入，为有需要的个人和家庭提供心理治疗、家庭治疗或小组治疗。

2. 辅导者

社会工作者以辅导者或教师的角色介入有需要的家庭，为家庭成员提供辅导服务，也可以为社区有共同需要的多个家庭提供小组训练课程。

3. 倡议者

社会工作者以倡议者的身份为社区有需要的个人或家庭倡议，争取合适的服务。

4. 顾问

社会工作者在个案和小组中，向有需要的个人和家庭提供活动和发展方向上的意见，社工与有需要的个人和家庭构成伙伴关系，社工所提出的意见只供参考，不介入决定过程。

(二)不能忽略社区自身发展

避免社区在应对老人问题时因过分依赖社区工作者提供的服务而变得更加被动。

(三)制订社区照顾计划时应注意的问题

社会工作者在拟订社区照顾计划时应注意的重点如下。

(1)对案主个人的家庭、社会关系进行评估：案主与家属互动及支持关系、案主的生态系统及亲属圈、社会支持网络、家庭经济状况、居住环境、邻里及社会福利资源使用状况等。

(2)由专业照顾组织与家属、案主共同拟定初步照顾目标及照顾计划，活动安排及资源的介入。

(四)非正规社会网络的局限性

在社区照顾策略实施过程中，由志愿者或义工、社区居民等组成的老人社会支持网络发挥着重要作用。这种由爱心人士所组成的非正规社会支持网络不一定是永远适用的，它也有局限性，不可能解决社区内老人的所有问题。非正规照顾者因自身的工作及家庭压力，不可能常常为老人提供连贯性及可靠性的支援和帮助，而且他们的能力和资源也是有限的。当受助老人对照顾提供者提出的要求越来越多或超出志愿者的能力范围时，他们就会产生压力而不得不拒绝老人或退出援助工作。

因此，在社区照顾中，仅仅依靠非正规社会支持网络是不够也是不可取的。社区工作者应该在实际工作中将正规服务与非正规社会支持网络结合起来。正规服务的优点是提供专业化的、能够保持一定服务水平且持续性的服务；而非正规社会支持网络保持了社区照顾的弹性和灵活性，而且节省了许多资源。

五、实务操作

(一)建立专业关系

在工作初步阶段，社区工作者从三个方面入手来建立与社区居民尤其是老人的专业关系。

(1)社区工作人员分别在社区各个楼门口张贴了近期将要开展的针对本社区老人的社区照顾活动的通知，并通过各种形式向社区居民尤其是社区中的老人进行什么是社区照顾的宣传。

(2)社区工作人员分工包干，专门入户访问社区中一些大家熟知的、在社区中有一定知名度和影响力的老人。

(3)电话联系了社区一部分老人们的子女及家属，向他们公布这一活动计划，并征询他们的建议。

(二)天安里社区老人生活状况调查(对问题进行分析)

为了确定本社区老人具体的生活状况和需求状况，社区工作者通过访谈和问卷形式向社区居民及老人进行了关于老人情况以及他们对老人照顾的态度与意见的调查。

天安里社区老人生活状况与照顾状况调查问卷

亲爱的居民：

你们好！我们是天安里社区的工作人员。此次针对我们社区的老人的照顾状况进行一次情况摸底，目的是了解老人们的生活状况与需求状况，以利于制订出一个更适合我们社区老年居民需要的社区照顾计划。为了提高我们社区内老人的生活质量，为了解除家属们的后顾之忧，请您配合我们的工作，让我们做得更好。

天安里社区居委会

福阳街社会事务服务中心

电话：××××××××

2020 年 4 月

问卷内容

一、被调查者自然状况

1. 您的性别(　　)。

A. 男　B. 女

2. 您的年龄是______岁。

3. 您的文化程度(　　)。

A. 文盲　B. 小学　C. 初中或中专、技校　D. 高中　E. 大专或大学　F. 硕士研究生及以上

4. 您现在或退休前从事的职业是(　　)。

A. 技术类工人　B. 管理干部　C. 教育类教师　D. 医务工作者

E. 私企老板　F. 公务员　G. 个体工商业者　H. 无工作

二、家庭基本成员状况

1. 您家里一共有几口人？(　　)

A. 1 人　B. 2 人　C. 3 人　D. 4 人　E. 5 人　F. 6 人　G. 7 人及以上

2. 其中 60 岁以上的老人有(　　)。

A. 1 个　B. 2 个　C. 3 个　D. 4 个

3. 您和老人(或子女)住在一起吗？(　　)

A. 是　B. 否

4. 如果不住一起，您与家人多久见一次面？(　　)

A. 每天　B. 2～3 天　C. 4～5 天　D. 一周　E. 一周以上

……

三、个人经济状况

……

四、老人照顾需求状况

……

天安里社区老人生活状况与照顾状况调查报告

随着人口老龄化进程的加快，老人的生活状况和照顾状况越来越需要人们给予关注。在我们天安里社区，由于时代的原因，老年社区居民偏多，他们的生活与照料着实需要我们给予关注。天安里社区居委会在市民政局和街道社会事务综合服务中心的支持下将要开展针对老人的社区照顾计划。为了使这一工作计划更有针对性，更能解决社区中的老人服务问题，我们专门进行了此次调查。通过对调查资料的分析，我们了解到了以下几个方面的信息。

(一)老人的生活现状

社区中66.7%的老人不与子女居住在一起，在册的60岁以上老人中，丧偶老人超过1/3。近2/3的老人有离退休待遇，但属于原纺织厂的老工人退休工资并不高，老人的再就业比例较低。老人的经济来源主要是离退休金；80%以上的老人生活能够自理；老人公费医疗的比例达到60%；老人的娱乐活动较为单一。

(二)老人照顾状况

老人大多愿意与子女住在一起，但由于住房原因，未能如愿。在社区内居住的老人有66.7%不与子女居住在一起，这其中子女经常探望的老人占2/3，有1/3的老人子女能够保持每天与老人联系。在此次调查中，共有160名独居危机老人，可大致分为以下几类情况：1. 体弱多病或伤残，因而足不出户或行动不便的为3人(1.87%)；2. 对社区资源掌握不足的为36人(22.5%)；3. 人际关系疏离的为15人(9.38%)；4. 同属1、2项的为3人(1.87%)；5. 同属1、3项的为2人(1.25%)；6. 同属2、3项的为90人(56.25%)；7. 同属1、2、3项的为11人(6.88%)。

(三)老人最需要解决的问题

老人提及最多的问题首先是“生活有人照料”，其次是“经济上有人帮助”，再次是“看病就医方便”，另外，还有一定比例的老人提出要“增加社区服务”，而提到其他问题的老人较少。老人所提出的问题存在着年龄差异和文化差异。

年龄差异：60～69岁的老人提出的需要解决的问题很多，主要涉及六个方面。根据老人提及的多少来排序，这六个方面依次是：“生活有人照料”“有宽敞的住房”“看病就医方便”“增加社区服务”“经济上有人帮助”和“合法权益受到保护”；而70岁及以上的老人所提的问题比较集中，主要就是一个，即“生活有人照料”，而对其他问题提及得较少。

文化差异：老人的受教育程度越高，没有问题的人数比例越低。受教育程度在小学及以下的老人提及最多的问题是“生活有人照料”，受教育程度为初中和高中的老人提及最多的问题是“有精神慰藉”，而受过大专及以上教育的老人提及最多的问题则是“增加社区服务”。

(四)中青年人的观点

在本社区内居住的中青年人中(占社区人口的39.2%)，大多数人表示愿意与老人住在一起；近60%的中青年人不赞同老人就业，主要原因是老人年龄偏大、身体不好以及老人应该享受生活；中青年人中90%以上在生活中都帮助老人；中青年人认为老人的精神文化生活不是很丰富；在养老方面，中青年人的看法与老人一致，87%的人选择家庭作为老人的养老场所。被调查的中青年人中有2/3的人认为，照顾老人是应尽的责任，但是由于工作压力大，力不从心，尤其是在家中老人生病或不能自理后，所以对于社区提供相应的照顾服务很赞同。

（五）结论及对策

1. 进行社区照顾，势在必行。

养老问题是老龄问题中最重要的问题，不管老人身边是否有家庭成员给予照顾，来自家庭以外的照顾和支持资源都是有必要的。关于照顾服务，目前老人们还是希望在家养老，不离开熟悉的环境。调查发现，无论是老人还是年轻人都倾向于这种养老方式，但是由于现在的家庭结构、规模正在发生变化，家庭的养老功能已趋于弱化，不能完全满足老人的各种需求。因此，应该把居家养老和规范化的社区照顾相结合，把社区服务引入家庭，以弥补家庭养老的不足。只有做到家庭养老和社区养老的有机结合，才能提高老人的生活质量。

2. 丰富老人的生活，提高老人的自我评价。

开展丰富多彩的文体活动，真正做到老有所乐；安排老年志愿者工作内容，让老人"老有所为"，实现老人的社会价值，以提升老人的自我评价。在这项工作内容中，社区可以考虑利用社区老年居民相互之间建立支持系统，为老人建立"义工储蓄"，为其他老人或社区提供志愿支持与工作的老人，也将在需要时接到其他老人或中青年人的帮助。

3. 搞好社区建设，发挥社区的助老服务功能是目前天安里社区工作的核心内容。

天安里社区是该社区老年居民的主要活动场所和生活空间，随着家庭养老功能的减弱和天安里社区现实条件的限制，老人对社区的依赖性越来越强，对社区服务的需求也越来越多，因此建立社区照顾体系，充分发挥社区对老人的服务功能是解决当前天安里社区内老龄问题的重要途径。目前，社区相关护老服务比较薄弱，不能适应老人的各种需求。因此，在进行社区建设时，首先，要加大对社区养老服务业的投入，通过多方位、多渠道筹集资金，加大投资力度。其次，需要建立立体的社区照顾体系和实施多项面向老年居民的服务，主要包括社区支持网络、家庭支持网络、社区日间照料服务、入户照料服务、康复保健服务、志愿者服务等。需要提供的服务有：医疗保健、家政服务、健康娱乐、学习教育、法律咨询等。再次，要培养一批高素质的社区管理人员和服务人员，提高社区为老人服务的质量，让老人不仅能享受到有关的照顾资源，还能享受到高质量的服务。

天安里社区居委会老年社区照顾工作小组
2020年4月

（三）制订工作计划书

天安里社区老年社区照顾计划书

一、工作理念

1. 根据对天安里社区的统计，居住在该社区的60岁及以上的老人有600多人，其中独居老人有160人。本计划根据社会重建理论，希望借加强老人在社会上的人际关系，以协助他们适应社会、重建信心，而自卑倾向和内心的平衡也能在一积极的互动环境中得到改善。

2. 具体策略是借助建立志愿者网络，联系志愿者和区内危机老人，建立关怀关系，主动提供适当的帮助或介绍合适的社区资源。

3. 本计划将特别关注危机老人的需要，其中危机老人的定义是根据老人们的健康状况、人际关系和社区资源而确定，大致可归纳为以下三种情况。

(1)体弱多病或伤残，因而足不出户或行动不便。

(2)独居且对社区资源掌握不足。

(3)独居而人际关系疏离。

二、活动目标

1. 发现和确定社区内的危机老人。

2. 接触和探访危机老人，了解他们的需要，提供合适的服务或介绍社区资源。

3. 为社区内的危机老人建立社区支援网络(这一网络鼓励身体健康状况良好的老年志愿者，为这一类老人创造志愿者机会)。

4. 提升社区公众认识关怀危机老人的意识。

三、服务对象及人数与志愿者情况

1. 居住在天安里社区的60岁及以上的老人677人。

2. 经过入户访问、问卷调查，被界定为处于“危机”状况的老人有160人。

3.18岁及以上，有志投入本社区为老服务的志愿者有36人。多招募60岁以上身体健康状况良好的老年志愿者。

四、社区照顾工作计划内容(见表4-4)

表4-4　工作计划内容

序号	活动内容	举行日期	活动对象及参加人次	地点
1	志愿者招募及组长面试	2020-04-27—05-10	36名志愿者	社区活动中心
2	志愿者培训(选出组长三名)	2020-05-16	36名志愿者	社区活动中心
3	入户访问工作介绍	2020-05-20	36名志愿者	社区活动中心
4	入户访问独居老人(填写关于独居老人情况的详细问卷)	2020-05-21—05-31	受探访独居老人、36名志愿者	老人家中
5	分析独居老人情况	2020-06-01—06-07	160名独居“危机”老人	社区活动中心
6	入户送爱心行动(家庭卫生保洁)	2020-06-08—06-30	160名独居“危机”老人	老人家中
7	需求探访(志愿者定期入户了解老人需求)	2020-06-08—12-30	160名独居“危机”老人	老人家中
8	“清凉夏日”捐赠消暑物品活动(动员社区居民)	2020-07—08	160名独居“危机”老人；志愿者108人；社会爱心人士400人次捐赠	社区内
9	初秋农家乐(陪伴很少出门的独居老人外出观景)	2020-09-10—10-01	独居老人分批外出	本市郊区农家乐景区
10	送月饼，度中秋	中秋节前后	独居老人160人	老人家中

续表

序号	活动内容	举行日期	活动对象及参加人次	地点
11	重阳节聚会	重阳节	独居老人、社区居民、志愿者、社区工作人员	社区活动广场
12	帮助老人做入冬准备(冬衣、暖气检修、门窗密闭性检修,社区居民捐赠)	2020-11	独居老人及有需求的其他类型老人	老人家中
13	冬季健康看护(冬季常见病检查、送药、协助就医)	2020-12	健康状况欠佳的老人	老人家中、社区、医疗机构
14	岁末扫除;准备年货	2021-01	有需求的独居老人	老人家中
15	欢度除夕(组织独居老人抱团过节)	2021-01	独居且无亲属的老人、老年志愿者	老人家中
16	庆元宵	2021-02	独居老人及有参加意愿的老人	老人家中
17	志愿者工作总结及分享(后续工作计划讨论)	2021-02	36 名志愿者	社区活动中心

五、社区工作人员角色

1. 作为培训者,提供志愿者训练。

2. 作为组织者,借定期志愿者交流会、志愿者组长会和联谊活动维持、壮大志愿者队伍;对于特别的活动组织工作小组,协助策划和推动活动。

3. 作为资源提供者,就个别志愿者和老人的需要,分配和提供合适的资源。

4. 作为监督者,监督计划的进展和志愿者的服务情况,作适当的跟进和转介。

(四)实施服务计划,开展社区活动

社区照顾策略和执行步骤

(一)为独居的危机老人建立社会支持网络。

1. 招募志愿者,为本社区内老人成立社会支持网络。志愿者团体在近一年内定期探访区内有特别需要的独居老人。本项计划正是以此为基础,运用外展手法,发掘区内缺乏个人资源的危机老人,联系志愿者与受助人,建立关怀关系,借此强化老人的支援网络。本项计划更涉及志愿者管理概念,由社区内有经验、有助人意愿、身体健康的低龄老人作组长,负责联络和组织,以扩大志愿者网络,使更多老人受惠。

2. 个人网络志愿者借助关心访问向危机老人介绍社区资源,社区工作人员也就老人的特定需要,策动更多资源,合力解决他们面对的困难,强化其正规及非正规的支援网络,更鼓励老人们参与活动,扩大老人的社交和邻里网络。

3. 邻里网络。根据天安里社区生活调查所得资料,发现由于很多老人行动不便,很少外出,因此与邻里或社区中其他老人往来较少,致使邻里关系疏离。因此本项计划希望借助组织活动,使社区内的老人们彼此熟悉。此外,志愿者通过关心访问,介绍同楼老人互相认识,希望达到邻里之间守望相助的目的。

4. 联络独居老人的亲属，动员亲属定期探望、联络老人。

(二)为独居老人提供居家服务。

1. 确定需要进行定期居家服务的独居老人数量与需求内容。

2. 社区工作人员通过组织运作，向街道、民政及社区居民动员筹集所需资源。

3. 对于有经济能力的老人，由社区工作人员负责帮助老人雇用家政服务人员，定期进行居家服务，社区工作人员进行监督和管理。

4. 对于无经济能力的老人，由社区工作人员或志愿者提供力所能及的居家服务。

(三)在社区内设置巡逻队、治安联防队、卫生纠查队等，吸纳身体健康条件允许的老人为社区居民服务。

(四)社区工作人员向有关部门申请康复保健资源，在社区内成立康复保健站，为老人定期提供体检、慢性病后期护理。

(五)工作成效评估

天安里社区照顾工作第一阶段(2020年4月至2021年4月)成效评估。

1. 发掘社区内危机老人名单，并进行入户访问。发放关于“天安里社区独居老人生活调查”的问卷，通过整理和分析，就老人的身体状况、对社区资源的掌握情况和人际关系，鉴别出160名处于“危机”中的老人，编定危机老人名单。再就个别老人的需要，作跟进和回应。

“天安里社区老人生活调查”问卷的调查范围包括：(1)家庭和社区支援网络；(2)被访者的身体健康情况；(3)闲暇时的生活方式；(4)使用社区服务情况。

根据问卷结果，共界定160名独居危机老人，并大致归纳为以下七项：①体弱多病或伤残，因而足不出户或行动不便的3人(占1.87%)；②对社区资源掌握不足的36人(占22.5%)；③人际关系离的15人(占9.38%)；④同属1、2项的3人(占1.87%)；⑤同属1、3项的2人(占1.25%)；⑥同属2、3项的90人(占56.25%)；⑦同属1、2、3项的11人(占6.88%)。

2. 提供合适的服务，支援老人的特别需要。36名志愿者定期探访或电话联络社区内的160名“危机”老人，除表达关怀外，又借此发现老人的需要，介绍中心服务和其他社区资料。社区工作人员借助志愿者的及时汇报或“志愿者访问记录”，跟进老人紧急和特别的需要，如转介申请家务助理服务、辅导服务和综合救济金等，也有为他们申请安装求助钟、电话，安排志愿者上门维修、清洁家居及护送体弱老人就诊。此外，为特别贫困者申请救济金或困难补助，发动社区居民捐助，送上生活所需，如棉被、毛毯、寒衣、拐杖、收音机和食物等。

3. 为危机老人建立社区支援网络。在关心访问的过程中，志愿者发现大部分受访老人生活枯燥，或因身体健康欠佳足不出户，也有不少老人因语言不通而少与外界接触，对社区资源缺乏认识，对自己的境况深感自卑。本项计划借助志愿者网络联系志愿者和危机老人，建立关怀关系，受访老人得到志愿者的定期慰问和实务协助，降低孤立和无助感。在提升老人个人支援网络方面，志愿者在探访时介绍中心和社区资源，派发中心服务卡和紧急与常用电话表。本项计划更着重鼓励危机老人参加集体活动，拓宽老人的生活圈子，部分老人因参与以上志愿活动，认识了同楼、同社区的老人，与其成为好朋友，一起参与活动，也有互相拜访倾谈的，这些都强化了危机老人的邻里支援网络。

4. 提升社区居民关心危机老人的意识。通过募集物资活动，唤起社区居民对老人需要的了解和关注，提倡社区助老精神，营造一个关怀的社区氛围。

5. 培养优质志愿者。社区工作中心将36名志愿者分为三组，每组各有组长一名，负责联络和支援组员服务时遇到的困难，借助组长会向社区工作中心反映组员对计划的意见和服务情况。除了扩展中心的服务外，更应成功地培养和发展志愿者，让其成为社区的宝贵人力资源。

六、总结点评

(1)社会计划模式是处理社区中具体实质问题的一个常用工作方式，在实施该工作方式时，社区工作者一定要做好角色定位，并引导社区居民的积极参与。

(2)社区资源动员的运作，关系到社区内组织结构、资源获取机制和组织间、社区与居民间的关系，是社区组织更是社区工作的关键。社区资源动员对于协助社区居民解决社区内共同面临的问题是十分重要的。因此，社区组织机构与社区居民以及案主群之间的信任关系是动员社区资源、形成社区网络的关键因素。

(3)在实施具体的服务前，对老年案主的特点和需求的把握很重要。

(4)实施社区照顾计划，还需要动用社区以外的力量，尤其是政府相关支持更为重要。社区照顾计划实施起来后贵在坚持下来，形成社区习惯。因此，保持社区志愿者队伍的延续是至关重要的，但后继工作应着重建立正规服务网络，这样既能减轻志愿者网络支持的压力，又能为老人提供专业化的、保持一定服务水平和持续性的服务。

〉〉〉任务体验式教学参与

个人任务工单 1

组号：________　姓名：________　学号：________

引导问题：结合本单元所学内容尝试进行总结。

社会计划模式社区服务工作要点	确定社会计划模式时的工作着手点 收集社区相关资料 进行社区老年问题分析 制订老年社区照顾工作计划 社区照顾实施策略

方法技巧	社会计划模式的运作技巧 实施服务计划的方法 评估的具体方法
注意事项	在社区照顾工作中社区工作者的角色 不能忽略社区自身发展 制订社区照顾计划时应注意的问题 非正规社会网络的局限性

小组任务工单 2

组号：________　　姓名：________　　学号：________

引导问题：根据本单元的相关内容讨论下列问题。

1. 社会计划模式有哪些不足之处。

2. 目前在我们国家的国情下实施社区照顾计划与我国港台地区实施社区照顾有哪些优势和不足。

应用篇

应用指导一　老年社会工作中常用的交流方法

一、缅怀法

这一方法适用于与老人刚刚接触，还不是很熟悉的时候。为了获得老人的信任，拉近与老人的关系，社会工作者可以引导老人缅怀他生命历程中经历过的或见证过的辉煌事件，并以这类事件肯定老人的能力和荣耀，使老人信心增加、获得满足感。

二、生命回顾法

又叫人生历程回顾。这一方法适用于与老人的关系很熟悉，老人对服务人员很信任时。为了引导老人正确地认知今天的自己，形成正向的自我评价，引导他一生中的成功、失败重新回顾总结，引导老人对失败的事件进行外归因(即当时失败不是你能力不行，是客观原因导致的)，对成功的事件进行内归因(当时的成功恰恰是你具备很好的能力的体现)，让老年人重新了解自己，认知自己，重建自己。

三、验证疗法

这一方法是与有认知障碍的老人进行交流常用的操作方法。面对思想意识混乱的老人，要尊重其眼中的现实世界，运用老人的现实世界观而不是照顾者的世界观去理解老人，明白他试图传达的信息。即我们把认知障碍老人所有的行为都理解为是受到某种需要的驱动而产生的，他所有的言行都是在试图与照顾者或他人进行沟通，照护人员一定要积极而有耐心地去揣摩和验证他想要表达的意图，而不是用我们照护者的思想认知去否定老人的言行，不断地去纠正老人混乱的言行。在运用验证法沟通之前，相关照护者要积极了解意识混乱老人的生命历程。结合老人生命历程中的重要经历、重要人物、重要人生阶段等，运用验证法进行沟通，让老人情绪平静，语言表达改善，敢于与人接触。同时，会使老人与照护者之间没有挫折感，实现有效沟通，进而减缓老人的认知障碍进程。

操作实例

社区居家服务中心里，工作人员正带着老人们开展活动。一位伴有失智状况的奶奶在活动期间坐不住，一直试图往大门外走，工作人员几次想把她扶回座位上，老人反抗激烈，嘴里一直在嚷嚷“我要接妹妹，妹妹快放学了”，而工作人员一直在纠正老人说“你哪有妹妹啊，哪儿来的妹妹，快回到座位上吧”，双方情绪都很焦虑。这时，社工过来与老人交流：“奶奶，您是担心妹妹放学没人接，对吗?”老人点头。社工继续说：“奶奶，现在时间还早呢，您看才 2 点多。妹妹是 5 点放学呢，我这儿有车，一会儿我带您一起去接妹妹好不好?”奶奶答应了，也安静下来回到座位，不一会儿老人也没再提接妹妹这件事了。这一案例中，工作人员的不当之处，是用自己了解和看到的现实去纠正失智状态下意识混乱老人的意识，工作人员根据他们与老人接触了解到的信息，去纠正老人。社工的处理方式是验证法，在承认老人言行的前提下与老人沟通，不去纠正真实情况，缓解了老人的焦虑，让老人平静下来，进入下一个状态。

〉〉〉应用评价

“老年社会工作中常用的交流方法”应用记录

缅怀	适用对象 操作要点
生命回顾	适用对象 操作要点
验证疗法	适用对象 操作要点
收获与启示	

应用指导二　老年退休综合征社会工作介入

一、老年退休综合征的界定

人们进入老年期，即男士年满60周岁、女士年满55周岁时，退出社会生产领域工作岗位，回归家庭后出现的各种适应失调所产生的心理、生理、情绪上的负面体验和行为。

二、老年退休综合征的表现

(1)角色转换不适应，不能很好地适应退出工作后身份的改变，失落、丧失价值感等。

(2)社交圈子调整不适应，退休后因为社会交往圈子变窄甚至只有家庭和亲属关系圈，老人产生社会脱离感，伴随焦虑和被抛弃体验。

(3)人际关系困境，在回归家庭后，主要精力和关注点在家庭成员身上，老人会发现以前忽略的一些细节；加之老人此时需要被重视，希望自己的观点意见和感受随时被认可，往往与家庭成员在生活相处中矛盾频发。近些年，退休老年人离婚率上升明显，其中退休综合征是一个重要因素。

(4)疑似生理不适，因赋闲在家，一时找不到充实生活的内容，老人饮食、作息不规律，出现生理上的不适，但又不能查出具体病因，如失眠、嗜睡、血压增高、懒散无力等。

三、老年退休综合征辅导指南

(1)评估服务对象的主要症状以及轻重程度，生理负面现象较重的结合就医调理。

焦虑自评量表(SAS)(工作人员可询问老人填写)

	没有或很少时间	少部分时间	相当多时间	绝大部分或全部时间
1. 我觉得比平常容易紧张和着急				
2. 我无缘无故感到担心害怕				
3. 我容易心烦意乱或感到恐慌				
4. 我觉得我可能将要发疯				
*5. 我感到事事都很顺利，不会有倒霉的事情发生				
6. 我的四肢震颤				
7. 我因头痛、颈痛和背痛而烦恼				

续表

	没有或很少时间	少部分时间	相当多时间	绝大部分或全部时间
8. 我感到无力而且容易疲劳				
*9. 我感到平静，能安静坐下来				
10. 我感到我的心跳很快				
11. 我因阵阵的眩晕而不舒服				
12. 我有要晕倒的感觉				
*13. 我呼吸时进气和出气都不费力				
14. 我的手指和脚趾感到麻木和刺激				
15. 我因胃痛和消化不良而苦恼				
16. 我必须频繁排尿				
*17. 我的手总是温暖而干燥				
18. 我觉得脸发烧发红				
*19. 我容易入睡，晚上休息很好				
20. 我做噩梦				

SAS采用4级评分，主要评定症状出现的频度，其标准为："1"表示没有或很少时间有；"2"表示有时有；"3"表示大部分时间有；"4"表示绝大部分或全部时间都有。20个条目中有15项是用负面词陈述的，按上述1～4顺序评分。注*号者(第5、9、13、17、19项)是用正面词陈述的，按4～1顺序反向计分。

SAS的主要统计指标为总分。将20个项目的各个得分相加，即得粗分；用粗分乘以1.25以后取整数部分，就得到标准分，或者可以查表作相同的转换(粗分、标准分换算表见SDS附录)。

SAS标准分的分界值为50分，其中50～59分为轻度焦虑，60～69分为中度焦虑，70分以上为重度焦虑。

(2)收集服务对象综合信息，建立个体档案。内容包括健康状况、社会支持、家庭成员、经济收入、兴趣爱好、职业特长、社会参与意愿等。

(3)引导服务对象重新构建自我认知，建立老年期的自我对话，形成自我评价。

(4)引导老人进行人生回顾，找到生命历程中过往的憾事，根据当前能力和精力，制定弥补清单，充实当下生活。

(5)引导老人参与社会，如结合老人特长引导老人发挥余热，参与志愿服务、社区事务等。

(6)重构老人家庭以外的社会支持系统，社区社会组织或社区居家服务等组织开展老年兴趣小组、社会目标小组、成长小组、教育小组等。

〉〉〉应用评价

“老年退休综合征社会工作介入”应用记录

个案辅导	适用对象 操作要点
小组辅导	适用对象 操作要点
收获与启发（尝试总结后观看链接资源）	探究离退休综合征的成因： **离退休综合征的表现及成因** 社会工作干预离退休综合征的工作思路： **离退休综合征的工作干预**

应用指导三　老年抑郁症社会工作介入

一、老年抑郁症的界定

老年抑郁症，泛指存在于老年期(≥60 岁)这一特定人群的一种以持久(至少两周)的情绪低落或抑郁心境为主要临床表现的精神障碍。

抑郁症是老年人最常见的精神疾病之一。抑郁症会反复发作，会使病人丧失劳动能力和日常生活能力，导致精神残疾。相关研究发现，老年人的自杀和企图自杀的行为有 50％～70％继发于抑郁症。

二、老年抑郁症的表现

老年抑郁症早期表现为神经衰弱症状，后期表现为抑郁心境。

1. 身体症状

老年抑郁症病人大多数以身体症状作为主要表现形式，常见的身体症状有睡眠障碍、食欲下降、体重减轻、胃肠道不适、便秘、颈背部疼痛、心血管症状等，情绪低落不太明显，因此极易造成误诊。

隐匿性抑郁症常见于老年人，躯体症状较突出，查不出相应的阳性体征，服用抗抑郁药可缓解、消失。

2. 抑郁心境

情绪低落、兴趣缺乏、乐趣丧失是抑郁发作的核心症状。重度抑郁障碍的老年人：晨重夜轻，清晨低落情绪和症状最重；下午或黄昏较轻。

3. 思维迟缓和妄想症状

表现为主动言语减少，语速减慢，反应迟钝，部分病人可出现妄想症状，大约有15％的病人抑郁比较严重，会出现妄想或幻觉，看见或听见不存在的东西；认为自己犯下了不可饶恕的罪恶，听见有声音控诉自己的不良行为或谴责自己，让自己去死。由于缺乏安全感和有无价值感，病人认为自己已被监视和迫害。

与其他群体相比，老年群体在抑郁症方面还有一种激越性抑郁症，表现为焦虑恐惧，终日担心自己和家庭将遭遇不幸，大祸临头，搓手顿足，坐卧不安，惶惶不可终日，夜晚失眠。

4. 意志消沉：抑郁性木僵，表现为行为阻滞

通常以随意运动缺乏和缓慢为特点，肢体活动减少，面部表情减少，思维迟缓、内容贫乏、言语阻滞。当服务人员或家人与其交流时，病人大部分时间处于缄默状态，行为迟缓，眼神空洞，重则情感淡漠，对外界无动于衷。

5. 自杀意念和行为

自杀是抑郁症最危险的症状。抑郁症病人由于情绪低落、悲观厌世，严重时很容易产生自杀念头，而且病人逻辑思维基本正常，实施自杀的成功率也较高。据研究，

抑郁症病人的自杀率是一般人群的20倍。

6. 抑郁症性假性痴呆

中度抑郁的老人，由于神情木讷呆滞、行为木僵、意志消沉等，不与外界交往交流，抑郁症老人中80%的病人记忆力减退，有类似痴呆表现的占10%～15%。

三、老年抑郁症的判断指标

(1)“三低”症状：情绪低落，思维迟缓，意志消沉，规律喜好停滞。老人的行为突出表现为，平时喜欢做的事停了下来，不愿意去做了。例如，老人有跳广场舞的习惯，但最近不去了，当被问及时，老人会表达“没意思”“我不去也没人会在意我的”等消极观点，并且低落情绪持续在一周以上。

(2) SDS抑郁自评量表可测量。

抑郁自评量表(可自测，也可由服务人员协助测量)

测试方法：仔细阅读每项，结合老人的情绪选择4种情况中的一种(0、1、2、3)。“0”代表0分，“1”代表1分，“2”代表2分，“3”代表3分。如果一个题目有两种情况相似时，则选择分数高的为答案。

本测试只作参考用，询问表如下。

(1)0，我没有感到悲伤。1，我有时感到悲伤。2，我总是感到悲伤，而且不能摆脱它。3，我感到极度悲伤，甚至不能自制。

(2)0，我对未来有足够的信心。1，我对未来信心不足。2，我感到对未来没有什么可期望。3，我感到未来毫无希望，情况也不会改善。

(3)0，我不会有失败的感觉。1，我感到我比一般人失败得多些。2，当我回顾过去时，我看到的都是失败。3，我感到自己总是失败，毫无出息。

(4)0，我对做过的事，没有什么不满意的。1，我对做过的事，不太满意。2，我对任何事情都感到不满意。3，我对一切都感到厌倦。

(5)0，我没有什么罪恶感。1，有时，我感到自己有罪。2，大部分时间内，我感到自己有罪。3，我总是感到自己有罪。

(6)0，我不认为我会受罚。1，我感到我可能受罚。2，我预感到我会受罚。3，我感觉我正受到惩罚。

(7)0，我从没有大失所望的感觉。1，我有时对自己感到失望。2，我对自己感到厌恶。3，我十分怨恨自己。

(8)0，我从不认为我比别人差。1，对自己的缺点和错误总是感到不满。2，对自己的失败总是在责备自己。3，我认为所有的过错都是因为自己。

(9)0，我从没有想过要自杀。1，我想过自杀，但没有干过。2，我想要去自杀。3，如果有机会，我会自杀的。

(10)0，我不像一般人那样爱哭。1，我比过去爱哭了。2，我爱哭。3，我过去总爱哭，但现在想哭也哭不出来了。

(11)0，我不像以往那样焦急。1，我比过去容易烦恼和焦急。2，我总是非常焦急。3，任何一件事都会使我焦躁。

(12) 0，我对别人没有失去兴趣。1，与过去相比，我对别人的兴趣减退了。2，我对别人已没有多大兴趣了。3，我对别人毫无兴趣。

(13)0，我仍像往常一样自己可以决定事情。1，与过去相比，我常推迟做出决定。2，与过去相比，我常难以做出决定。3，我不能做成任何决定。

(14)0，我感到自己各方面跟过去一样。1，我担心自己在变老或失去魅力。2，我感到青春已逝而失去魅力。3，我确信自己很丑。

(15)0，我能和往常一样工作。1，开始去做某些事要付出很大的努力。2，我不得不强迫自己去做事情。3，我什么事也干不成。

(16)0，我像往常一样睡得香。1，我不如以前睡得香。2，我比过去早1～2小时醒来，而且再难入睡。3，我比过去早几小时醒来，而再也不能入睡。

(17)0，我像往常一样不知疲倦。1，我比过去容易疲倦。2，我做什么事情都容易疲倦。3，我疲乏得不愿意做什么事了。

(18)0，我的食欲和以前一样好。1，我的食欲不如以前好。2，我的食欲很差。3，我没有一点食欲。

(19)0，我的体重没有减轻多少。1，我的体重减轻了2千克。2，我的体重减轻了5千克多。3，我的体重减轻了7千克。

(20)0，我不像往常那样担心自己的健康。1，我担心自己的健康，如胃不舒服、便秘等。2，我很担心自己的健康，无暇顾及其他。3，我非常担心自己的健康，根本不能想别的事情。

(21)0，我的性兴趣跟过去一样没有变化。1，我不像往常那样对性感兴趣。2，我对性没有多大兴趣。3，我对性完全失去了兴趣。

请您将21道题目的答案分数相加：如果老人回答问题的分数总和在17分以下，表明没有抑郁；17～20分表明处在抑郁的边缘；20分以上则表明老人存在一定程度的抑郁，建议您协助老人找专业人员咨询或诊断。

四、抑郁症的服务干预(社会工作专业角度介入)

(一)干预目标

(1)抑郁症状或情绪障碍得到改善或消失。

(2)患者的生理需求得到满足。

(3)患者能以言语表述自我、过去的成就和对未来的展望，并对这些持正向观点。

(4)未发生自杀、自伤行为。

(5)赋权，让老人重新有对自己生活的掌控感。

(二)干预措施

1. 找到原因，给予相应的支援

老年抑郁症影响因素如下。

(1) 遗传因素：家族遗传倾向。

(2) 心理社会因素：

①经济状况：经济拮据，尤其是在子女需要老人经济上的援助而老人又无能为力时，老人会产生无用感和羞耻感。

②医疗费用支付形式：老人无力承担医疗费用，且子女在支付医疗费、赡养费上

有争执时，老人失望、失败等负面情绪会加重。

③疾病、日常生活自理能力、认知功能：疾病困扰，不能自理，失掉自我掌控感，在需要他人照顾时照顾者缺位，或者向老人表达出压力、怨恨等情绪时，老人负向的自我评价加重。

④社会支持缺失：如丧偶、家人支持缺失或不足，社会交往能力丧失、心理情感物质等需求产生时得不到很好的支持，老人的无助感会加重，对生活没有希望。

⑤丧亲情绪：当老人面临丧偶或丧子等丧亲事件时，悲伤情绪没有及时得到缓解，且没有得到及时陪伴，容易产生抑郁。

⑥鳏寡老人(独居)：没有情感、家庭关系、直系亲人等的陪伴，社会支持不足，当老人日渐衰老无助时，抑郁情绪会加重。

⑦性别：男性老人抑郁发生率高于女性老人。

2. 减轻心理压力

增加社会交往，改善消极的生活方式。

3. 通过人生回顾疗法，带领老人进行生命历程重大事件回顾

成功的事件引导向内归因，即分析和肯定当时成功的因素是个人素质和能力；失败的事件引导外归因，即分析当时失败的因素是时代、客观因素等人力无法抗拒的因素，从而阻断老人的负向思考。服务人员应该鼓励老人倾诉，协助老人减少负向的想法，引导和帮助老人正向思维，让老人通过多回顾自己的优点、成就的机会来增加其自我正向认知和自我评价。

4. 建立有效的护患沟通

多鼓励老人进行内心表达，服务人员或家属认真倾听，言语恰当，选择其感兴趣的话题交流。

5. 改善睡眠状态

早点起床并减少睡前活动。

6. 加强营养

选择老人喜爱的食物，变换饮食种类，耐心规劝老人饮食。

7. 督促自理

鼓励、引导老人养成良好的卫生习惯。

8. 监护人严格执行照护巡视

全天专人看护(尤其是深夜、开饭、交接班时)；凌晨是抑郁症患者自杀的高危时间，有早醒者应劝其继续入睡，否则需严加看护。

9. 评估自杀原因和可能的自杀方式

看护人员或家属要细心观察老人的自杀先兆症状。

10. 提供安全的环境

居家设施要加强安全检查，做好药品及危险物品的保管，引导老人养成良好的卫生习惯。

11. 督促按时服用抗抑郁药物，注意观察药效和不良反应

介绍相关知识，说明坚持用药、定期到门诊复查的重要性。对于60岁以上第一次患病的，治愈后至少应维持治疗1年，若出现复发，则维持治疗2年或更长时间。

12. 引入赋权模式，增加老人在老年期生活的掌控感和自我效能感

(1) 个案工作：识别个人需要，提升个人对权力缺失的意识、导致缺失根源的思考。

(2) 小组工作：通过小组活动或教育性活动帮助老人应对年老过程中的各种问题。鼓励和协助老人拓展社会交往圈子，督促老人进行日常身体锻炼和人际交往是避免抑郁的最好方法。

(3) 完善社区为老服务，改变老人身边的环境，让老人有途径获得应得到的服务。

(4) 聚焦老年人群体的政治性问题，如年龄歧视、卫生保健或其他与老年人福利和权利相关的社会政策。

五、示例操作指导

老年抑郁症个案辅导示例(心理—社会模式辅导操作指南)

第一阶段：接案，倾听与观察，与来访者建立信任关系

在社工的引导下，李某诉说了自己退休后的生活。

她2016年年底退休，与老伴儿、儿子、儿媳等共同居住，帮着儿媳带孩子。儿媳生孩子之前，婆媳关系基本融洽，生孩子后儿媳性情大变，挑剔李某做饭不好吃，孩子照顾得不好，几乎每天都会抱怨李某老两口。孩子大一些上幼儿园后情况有所好转，近期儿媳又怀孕，再次变得挑剔和敏感。李某认为自从自己退休就全心全意照顾儿媳和孙子，都没有自己的个人时间，现在自己的付出却没有得到应有的理解甚至回报。儿子在儿媳抱怨的时候也基本保持沉默，李某内心觉得很不公平，心理失衡，对儿媳逐渐产生怨恨，总是纠结于这个问题，睡眠越来越差，逐渐失眠，依靠安眠药也不能很好地入睡，即使入睡，也容易多梦惊醒，情绪越来越低落，勉强能打起精神照顾家庭和孩子。与此同时，老伴儿生性木讷，沉默寡言，李某与丈夫的互动不多，夫妻关系比较平淡，李某内心孤单；以前她与同事、朋友的关系很好，经常会与同事朋友一起聚会聊天，退休后变得不愿意说话，即使同事朋友找她聚会也打不起精神，周末不愿意外出，兴趣缺失。由于睡眠质量不好，失眠多梦，食欲不振，体重下降，导致李某精神萎靡不振，神经性耳鸣，她觉得自己已经神经错乱，担心自己的寿命会缩短，会得老年痴呆症，偶尔的腰疼也认为自己的内脏器官出现病变。她既想去医院做全面的身体检查，又担心万一真的检查出自己所担心的问题怎么办，总是处于这种焦虑、烦恼的极度矛盾的心态中。李某认为自己得了抑郁症后，就经常查阅与之有关的书籍资料，容易对号入座，担心自己走上自杀的道路。感觉自己是一个矛盾的综合体，既对丈夫、儿媳满肚子意见，又不想把关系闹僵，勉强维持着表面的和平；既觉得活着没什么意思，又认为自己还有照顾年迈的母亲和抚育年幼的孙子的责任。李某内心很清楚自己的问题，也知道自己的身体并没有太大的障碍，也到处寻医问药，想极力摆脱这些烦恼，但就是控制不了自己。

在倾听过程中，社工运用积极倾听的技巧，通过引导李某“描述—渲泄”，社工获得了李某的信任。

第二阶段：收集相关信息，预估诊断

在获得李某信任的前提下，社工将李某确定为服务案主。并对案主进行了深度会

谈、相关心理测量等，收集案主目前抑郁心境的相关信息。

一、相关信息收集

(一)了解来访者基本信息

1. 人口学资料

李某，女，58岁，身高1.6米，体重45千克。家庭经济状况良好，已退休。已婚，有一个儿子，儿子已成婚，孙子3岁。儿媳目前二胎怀孕5个月。

2. 个人成长史

随父母长大，家庭环境良好。性格温顺，比较内向、敏感，做事追求完美，与同事、朋友的关系不错。

3. 精神状态

情绪低落，意志减退，焦虑，烦躁，易怒。睡眠质量差，失眠，早醒，多梦。

4. 身体状态

从小身体状况良好。最近感觉腰酸背痛，耳鸣，头脑发木，去医院检查，身体并未有异常状况。

5. 社会功能

人际关系淡漠，不愿意与别人说话交往，能勉强维持正常的生活。

(二)进行相关心理测验并告知案主结果

SAS总粗分43分，标准分54分，为轻度焦虑。

SDS总粗分72分，标准分90分，为重度抑郁。

(三)观察和他人反映

1. 社工观察

李某身材偏瘦，衣着整洁，面色有点苍白，情绪低落，愁眉不展，语速较缓慢，常叹气，言语表达清晰流畅，思维判断正常，自知力完整，求助愿望较强烈。

2. 家人反映

最近一个半月沉默寡言，经常叹气，性格变得内向，越来越不合群，反应冷淡。平时喜欢的聚会也不参加，喜欢独处，但仍能照顾儿媳和孙子的基本生活起居。

二、评估与诊断

(一)综合分析所收集的材料，对心理状态进行评估

1. 李某的精神状态：情绪低落，意志减退，焦虑，精神恍惚。

2. 李某的社会功能状态：觉得活着没意思，有自杀想法，社会功能下降，人际关系敏感。

3. 资料可靠性：可靠。来访者自知力完整，对自己的状况能客观地评价，并能意识到自己的问题所在，与家人的反映是一致的。

4. 来访者心理问题的关键点：表层问题是对儿子、儿媳的怨恨及对生活的压抑和焦虑，实质问题是心理失衡，不信任别人，不接纳自我。

(二)诊断

1. 由强烈的现实刺激引发，非理性认知。

2. 反应强烈：痛苦、无助，无法自行解决。

3. 内容已泛化：从怨恨儿子、儿媳不理解自己，到泛化为自己不好、生活没有

意义。

(三)成因分析

1. 生物因素：无明显生物因素，身体状况良好，无器质性病变。

2. 社会因素：儿子偏心，劳动分配不公，倾诉对象少。

3. 心理因素：(1)无法接受劳动分配不公的现实；(2)不合理信念的困扰；(3)情绪抑郁的困扰。

第三阶段：制定个案辅导目标和服务方案

一、确定辅导目标

根据以上的评估与诊断，经过与案主协商，初步制定以下辅导目标。

(一)具体目标或近期目标

1. 学会放松技术，改善抑郁情绪，消除躯体反应，提高睡眠质量。

2. 改变错误的认知观念。

(二)最终目标或长期目标

促进案主心理健康发展，完善其人格，构建合理的认知模式与人际交往模式。

二、制定服务方案

(一)主要咨询方法和适用原理

案主以抑郁心境为主，并伴有焦虑、空虚感、疲惫、食欲不振和睡眠障碍等神经症症状，但人格仍较完整，日常生活不受显著影响，感到痛苦，且有求治愿望。其困境成因有比较明显的心理—社会因素，所以社工认为应以心理咨询为主，综合运用支持疗法、认知疗法和行为疗法等对案主进行系统个案辅导。

咨询方法：认知行为疗法，运动咨询，身心减压咨询，放松训练。

咨询原理：认知心理学认为，认知是指一个人对某件事的认识、看法，包括对过去事情的评价，对当前事件的解释，以及对未来发生事件的预期。认知是行为和情感的基础，错误认知和不合理信念是导致行为与情绪问题的根源，而一旦对这种信念和认知过程加以纠正，就可以改变不良的情绪与行为。认知行为咨询就是通过改变来访者关于自身的错误的思维方式和观念，教会来访者一些适应环境的技能，以帮助纠正导致不良情绪与行为的信念的认知过程。

1. ABC 理性情绪疗法

在 ABC 理性情绪疗法中，A 表示诱发性事件；B 表示个体针对此诱发性事件产生的一些信念，即对这件事的一些看法、解释；C 表示自己产生的情绪和行为的结果。该疗法强调情绪困扰和行为不良并非由外部诱发事件本身所引起，而是由人们对事件的评价和解释所造成的。这种疗法旨在通过理性的分析和逻辑思辨的途径，改变案主的非理性观念，以帮助他解决情绪和行为上的问题。

案主李某表面上似乎是由于儿子偏心、付出没有得到回报才导致了抑郁情绪，实际上，真正原因是李某本身对事情的不合理认识和评价。

李某认为，我为儿子和儿媳付出那么多，他们却这样对待我，太不公平，进而认为是自己不够好，别人才会这样对待自己，自己这辈子好不了了，对生活事件过分概括，导致自我挫败感与抑郁情绪。因此，社工可运用理性情绪疗法，以合理思维方式代替不合理的思维方式，以合理信念代替不合理信念，帮助李某减少或消除情绪困扰。

2. 放松训练

依据交互抑制原理，教来访者做放松训练。每晚睡前一次，30 分钟左右。

3. 运动疗法

让案主坚持每日进行一定强度的体育运动，一方面用以帮助李某宣泄抑郁情绪，另一方面可使她兴奋起来，调节内分泌，使体内多巴胺分泌趋于正常。

三、确定双方责任与义务

(一)案主的责任权利和义务

1. 责任：向社工提供与心理问题有关的真实资料；积极主动地与社工一起探索解决问题的方法；完成双方商定的家庭作业。

2. 权利：有权利了解社工的受训背景和执业资格；有权利了解辅导的具体方法、过程和原理；有权利选择或更换社工；有权利提出转介或中止咨询；对咨询方案的内容有知情权、协商权和选择权。

3. 义务：遵守社工机构的相关规定；遵守和执行商定好的辅导方案各方面的内容；尊重社工，遵守预约时间，如有特殊情况提前告知社工。

(二)社工的责任、权利和义务

1. 责任：遵守职业道德，遵守国家有关的法律法规；帮助案主解决心理问题；严格遵守保密原则，并说明保密例外。

2. 权利：有权利了解与案主心理问题有关的个人资料；有权利选择合适的案主；本着对案主负责的态度，有权提出转介或中止咨询。

3. 义务：向案主介绍自己的受训背景，出示执业资格等相关证件；遵守社工机构的有关规定；遵守和执行商定好的辅导各方面的内容；尊重来访者，遵守预约时间，如有特殊情况提前告知案主。

(三)咨询的次数与时间安排：每周一次，每次 60 分钟，费用双方协商决定。

第四阶段：实施辅导方案，开展个案咨询辅导

一、个案辅导过程

1. 建立咨询关系，心理诊断，确定咨询目标。

2. 确定问题：提问及自我审查技术，检验表层错误观念。

3. 纠正核心错误观念，进一步改变其认知。

4. 结束阶段，巩固新观念。

二、具体辅导过程

(一)第一阶段(心理评估阶段)

1. 咨询次数：1 次。

2. 目的：了解基本情况；建立良好的咨询关系；确定主要问题(急需解决的问题)；探寻改变意愿；进行咨询分析。

3. 方法：会谈法、心理测验、认知行为咨询。

4. 过程：

(1)填写咨询记录表，介绍咨询中的有关事项、规则，用言语和非言语行为对案主充分表现出尊重、共情、理解、积极关注等态度，与案主建立良好的咨询关系，形成安全、信任的咨询氛围。

(2)通过摄入性会谈搜集资料，探寻案主的心理矛盾及改变意愿，促使案主得到充分宣泄，释放内心压抑，引导其发现问题形成的原因，初步解释说明。

(3)让案主独立完成SCL-90、SDS、SAS的自测，并将心理测验结果反馈给案主，形成初步诊断。

(4)和案主共同协商确定咨询目标。

(5)布置家庭作业：个人价值观，如何处理人际关系。

(二)第二阶段(领悟阶段)

1. 咨询次数：1次。

2. 目的：加深咨询关系；确定问题：提问及自我审查技术(检验表层错误观念)；学会放松技巧。

3. 方法：会谈、认知行为疗法、放松训练。

4. 过程：

(1)反馈测验结果，结合问题行为做出初步分析。讨论家庭作业，从小事上肯定自己，并通过关注、同理等技术巩固咨询关系。

(2)采用认知疗法帮助案主认识症状产生和发展的过程，使案主认识到自己的错误观念和认知，以生活受挫为线索，探寻自己的逻辑错误，以回忆、想象的方式引导案主发现自己为什么会这样。案主的歪曲认知和错误观念有"觉得活得不好，自己做得那么多了还不被认可"，"自己得了这样的病，害怕被别人看笑话"，"我对别人好，别人也应该对我好"等。社工引导案主发现自身存在的歪曲认知和不合理信念。通过与社工的共同努力，案主学会把她的想法和现实中发生的事件区分开来。

(3)布置作业：请案主在每日特定的几个观察点进行记录，记下她每天想起那些事情的次数和时间长度；继续思考自己存在的不合理信念；坚持适量运动及睡前做放松训练。

(三)第三阶段(修正阶段)

1. 咨询次数：2次。

2. 目的：分析心理问题产生的深层原因(核心错误观念)；提高自我情绪和行为调控能力。

3. 方法：会谈、认知行为疗法。

4. 过程：

(1)与不合理信念辩论。

案主：现在我还是很痛苦。

社工：你是什么时候对儿子和儿媳产生怨恨的？

案主：生第一个孙子的时候我就觉得儿子不替我说话，儿媳也不好伺候，他们对我的付出没有感恩的心。

社工：你和儿子或儿媳谈过心吗？有没有告诉过他们你心里的感受？

案主：没有。我觉得说了他们会觉得我事儿太多，也许会觉得我倚老卖老无理取闹。

社工：没有尝试过，您怎么知道他们的反应就一定会是这样呢！有没有可能儿子和儿媳完全不理解你的内心活动呢？

案主：(沉默)也许有这个可能吧！

社工：在儿媳未生孩子之前，你与儿子和儿媳的关系好吗？

案主：以前关系挺好的。

社工：那现在你认为你们的关系还跟以前一样吗？

案主：我疏远他们了，不愿看到他们，一看到他们，我就生气。他们不挑剔我的时候也还是像以前那样跟我说话，儿媳偶尔还会买衣服给我。

社工：一个家庭要幸福美满，需要家庭成员的共同努力，其中婆媳关系、妯娌关系是最难处理的，需要双方都付出努力和诚意，语言的沟通是必不可少的。您的阅历比孩子们深，您经历的也比他们多很多，所以您才愿意隐忍，在心情那么不好的情况下也依然没有放弃为孩子们继续服务。(案主落泪)您退休后经历了生活的转变，我相信您也同时经历着心境上的很大挑战，包括对自我价值的怀疑(案主哭泣)。但人与人之间的相处，不是对等的，并不是你对别人多么好，别人也会以同样的好对待你，尤其在亲子关系上，孩子的偶尔任性和对老人的依赖可能会一直到他们变成老人那一刻也很难改变，这就是父子或者母子的天性。不仅如此，他们还会觉得爸爸妈妈也一定能够包容他们的这种自私和任性，因为自己还当自己是爸爸妈妈的“宝贝孩子”呢。这个时候，语言的沟通就非常重要了，怎样才能理性而又平静地告诉孩子们你的感受，你经历了由全职的公职人员到全职奶奶人生角色转变时的内心感受，怎样才能让儿子和儿媳意识到你也是需要情感回馈的，需要付出后的被肯定，也更需要他们给你的支持和关怀。

案主：我好像明白了些什么。我总是觉得，他们成家立业，都为人父母了，已经都是大人了，应该能理解我的感受。也许很多事情我缺乏和他们沟通，也太想当然了吧……

(2)反馈咨询作业。

通过家庭作业分析使案主明白，是现实事件使她产生了心理冲突，但是她的核心错误观念导致了她的不良情绪和行为。

(四)第四阶段(优化案主情境阶段)

在个案辅导中，社工的工作思路遵循“人在情境中”的思维指导方向，一方面要引导个体突破、增能，发生改变，另一方面还要对案主所处的情境进行优化。因此，社工鼓励李某主动与儿子、儿媳、老伴儿进行一次开诚布公的家庭会谈，向家人说出自己内心真实的感受和现在面临的痛苦，向家人提出自己的需求。同时，建议如果家人想与社工来交流怎样配合李某进行辅导，随时欢迎。

(五)第五阶段(巩固阶段)

1. 辅导次数：1次。

2. 目的：辅导总结，结束辅导。

3. 方法：会谈法、心理测验。

4. 过程：

在对案主进行正面积极鼓励的基础上，进一步引导案主将此次的认识转变扩展到生活的其他领域中；鼓励案主以积极的心态和正确的沟通方式去对待和处理亲子关系和婆媳关系，指导案主深刻领会人不是被事情本身所困扰，而是被其对事情的看法所困扰的含义。

询问生活规划执行情况，总结几次辅导，将合理观念由浅到深整理出来，请案主大声朗读三遍，鼓励她运用到生活中。

抑郁自评量表测试结果：总粗分 30 分，标准分 36 分（低于中国常模的分界值 53 分）。辅导有效，李某的抑郁得到有效缓解，并有痊愈趋势。

第五阶段：辅导效果评估与结案

一、案主自我评估

(1)李某情绪明显好转，自述："心情好多了，睡眠质量有很大的改善，身体症状减轻很多，能够适当适时调整自己，面对儿子和儿媳也不会像以前一样焦虑发愁了，对他们的态度缓和了很多。儿子儿媳的态度也转变了很多，对我的关心增加了很多。虽然偶尔还是会挑剔抱怨，但我已经基本能够接受并且一笑而过，不去和孩子们计较。心态的改变和放松训练让我能够在生活中更加集中精力，与别人的相处也变得随意而自然了。"

(2)逐渐变得乐观、开朗起来。

二、社工评估

在整个辅导过程中，案主能敞开心扉，有很强的求助愿望，对社工有较高的信任感；辅导中，能很积极地进行自我探索和调整自己，并能够接受社工建议与家人进行合理沟通。这和案主有很好的自我认知能力也是分不开的，辅导顺利，取得了很好的效果。

三、案主周围人士评估

不再像以前那样压抑、焦虑了，整个人开朗了许多。

四、总结经验

抑郁情绪的产生一般都伴有或重或轻的心理或社会因素，而这一点在李某身上表现得尤为明显。在发生强烈的心理刺激后（退休后社会角色转变、儿媳产子后生活压力骤增），由于心理调节能力较弱，李某心理遭受到严重创伤，其把一切责任归因于外部环境，因而心境就变得极其沮丧和低落。同时，由于最初没能得到及时调节和宣泄，状况变得越来越糟，逃避和自我消极注视也就理所当然地成了她最好的防御方式。从改变她的认知方式入手，然后再从精神上加以支持和理解，努力唤醒其自救意识和行为，使其在信任别人、正确认识自我、改变自己行为的相互作用下自我鼓励、肯定，并在自我系统的促进下，提高自我效能，从而逐步走出抑郁的低谷，重新面对新的人生，达到目标。

〉〉〉应用评价

“老年抑郁症社会工作介入”应用记录

个案干预	老年案主抑郁的成因 评估测评 生理及心理表现 **老年抑郁症表现** 个体辅导 成效
小组辅导	小组形式 小组方法 沟通方式 小组成效
社区工作方法干预	社区服务形式 社区照顾方式 社区支持资源情况 社区服务成效
收获与启发	**老年抑郁症的社会工作干预**

应用指导四　构建老年人社会支持资源

一、什么是社会支持

(一)社会支持的界定

社会支持是由社区、社会网络和亲密伙伴所提供的感知的和实际的、工具性和表达性支持。社会支持是影响人们社会生活的重要因素，也是个体社会适应性的考评维度。社会支持从性质上可以分为两类：一类为客观社会支持，这类支持是可见的或实际的，包括物质上的直接援助、社会关系、人脉网络、团体关系的存在和参与等；另一类是主观社会支持，这类支持是个体体验到的情感上的支持，指的是个体在社会中受尊重、被支持和理解的情感体验和满意程度，与个体的主观感受密切相关。除实际的客观社会支持和对支持的主观体验(主观社会支持)外，社会支持还包括个体对支持的利用情况。个体对社会支持的利用存在着很大差异，有些人虽可获得支持，却拒绝别人的帮助；有的人可以通过渠道的拓宽、主动追求等途径获得更多支持，而有些人却消极等待社会支持。

(二)老年社会支持的类型

1. 亲密伙伴支持

是老年人个体生活中的一种紧密关系，关系中的人相互认同和期待并对彼此负有责任、亲密伙伴特指少数知己、密友或配偶。

2. 社会关系网支持

老人可以直接接触的一些人，包括儿女、亲戚、老同事、朋友等。

3. 社区支持

个人与社区(或社会)之间的整合度和归属感，包括参与社区志愿组织和相关活动，参与共享。

4. 正式支持

以上三种都属于老年人因个体特质和情感纽带状态结成私人意义上的社会支持。属于非正式支持，除上述社会支持外，围绕老年人还应该存在由政府、社会组织机构、单位等提供的支持，这类支持被称为正式支持。

(三)老年社会支持不足的几种情况

1. 亲密伙伴支持不足

丧偶，或随着年龄增长无亲密朋友等。

2. 社会关系支持不足

与子女失和，丧子，没有亲属、朋友往来等。尤其是失独老年群体，伴随着丧子悲剧，由于心理负担和情感压力，亲子关系丧失后，老人也会拒绝亲属、朋友间的来往。

3. 社区支持不足

社区居民关系冷漠，导致老人生活中的需求在没有家人给予满足时，也得不到社区各方力量的支持。如志愿者服务缺乏，社区居民之间缺少互帮互助的传统等。

4. 正式支持不足

当为老服务的相关政策、设施、福利等资源不足时，一些老人得不到来自正式组织的支持；或者在没有中介者(如社工)协助时，老人自己不知道怎么申请得到正式组织的支持。

社会支持评定量表(SSRS)

指导语：下面的问题主要反映了您在社会上所能获得的支持的程度。

1. 您有多少关系密切，可以得到支持和帮助的朋友(只选一项)？

(1)一个也没有；(2)1～2 个；(3)3～5 个；(4)6 个或 6 个以上。

2. 近一年来您(只选一项)：

(1)远离家人，且独居一室；(2)住处经常变动，多数时间和陌生人住在一起；(3)和同学、同事或朋友住在一起；(4)和家人住在一起。

3. 您与邻居(只选一项)：

(1)相互不交往，只是点头之交；(2)遇到困难可能稍微关心；(3)有些邻居很关心您；(4)大多数邻居都很关心您。

4. 您与同事(只选一项)：

(1)相互不交往，只是点头之交；(2)遇到困难可能稍微关心；(3)有些同事很关心您；(4)大多数同事都很关心您。

5. 从家庭成员中得到的支持和照顾(在合适的框内画"√")。

	无	极少	一般	全力支持
A. 夫妻(恋人)				
B. 父母				
C. 儿女				
D. 兄弟姊妹				
E. 其他成员(如嫂子)				

6. 过去，在您遇到急难情况时，曾经得到的经济支持或解决实际问题的帮助的来源有：

(1)无任何来源；

(2)下列来源(可选多项)：A. 配偶；B. 其他家人；C. 朋友；D. 亲戚；E. 同事；F. 工作单位；G. 党团工会等官方或半官方组织；H. 宗教、社会团体等非官方组织；I. 其他(请列出)______。

7. 过去，在您遇到急难情况时，曾经得到的安慰和关心的来源有：

(1)无任何来源；

(2)下列来源(可选多项)：

A. 配偶；B. 其他家人；C. 朋友；D. 亲戚；E. 同事；F. 工作单位；G. 党团工会等官方或半官方组织；H. 宗教、社会团体等非官方组织；I. 其他(请列出)______。

8. 您遇到烦恼时的倾诉方式(只选一项)：

(1)从不向任何人诉述；(2)只向关系极为密切的几个人诉述；(3)如果朋友主动询问您会说出来；(4)主动讲述自己的烦恼，以获得支持和理解。

9. 您遇到烦恼时的求助方式(只选一项)：

(1)只靠自己，不接受别人帮助；(2)很少请求别人帮助；(3)有时请求别人帮助；(4)有困难时经常向家人、亲友、组织求援。

10. 对于团体(如党团组织、宗教组织、工会、学生会等)组织活动，您(只选一项)：

(1)从不参加；(2)偶尔参加；(3)经常参加；(4)主动参加并积极活动。

计分：

一、量表条目计分方法

1. 第1～4、8～10条，选择1、2、3、4项分别计1、2、3、4分。

2. 第5条分A、B、C、D、E五项计总分，每项从无到全力支持分别计1～4分。

3. 第6、7条如回答“无任何来源”则计0分，回答“下列来源”者，有几个来源就计几分。

二、量表分析方法

1. 总分：即十个条目计分之和。

2. 客观支持分：第2、6、7条评分之和。

3. 主观支持分：第1、3、4、5条评分之和。

4. 对支持的利用度：第8、9、10条。

二、几种常见的构建老年社会支持工作的操作指南

(一)家庭关系重建工作指导

1. 老人再婚关系重建

在身体健康条件、经济条件、居住条件允许的情况下，可以鼓励丧偶老年人再婚，使老人重新获得亲密伙伴关系。服务人员需要对有再婚意向的老年人进行择偶心理引导、协调子女关系处理，如财产分配、赡养关系确定等。组织开展老人相关团体活动，为老人提供社会交往圈。

2. 老年期社会关系强化

(1)鼓励与协助老人同亲属、朋友建立定期会面联系的习惯，并指导老人使用微信等智能软件和智能手机与亲属、朋友建立日常联系。如借助亲朋好友生日、传统节日等有仪式感的时节，协助老人与亲朋好友交流走动，增进互相关爱与支持。老人子女或社区社会组织力量，可以为老人创设“家庭日”“老友聚”等定期聚会小组，以强化和巩固老人既有的社会关系。

(2)运用家庭辅导技术，协助老人调解亲子矛盾关系，重新获得亲子正向关系。具体工作内容如下。

第一，梳理老人亲子关系矛盾的主要内容、实质问题(经济利益、财产分配、家庭成员相处矛盾、赡养纠纷、疾病与照护需求、疾病与经济支持需求)。

第二，确认亲子双方的相互期待内容，以及可以实现的相互期待内容。

第三，找到亲子关系以外被双方共同认可的关键人物(重要亲属、相关领导等)，请关键人物作为第三方进行调节。

第四，社区居委会、社工、相关社会组织等协助家庭亲子双方履行职责。对有困难的子代一方给予必要的帮助，缓解子代满足老人需求的实际压力。

第五，对改进亲子关系后的子代进行“强化奖赏”，给子代所在就业单位发孝亲表扬信、在社区适当的场合进行表扬等。

(二)协助失独老人构建社会支持系统的工作指导

1. 依托社区资源，开展社区照顾

具体工作内容如下。

(1)开发社区志愿者资源，对志愿者进行相关培训。

(2)提供生活方面的照料：定期入户访问老人，掌握老人需求，提供家政服务。定期进行居家安全隐患排查，如水电检修、饮食卫生、居家环境障碍等。

(3)助医、送药服务：对失能、半失能的失独老人，社区服务人员联系社区医院或定点医院等资源，为老人提供上门诊治，定期派社区卫生服务人员上门进行日常的护理工作等。完善社区的医疗服务，对失独老人进行定期上门体检，做好相关的病例记录，免费提供常见病痛的药物，以方便失独老人进行简单的自我照顾。

(4)提供精神慰藉：在精神慰藉上，依据失独老人的意愿和选择，为老人征集能够稳定提供志愿服务的志愿者，如大学生志愿者、社区居民志愿者和社区工作人员等，与老人建立定期探访习惯和日常交流行为，给予情感上的慰藉。

(5)由社区专职社工或外部社工机构、社会组织等开展疗愈小组，通过如园艺治疗、宠物陪伴、生命日记等专业辅导，引导失独老人疗愈失子情绪，重新认识生命价值。

(6)构建非正式的社会支持系统：一是发动老人信任的亲友给予支持。二是在本社区或街域内构建亲友共助的社会支持系统，陪伴老人，开导老人。三是搭建身份相似互助性平台，创造条件让有失独经历的老人相互慰藉，互相倾诉，“抱团取暖”。

2. 从“三方联动”入手，连接多方资源

从“三方联动”思路入手，社区考察邀请有资质的社会组织，通过公益创投项目化运作或专项资金项目化运作方式，开设服务于本社区的失独老人关爱项目。整合社会资源，为失独老人搭建一个以社区服务为依托的社区支持系统，根据失独老人的家庭情况和需求的不同，开展养老照顾和精神慰藉服务。鼓励本街域范围内自发的社区社会组织申报关爱失独老人服务项目，并进行服务供给。

××社区(或街道)关爱失独老人服务计划

一、项目目标

1. 失独老人建档：身体状况、经济来源、亲友关系、社会参与状况、目前主要困难与需求。

2. 个案辅导：针对负面情感强烈的个案开展叙事治疗、园艺治疗引导。为失独老人搭建互助平台：“暖心之家”将失独老人联系起来，引导失独老人之间互帮互助。

3. 引导服务对象参与社会活动。

二、具体实施方案

(一)接触失独老人，尝试建立专业关系

以面向本街域范围内开展社区活动、老年人活动、居住安全隐患排查、义务家政服务等各类社区工作的契机，主动接触失独老人，与老人主动沟通，寻问当前所需解决的困难。

(二)启动阶段，寻找突破口

1. ×年×月—×年×月

项目宣传，向参与状态较好的失独家庭主动宣传关爱活动，并向他们了解当前的困难与需求、志愿服务他人的意愿。

2. ×年×月—×年×月

对有社会参与意愿的失独老人开展小组活动(小组社会工作方法介入)。

步骤一：开组前的准备工作，将失独老人按8～10人的标准分建组，人多时可建多个并行小组。社工和社工助理2人。

步骤二：开展小组活动。

小组活动过程

次数	活动主题	活动内容	所需物料
第一阶段	萍聚—互相认识	(1)通过游戏，老人互相介绍自己的姓名、年龄、个人特长、所住小区 (2)发放盆栽，请每位老人分享自己与植物的故事或对某种喜爱的植物的感受(引入园艺治疗) (3)给自己领到的盆栽命名，向大家解释命名的意义	名签贴、盆栽多种，保证每三个人的植物是一样的，为培养共同话题做准备
第二阶段(可开展两到三次相关主题活动)	合作与赞美	(1)老人抽签结组，3人一组，合作拼图 (2)讨论会议：社工提出一些遇到的难题，请求老人们给予建议 (3)每一位老人接受社工和其他老人的“优点轰炸”	拼图、讨论展示板、卡通贴纸
第三阶段(可开展两到三次相关主题活动)	叙事引导，加深交流	(1)老人精彩故事汇：引导老人分享一件发生在自己身上的精彩故事或者让自己觉得很骄傲的事情 (2)写下当前自己身上好的事情，庆幸没有坏的事情	纸、笔
第四阶段	相亲相爱一家人	(1)今年的生活计划分享 (2)每位组员对其他组员提出希望，互送鼓励 (3)所有人一起祈祷祝福愿望达成 (4)互留联系方式，达成互助共识	用板制作许愿树；彩色便签纸、笔

(三)助人自助，志愿者动员(动机激发疗法)

动员小组辅导后的老人加入帮助其他失独老人的志愿服务活动。

1. ×年×月—×年×月　志愿服务动员。

2. ×年×月—×年×月　志愿服务注意事项培训；分配与志愿者的居住地距离最近的失独老人。

志愿者与失独老人讨论接触其他排斥型失独老人的方式方法。

(四)接触排斥社会参与的失独老人

1. ×年×月—×年×月 接触和陪伴失独老人。

方式：跟随社区干部入户慰问；

　　　居住安全评估服务；

　　　家政服务需求调查；

　　　常规入户体检等。

工作内容：不主动与老人谈及失独问题，只关心老人当下的生活需要。

　　　　　以陪伴和倾听为主。

　　　　　做好被拒绝的准备，多次尝试。

2. ×年×月—×年×月　总结接触效果，讨论应对办法。

通过接触陪伴，对同意参与活动的失独老人进行个案访谈，了解他们的困难、需求以及对参与活动的要求，并为他们设计活动内容。

3. ×年×月—项目结束　不间断地动员排斥参与社会活动的失独老人。

4. 随时力所能及地解决失独老人当前的困难。

(五)园艺治疗阶段

×年×月—项目结束　根据失独老人参与项目活动的数量，分批次开展园艺活动，参与呵护生命成长。

1. 给每位服务对象分配盆栽植物幼苗，志愿者、社工等陪伴老人育苗、经营。

2. 聘请园艺工作人员定期开展园艺培植讲座并解答培育常见问题。

3. 有条件的社区，支持开放出部分绿地和绿植，由失独老人种植或管理，并制作“爱心树”标志，引导社区居民爱护。

4. 定期聚会，交流生活状态、育苗心得。

5. 鼓励老人写育苗周志或日志(叙事宣泄疗法)。

(六)个案辅导阶段：叙事治疗辅导

×年×月—项目结束对已经接触熟悉并信任工作人员的每位失独老人进行叙事治疗辅导，引导释放失独负面认识和情感、情绪状态。操作步骤为：故事叙述外化、解构、重写、局外人见证、信件宣泄和仪式。(主要目标是引导老人放弃对政府政策的怨恨、不满，放弃自责和负罪感，找到当下的生活目标)

(七)失独老人相关信息收集建档

在老人与工作人员充分熟悉的情况下开展信息收集工作，建立失独信息档案。在继续服务中不断更新重要信息。

(八)节日团聚活动

在春节、端午节、中秋节、重阳节、腊八节等节日里以及被帮扶失独老人的生日时，征求老人的意见，组织开展集中庆祝活动，给予关心和鼓励。

(九)暖心出游活动

根据老人意愿，分批次组织失独老人参加集体暖心出游活动，促进老人们发现生活中的乐趣，树立对生活的向往和勇气。

(十)智能手机使用培训

类似活动可贯穿在整个服务项目过程中。

(十一)帮助老人协调院舍养老资源

三、项目末期与后续跟进计划

1. 项目后期测评：测评记录被帮扶失独老人在项目结束后的心理健康状态，完善个人档案，得出项目评价结果。

2. 建立失独老人互助微信群，引导独居老人每天定时发送个人状态，老人互助支持。

3. 项目结束后，定期跟进和解决失独老人需求，利用其他公益项目或服务契机，引导失独老人参与志愿服务。

四、注意事项

1. 不强迫失独老人与外界接触。

2. 与失独老人接触初期，做好倾听与陪伴，切忌做人生导师。

3. 在老人没有主动开口提到失独事件时，工作人员不要主动询问，只关注老人当前生活需求即可。

4. 在初次接触阶段遭到拒绝后，要多次尝试。

5. 在小组活动时，要在首次活动中与小组成员在一起建立保密协定。

6. 个案深度辅导、个人信息收集等工作，一定要在获得老人信任后才能进行。

7. 优先解决老人当前困难需求中较简单的。

(三)协助空巢、独居老人获得社会支持的工作指导

(1)对空巢、独居空巢、老人进行服务需求评估，了解他们的需要，规划有针对性的服务。

社区空巢、独居老人服务需求调查表

尊敬的老年朋友：

为了更好地开展为老服务工作，为您提供方便、快捷、高效的社区服务，请您根据自己的服务需求配合调查员填写此表，它将成为加强与改进社区服务工作的重要依据和参考。

谢谢您的支持和合作！

××为老服务中心

联系人：××× 联系方式：×××××××××××

2020 年 11 月

调查人：__________ 调查日期：____年____月____日

一、自然状况

1. 老人姓名：__________

2. 性　别：□男　□女

3. 年　龄：__________岁

4. 政治面貌：□党员　□民主党派　□群众

5. 身体状况：□健康　□一般　□常年生病　□卧床不起

6. 收入来源：□有退休金　□享受低保　□子女给钱　□其他经济来源

7. 赡养照料情况：□能自理　□不能自理　□能半自理

8. 配偶子女情况：□有配偶有子女(□子女不在身边，空巢家庭)　□有配偶无子女　□无配偶有子女　□无配偶无子女

9. 住房情况：□有住房　□房屋破旧　□住子女家　□住亲戚家　□住邻里房　□租房

10. 医疗保障：□公费医疗　□医保　□无医疗保障

11. 月收入水平(自己手里的生活费)：□500元以下　□500～800元　□800～1000元　□1000元以上

12. 退休前职业：□干部　□职工　□自由职工　□无业

13. 文化程度：□本科及以上　□大专　□高中　□初中及以下　□文盲

14. 老人类别：□优抚对象　□劳模　□“三无”对象　□残疾　□低保　□其他

二、老人服务需求情况

在有相应需求的状况内打“√”，无需求不必标记；表中不尽事项请在“其他”后附文字说明。

序号	服务项目	很需要	需要	不需要
1	老年维权或诉讼代理免费服务			
2	企业退休人员档案管理			
3	殡葬服务			
4	代办遗属补助及账户继承			
5	赡养纠纷调解服务			
6	免费提供法律咨询			
7	与退休前单位定期联系服务			
8	代办乘车卡等各种老人优惠证等			
9	代办残疾证、老年证等			
10	代办社会养老保险服务			
11	贫困老年人大病救助			
12	陪伴超市购买日用品服务			
13	陪伴定期就医服务			
14	定期理发等个人仪容卫生服务			
15	家电钟表等维修服务			
16	打字照相			

续表

序号	服务项目	很需要	需要	不需要
17	餐品、食品配送服务			
18	家政服务			
19	钟点服务			
20	家庭陪护			
21	月嫂服务			
22	病人护理			
23	保洁服务			
24	电子产品或软件使用培训辅导			
25	废旧物品回收			
26	捐赠受理			
27	出行服务			
28	丰富精神生活			
29	排忧解难			
30	获取信息			
31	负面情绪疏导服务			
32	交友			
33	社区参与			

其他个性化服务需求：____

____

____

____

____

非常感谢您的支持与配合，事后有想继续补充的服务需求，请您与我们联系。

*调查员根据入户观察及与老人、老人相关照护人员的交流，觉察到的老人情况请填写在下方，如没有请忽略。

____

____

____

____

(2)通过社区整合资源，为空巢老人开展社区融入和社区照顾计划。协助空巢老人抱团取暖，帮他们建立互助小组；社区服务中心为空巢老人开展社区照顾计划，根据空巢老人的居住地点动员和培育邻里志愿者参与“清晨唤醒”行动、全体社区居民节日问候行动，动员社区居民在节假日捐款捐物陪空巢老人过节。社区服务中心协助外部资源定期为老人进行体检，工作人员定期入户进行居住隐患排查等。根据老人的身体健康状况，引导老人参与社区志愿服务行动，如加入治安巡逻队等。

〉〉〉应用评价

“构建老年人社会支持资源”应用记录

社会支持状况评定	社会支持评定量表(SSRS) 正式支持资源评定 非正式支持资源评定
家庭关系重建工作指导	家庭支持动员 社会关系支持动员
失独老人构建社会支持系统的工作指导	社区服务形式 社区照顾方式 社区支持资源情况 社区服务成效
孤寡老人开展社区融入和社区照顾计划	社区服务形式 社区照顾方式 社区支持资源情况 社区服务成效
收获与启发	

应用指导五　老年小组培育工作

“人不能生而无群”，尤其是那些进入落寞晚年生活的老年人，对团体生活的渴望更加强烈。因为在团体中，他们可以消除生活中的寂寞，找到晚年生活的乐趣。

一、老年小组的功能

协助老人发展良好的人际关系，提高其处理人际关系的能力；激发老人的表现或倾诉欲望，帮助老人树立积极的生活目标；用集体的力量解决问题，帮老人找到归属感；帮老人建立社会支持系统。

二、老年团体的类型

(一)老人娱乐小组(兴趣小组)

即因为老人相似的兴趣爱好或特长而组成的小团体。如广场舞小组、时事评论小组、摄影小组、模特小组、球类小组、手工小组、棋牌小组、京剧小组等，老人们能够玩到一起的团体。

(二)任务小组

即老人为了完成某项任务或工作而组建的小组，如社区治安巡逻队、邻里矛盾调解小组等。

(三)教育小组

老人们为了定期学习或交流某些方面的知识或常识，从而获得新认识或新技能而组建的团体，如智能手机学习小组、养老保健学习小组、慢病自我管理小组等。

(四)社交友谊型小组

小组的目的是促进小组成员通过交往互动，成为互相熟识的朋友，让孤独寂寞的老人在小组中找到具有共同语言或兴趣的朋友，缓解单调寂寞的生活氛围。

(五)相似身份小组

老人们以相似的经历、身份而结成的团体，可以定期进行人生回顾，如党员小组、“老三届生”小组、老军人小组、知青小组等。

(六)成长小组

老年阶段是人生八个阶段的最后一个阶段，随着人口老龄化的发展趋势，自 60 岁算起，这一阶段有可能是 30 年以上的时间。这一阶段，老人依然需要成长，适应退休，适应生活方式的改变，适应衰老，适应逐渐失能，形成积极的死亡观等。老人在老年期如不能很好地适应这一阶段的诸种任务，就会产生很多困扰，如退休综合征、老年疑病症、老年抑郁症等。

因此，以提升老年人在老年期生活适应能力、社会适应能力为目的的小组，为成长小组。典型小组有人生毕业礼(死亡教育小组)、入院适应小组(养老机构内开展)、老年角色适应小组等。

三、老年小组的培育过程

(1)收集老年人的基本信息和社交需求，包括身心健康状况、自理能力水平、参与活动的限制、兴趣爱好、社交意愿和需求等。

(2)评估老人的需求，设定小组类型，招募老年人参加小组。

(3)小组准备期：撰写小组活动计划书(具体内容请参考本教材“教学篇——老年小组社会工作”相应内容)，确定活动次数、时间、地点、内容，准备物料。

(4)小组初期：活动内容以引导小组成员互相熟悉为主，打破加入小组的老人之间的陌生感。小组带领者引导小组组员讨论设定小组规则，达成共识。

(5)小组中期：活动内容以增进小组成员间的互助合作信任为主，并注意挖掘和培养在小组中有一定的威信、协调能力强的老人做小组负责人，为小组带领者退出后老人们自己负责小组活动做准备。

(6)小组后期：活动内容以小组主题分享和交流为主，因为此阶段的小组成员已经相互熟悉并信任了，可以开展深度交流，探讨老年期存在的困扰和困难，激发老人之间的互帮互助。

(7)小组结束期：小组带领者利用小组这一阶段开展巩固小组成员之间关系的活动，引导老人自我管理小组，并与组员达成关于今后自运行小组的共识。小组带领者评估小组的状态，在合适的情况下，小组带领者退出小组，由小组内的老人们自我管理、自己安排活动。小组带领者可视情况给予必要的协助。

(8)定期了解小组的活动状况和活力状况，为老年小组活动解决一些困难，或定期给予老年小组一些任务，引导他们逐渐参与到社区志愿服务和社区管理中来。如可以要求老年书画小组定期美化社区内的宣传栏，通过书画宣传传统美德等。

〉〉〉应用评价

“老年小组培育工作”应用记录

小组筹备期	工作要点
小组初期	工作要点
小组中期	工作要点

续表

小组后期	工作要点
小组结束期	工作要点
小组评估	工作要点
收获与启发	

应用指导六　机构内老年社会工作常见内容

一、入住评估

社工对入住养老机构的老人的评估，其意义与自理能力评估有所不同。自理能力评估的目的是评估老人作为"生理人"的总体状态，以判断老人需要照护的等级与注意事项。社工的评估目的是了解老人"社会人"的状态。入住评估调查表，在设计中应包括人口学信息、经济状况、社会支持状况、兴趣需求状况、社会参与意愿等几方面的内容。

××养老院入住评估调查表

基本情况

姓名：＿＿＿＿＿＿　性别：＿＿＿＿＿＿　年龄：＿＿＿＿

原职业：＿＿＿＿＿　宗教信仰：＿＿＿＿　民族：＿＿＿＿

1. 您的婚姻状况：

A. 未婚　B. 已婚　C. 离婚　D. 丧偶　E. 再婚

2. 您的子女状况：有＿＿＿＿个儿子，有＿＿＿＿个女儿。

您的子女是否都同意您入住养老院？　是　否

不同意的是哪个子女：＿＿＿＿＿＿＿＿

同意的是哪个子女：＿＿＿＿＿＿＿＿＿＿

3. 您的亲属是否能够为您提供足够的生活支持(包括物质和情感)？

A. 足够多　B. 些许　C. 仅物质，情感欠缺

D. 仅情感，物质欠缺　E. 两方面都没有

4. 您的平均月收入是：

A. 1000元以下　B. 1000～1499元　C. 1500～1999元

D. 2000～2499元　E. 2500～3000元　F. 3000元以上

5. 您的收入来源：A. 退休金　B. 房租收入　C. 城市低保

D. 子女供给　E. 养老保险　F. 其他收入＿＿＿＿＿＿＿

6. 您的收入是否足够支付您的养老费用？A. 够　B. 不够

7. 若不够支付，剩余部分由谁帮您负担？

A. 子女平摊　B. 某一子女负担＿＿＿＿　C. 其他亲属负担＿＿＿

8. 您目前有多少还在保持联系的朋友：

A. 很多(5个以上)　B. 有几个(1～5个)　C. 几乎没有(1个以下)

9. 您的宗教信仰：

A. 佛教　B. 道教　C. 基督教　D. 伊斯兰教　E. 其他　F. 没有宗教信仰

10. 您是否愿意参加宗教集体活动？

A. 否　B. 是

11. 对入住养老院的内心接纳程度：

A. 非常接纳　　　　　　　B. 无所谓，住哪儿都一样

C. 现实原因，无奈之举　　D. 不能接纳

12. 您有何特长和兴趣爱好：________________

（如唱歌、跳舞、书法、绘画、棋类、球类、健身、手工、听音乐、听戏曲、散步、聊天、看电视、看书、看报、摄影等）

13. 入住养老院之前参加社区活动或其他文化娱乐活动的情况：

A. 参加，但次数比较少　B. 从不参加

C. 经常参加　D. 不仅参加，还参与策划

14. 在养老院里，您参与活动的意愿是：

A. 什么都不愿意参加　　　　B. 只以观众或参与者身份参加

C. 愿意展现自我，展示才艺　D. 愿意发挥特长，组织老人活动

15. 最近两周您觉得内心孤独吗？

A. 非常孤独　B. 还可以　C. 一点儿都不孤独　D. 说不清楚

16. 如果感到孤独您愿意与志愿者结对子，让他们陪您聊天吗？

A. 非常愿意　B. 看情况　C. 不愿意

17. 人际关系中，您对别人的看法是怎样的？

A. 大多数人是虚伪狡诈，不可与之为友的

B. 大多数人是友善的

C. 有一半人善良，一半人狡诈，我选择善良者交友

18. 您认为您给别人留下的印象是怎样的？

A. 让人捉摸不透　B. 认为我不好相处　C. 我很好相处

19. 入住养老机构之后，您愿意参加志愿者组织的文化娱乐活动吗？（如兴趣小组、文艺演出等）

A. 非常愿意　B. 看情况　C. 不愿意

20. 您希望养老院里能开展哪些活动？

____

____

21. 您目前对养老院不满意的方面是：

____

____

……

二、入住适应小组应用

老人入住养老机构，生活环境发生了较大的变化，得到照护的同时，也意味着过上了集体生活。以往在自己家中的自在、任性、个性化作息都会受到影响。总之，随之而来的是很多改变需要老人去适应。一般情况下，个体对环境的适应需要经历“黄金21天”，这段时间内，老人坚持下来了，基本上就适应了养老院的生活。如果不能坚持，离开的可能性就增加了。因此，机构内老年社工的一个重要任务是引导新入住老

人适应养老院生活。

欢迎您，新朋友——老人入院小组活动指导

一、小组准备阶段

(一)确定小组成员

建议采用"老带新"的小组成员组建方式，即让已经入住养老院一段时间的老人来帮助新入住的老人。既为已适应养老院的老人提供社会参与机会，也为新入住老人带来社会学习参照。

(二)确定小组目标

帮助老年人逐渐适应新的环境、新的生活方式，通过小组团体动力，解决老年人初入院的困惑，让老人感受到院方和同辈群体对自己的关心，帮助老人搭建新的社会关系网络，增加其归属感和信心，顺利度过适应期。

(三)制订小组活动计划

小组初期，活动主题：请小组成员自我介绍，相互认识。以"让我认识您"为主题，设置一些老人们容易操作的互动环节。如让每位老人列出"10个自我"。

1. 我是一个____________________的我
2. 我是一个____________________的我
3. 我是一个____________________的我
4. 我是一个____________________的我
5. 我是一个____________________的我
6. 我是一个____________________的我
7. 我是一个____________________的我
8. 我是一个____________________的我
9. 我是一个____________________的我
10. 我是一个____________________的我

通过这样的互动，让老人从多角度介绍自己的同时，也思考人生，重新认识自己。

初期活动中，请入住适应的老人为新来的老人介绍养老院的生活，答疑解惑。

小组中期，活动主题：让小组中的老人们互相合作，建立信任。以"寻找和我最相似的人"为主题，开展互动内容，引导老人进一步熟悉。

小组后期，活动主题：让小组成员深度沟通交流，设计内容有"入院生活常识小测试""心理小活动""来这里我不高兴了"等。引导老人把入住养老院之后的真实心情表达出来。这一环节，通过让已适应养老院生活的"老"人来分享他们的经历和体会，给新入住的老人注入希望，为其树立榜样。

小组结束期，活动主题：帮助小组中新入住老人规划在养老院里的生活。由"画出我心中最美的家""向快乐出发"等环节组成，引导老人以放松、乐观的心态迎接新的生活。

二、小组活动进行阶段

定期执行小组活动计划，在每次活动过程中，不强迫老人，尊重每一位老人，鼓励每一位老人。一般由两名社工执行活动，其中一名是主持人，另一名是观察协助者。在活动过程中，注意观察老人的参与主动性。每次活动结束前，请老人分享本次活动的收获和感受、对下一次活动的建议和期待等，调动老人的积极性。活动期间注意筛查出个别严重不适应成员，纳入个案辅导计划。

三、小组活动结束阶段

协助组员分享入住后的适应状况，可让老人进行自我适应状态评价。协助老人参加或组建兴趣小组事宜。

三、兴趣小组

（本部分内容请参考“应用指导五　老年小组培育工作”相关内容）

四、治疗小组

该小组适用于调节养老机构内老人之间的人际矛盾，引导老人学会正确地表达对他人的不满和意见，和平相处。

具体操作步骤如下。

(一)分析背景(结合社工所在机构的实际情况)

由于养老院里床位紧张，住在两人间的老人常常因为公共空间使用问题、作息时间问题、生活习惯问题产生矛盾。由于护工日常工作繁忙，没有给予及时的干预，使老人之间的关系不太融洽，互相不配合，给护理工作也带来了困难。有的老人因不良的人际关系所带来的紧张情绪，出现了失眠、心慌、血压升高等症状。他们和护工都需要社工介入来调整关系。

(二)需求预估

(1)宣泄负面情绪。

(2)矛盾双方有效沟通。

(3)掌握有效沟通的技巧，增加社交技能。

(三)理论依据

每一个个体在人际互动过程中，都有三种基本的需要，即包容需要、支配需要和情感需要。包容需要指个体想要与人接触、交往、隶属于某个群体，与他人建立并维持一种满意的相互关系的需要。支配需要指个体控制别人或被别人控制的需要，是个体在权力关系上与他人建立或维持满意人际关系的需要。情感需要是指个体爱别人或被别人爱的需要，是个体在人际交往中建立并维持与他人亲密的情感联系的需要。老年人在身体上会日渐衰弱，对自我的评价越来越低，于是渴望通过对他人、对外界的控制来强调自我的存在意义，这时难免会在社交活动中出现社交困境。本次小组为组员提供一个环境来落实社交技巧，引导老人们通过适当的社交方式学会包容、获得情感与尊重。通过小组活动改善老人对人际关系的认识，改善和增加现有的社交活动内容及对象，丰富老年人的生活。

(四)小组目标与服务计划

1. 目标

(1)增强小组成员间的欣赏与包容。

(2)引导老人合理表达对他人的要求，建立合作契约。

(3)提升老人肯定和鼓励他人的技巧。

(4)改善老人与室友之间的关系。

2. 服务计划

(1)选定几位有代表性的女性老人，事先与之沟通，并鼓励老人来参加小组。

(2)首次活动，引导小组成员展现自己的优点，让其他组员欣赏评价，要求表扬和评价具体的行为、语言、态度或事件等内容。练习表扬的针对性。

(3)布置室友间的合作任务，增进老人间的合作。

(4)引导室友间进行对质，说出心里的意见和不满，晒出问题与矛盾，现场化解。

(5)小组结束，定期布置合作任务给老人，要求室友间合作完成，巩固改善的人际关系。

(五)执行小组过程

1. 学会语言表达艺术

由社工组织养老院姐妹花小组前期活动，主要引导老人们通过游戏、共同完成任务等来调整室友间的敌对关系，引导每一名小组成员多发现和总结别人的优点和长处，学会婉转表达自己的要求。

2. 小组活动引导老年室友间的相互支持

社工开展合作拼图等游戏，让老年室友互相合作。进行这个活动时，有的老人眼神不济，她的室友就帮着选图形与颜色；有的老人动作缓慢，手指不灵活，室友手把手帮着老人完成任务。这一活动过程中，老人互帮互助，在欢笑声中完成了合作。在活动结束时，社工引导老人分享活动感受，老人们表达心声，老姐妹之间谁也离不开谁，在这里生活，就应该像一家人，一家人之间不能太计较了。

3. 对质应用，化解矛盾

在老人们的关系有所改善后，社工运用对质的技巧，引导老人之间进行深度交流，说出自己的心里话。尤其是一些造成彼此误会的小事，老人们相互坦诚交流，说出自己心里的感受。有的老人还表达了由于不小心的行为给室友姐妹带来干扰，自己也不好意思，但“对不起”三个字就是说不出口。这次在小组活动中，老人们学会了怎样去处理心里的疑问，那就是及时去和室友沟通，而不是藏在心里加深误会。

4. 一起行动构建规约

在小组结束期，社工要引导老人对小组活动进行回顾和总结，鼓励每位老人分享收获和体会，与室友一起定作息时间以及相处的“室约”。

(六)成效评估

在介入前，对存在矛盾的老人进行人际关系状况测量，体察每位老人的情绪。介入后，对老人进行人际关系状况二次测量和情绪体察，以把握老年室友间关系改善的状况。

五、老人潜能挖掘

从积极老龄化思维出发，开发老人潜能，激发老人自我管理、自我发展的能力。具体开展的服务有以下几个方面。

(一)引导老人自我管理

适用形式：定期开展老人大讨论，如“如何做一位受欢迎的老人”“我们该不该在早高峰乘公交出行”等。社工可创造话题，也可以向老人征集话题，定期开展讨论、演讲、辩论等。

(二)引导老人积极参与

适用形式：一类是赋权类活动。如让老人参与重要节日活动的内容设计、节目策划、节目主持等，养老机构内环境美化装饰等。另一类是潜能开发类活动。开设长者“传艺”课堂，可以与学校合作，为有某项特长的老人提供传艺展示的机会等。

(三)老人之间互帮互助

适用形式：许愿树活动，提供设施和道具。如KT板制作的许愿树，老人有情绪慰藉、物质困难、人际关系、社交需求……可以通过粘贴便签的方式“挂”到许愿树上，鼓励老人们关注和摘取，为他人排忧解难。对于一定时间内的助人行为给予奖励和表扬。

〉〉〉应用评价

“机构内老年社会工作常见内容”应用记录

入住评估	评估表设计 评估表测量过程中与老人交流的技巧
入住适应小组应用	小组名称 小组性质 小组模式 小组计划书(十一项内容) 小组评估
兴趣小组	小组名称 小组性质 小组模式 小组计划书(十一项内容) 小组评估

续表

治疗小组	小组名称 小组性质 小组模式 小组计划书(十一项内容) 小组评估
老人潜能挖掘	自我发现引导 自我管理引导
收获与启发	

应用指导七　死亡教育——人生毕业礼[①]

老年人的生命教育的目标是协助老年人树立正确的人生观、价值观、生死观，使老年人从容面对老年期的死亡焦虑问题。

一、确定服务目标

1. 短期目标

将生死的概念引入服务对象的生活话题中，在生命教育课程中引导服务对象探讨生死的话题；促进服务对象与社工的沟通，使服务对象对自己的一生进行回顾。

2. 中期目标

服务对象能够自由探讨生死话题，不再逃避与之相关的话题与事件；服务对象在人生历程回顾纪念册的制作过程中，能够对自己的经历及重要事件进行思考。

3. 长期目标

服务对象能对生死观有正确的认识，更能珍惜生命，活在当下；制作完成人生历程回顾纪念册，为有兴趣的服务对象举办人生毕业礼，深化对服务对象、义工的生命教育。

二、确定服务策略

(1)以生命教育课程为手段，让服务对象逐步感悟生命，认识死亡。在养老院、街道为老服务中心、社区居家养老服务站等老人集中生活、娱乐的地点开设生命教育课程。

(2)结合生命教育课程的开展，招募、培训义工为有兴趣的服务对象制作人生历程纪念册，让服务对象在人生回顾中重新思考生死问题。

(3)时机恰当时，结合“世界临终关怀与舒缓治疗日”活动，推广临终关怀服务，并为有兴趣的服务对象举办人生毕业礼，将对服务对象的生命教育推向高潮。

三、明确服务程序

(1)制订生命教育课程教学计划，面向服务对象开展生命教育课程；同时制订人生历程回顾纪念册制定计划，面向服务对象进行宣传，征求有制作意向的服务对象。

(2)招募、培训制作义工，开展人生历程回顾纪念册制作，并集结成册。

(3)结合生命教育课程学习情况及纪念册制作情况，招募、筛选有意向的服务对象，举办“服务对象人生毕业礼”，并聘用志愿服务对象为“人生导师”，担任生命教育课程荣誉讲师，面向老年服务对象推广生命教育理念及临终关怀服务。

---

① 节选自梁娟娟：《我的人生毕业礼——广州市老人院长者生命教育计划》。出自李晓编：《老年社会工作案例评析》，北京，中国社会出版社，2017。

四、执行服务过程

（一）筹备期：本年度1月—2月

参照学校课程时间设置，将教学时间定为每年的3～6月、9～12月。因此，在筹备期，主要是计划上半年的生命教育课程内容，并在3月开课前展开课程宣传。宣传方法是通过养老机构、为老服务中心及各驻区社会工作者进行宣传，通过其他为老服务、老人活动进行宣传。此阶段制定人生历程回顾纪念册的制作办法，并面向义工进行宣传和招募，此计划意向招募的群体是高校学生。1～2月完成计划制订，3月正式进行招募与筛选。义工招募主要通过负责义工管理的社会工作者推荐、网络宣传等形式进行，并且对报名义工进行筛选，选取有长期服务意愿、且对临终关怀服务感兴趣的义工。

（二）计划实施初期：本年度3月中旬—6月

此阶段的实施内容主要分为两个方面：面向老年服务对象开展生命教育课程；面向招募义工开展人生历程回顾纪念册的制作活动。

每月开展一次生命教育课程，由临终关怀服务团队中的社会工作者和心理咨询师担任讲师，并邀请专业义工客串讲师。这一阶段的生命教育课程以生命故事、图片、影片为主，引发服务对象对生命意义的思考，而不是简单、枯燥的说教。

人生历程回顾纪念册的制作。先针对服务对象进行宣传，重点放在对服务对象自身、家属以及义工的教育意义上。对义工进行相关制作培训，重点让义工了解服务对象人生历程回顾纪念册计划背景、临终关怀服务开展的意义、纪念册制作形式及方法、与服务对象沟通的技巧，以及探访服务对象安全须知等。纪念册的制作通过义工探访服务对象，采取一对一服务的形式，收集服务对象人生故事并整理成册，要求义工至少一周探访一次服务对象。

建立义工服务微信群，保持义工的沟通交流，随时就义工探访中遇到的问题给予及时解决。针对策划三次服务对象与义工共同参加的小组活动，为服务对象和义工制造共同回忆与话题。

（三）实施中期：本年度7月—10月上旬

7月和8月：主要跟进义工在前期的资料收集情况，并要求义工利用暑假时间进行初步的整理。

9月：人生历程回顾纪念册的制作也进入最后阶段，义工进入最后探访阶段并进行资料的最后整理。每位参与纪念册制作的老年服务对象，都会得到一本属于自己的人生历程回顾纪念册。所有的纪念册汇集到社会工作者处进行隐私处理，并进行精华摘选，汇集成一本服务对象生命故事集。

（四）实施末期：本年度10月中旬—10月底

每年的10月13日是“世界临终关怀与舒缓治疗日”，可以借此机会开展临终关怀服务的宣传与推广活动，让更多服务对象了解、认识临终关怀服务。可以邀请心理义工从生命意义感悟及服务对象晚年生活两个方面，进行专题讲座；并结合临终关怀题材，为服务对象播放临终关怀电影。选择合适的时间，为有意愿的老年服务对象举办“人生毕业礼暨人生导师授予仪式”，将服务对象的生命教育计划推向高潮并画上圆满句号。

在人生毕业礼上，请老年服务对象分享自己的人生故事，总结人生感悟，从人生这所大学光荣毕业，也对自己的未来及身后事进行规划。鼓励老年服务对象在人生毕业礼后接受“人生导师”的聘任，在未来的时光里承担起对其他老年服务对象进行生命教育的职责。

〉〉〉应用评价

“死亡教育——人生毕业礼”应用记录

实施计划	
实施重点	
实施难点	
收获与启发	

应用指导八　为老服务志愿者资源开发与管理

社工的基本角色之一是中介者，要为服务对象开发更多的支持资源。老年社会工作者在为老服务工作中，围绕老人及其照护者的需求，可开发相应的社会资源。其中志愿者资源是很重要的内容，高质量的志愿者资源，既可以给老年社工繁重的工作以支持，也可以满足老年服务对象的服务需求。

一、招募有效社区志愿者并厘清参与志愿服务的目的

(1)招募志愿者。优质志愿者的来源依次为在校大学生、高素质全职家庭主妇、退休人员、驻社区组织机构工作人员、社会公益组织志愿服务人员。

(2)厘清志愿者参与志愿服务的目的，剔除利用志愿服务身份和组织志愿服务机构向老人骗取财、物等风险的"志愿者"；尽量回避缺少志愿服务长期性保证的志愿者，尤其要拒绝临时性的志愿服务行为的志愿者。

(3)登记志愿者信息，并核实相关重要信息。

二、对志愿者进行相关培训

(1)志愿者通用知识技能培训：志愿服务基本理念和知识；服务技能；沟通技巧；志愿者的职业使命、职业道德；志愿者的责任和义务。

(2)专业培训：根据服务对象特点及需求，对志愿者进行专业技术培训。例如，与失独老人的沟通技巧，带领老人活动时的安全注意事项，与失智老人沟通的验证疗法等。

(3)实践训练：在正式开展志愿服务活动之前，给志愿者分配工作任务，由志愿者进行执行训练，主要是协助社工或其他工作人员的工作。当操作熟练后再分派给对接老人的服务工作内容。

三、在服务过程中适当激励

(1)给予工作保障：如制发身份注册卡，提供工作制服装备、安全装备等。

(2)给予人文关怀：如提供工作期间的餐饮 ；提供市内免费公交服务；提供人身意外伤害保险等。

(3)进行制度激励：如考勤、服务对象的服务评价、优秀志愿者评价等。

(4)给予职业激励：为志愿者就业提供志愿服务证明和评价；当本单位有合适的工作岗位时，优先录用符合条件的志愿者；给予志愿者相关的职业能力训练；等等。

(5)给予表彰激励：及时定期向志愿者所在学校或单位、社区等表扬志愿者服务事迹，或者邀请媒体进行志愿服务报道。及时向志愿者汇报志愿服务成果和成效，让志愿者有成就感。

四、及时评估志愿服务质量与志愿者状态

(1) 每一项志愿服务活动进行中和结束后，要对服务质量进行评估，以维护志愿服务形象。

(2)对志愿者状态进行定期评估，掌握志愿服务进度和志愿者状况，主要是他们所面临的压力和困难。

(3)定期减压，缓解志愿服务提供者的压力，降低其志愿服务的代价，维持志愿服务的长期性。

(4)志愿者退出志愿服务时，要了解清楚退出原因，总结教训，调整志愿服务的相关环节，或改进不合理因素。

五、建立优质志愿者人才资源库

将有时间和精力、能提供优质志愿服务的志愿者建档，纳入志愿者资源库，了解志愿者的兴趣、爱好、需求等，适时给予志愿者面向他们的“志愿服务”回报。

〉〉〉应用评价

“为老服务志愿者资源开发与管理”应用记录

志愿者来源	
志愿者培训	
志愿者使用与维护措施保障	

续表

志愿服务评估与表彰	
志愿者资源库	
收获与启发	

参考文献

1. 焦开山. 老年健康及其寿命：基于社会学的研究[M]. 北京：社会科学文献出版社，2019.

2. 周沛，易艳阳. 社区社会工作(第二版)[M]. 北京：社会科学文献出版社，2019.

3. 范明林，林德立. 社会工作实务：过程、方法和技巧（社会工作研究文库). [M]. 北京：社会科学文献出版社，2018.

4. 范明林. 老年社会工作案例评析[M]. 上海：华东理工大学出版社，2010.

5. 梅陈玉婵，林一星，齐铱. 老年社会工作：从理论到实践(第2版)[M]. 北京：格致出版社，2017.

6. 李晓. 老年社会工作案例评析[M]. 北京：中国社会出版社，2016.

7. 安芹. 个案工作实务手册. [M]. 北京：北京理工大学出版社，2015.

8. 朱眉华，文军. 社会工作实务手册[M]. 北京：社会科学文献出版社，2006.

9. 邓恩远，卞国凤. 社会工作方法与实务. 北京：北京大学出版社，2009.

10. [美]凯瑟琳·麦金尼斯-迪特里克. 老年社会工作：生理、心理及社会方面的评估与干预(第二版)[M]. 隋玉杰译. 北京：中国人民大学出版社，2008.

11. 马伊里，吴铎. 社会工作案例精选[M]. 上海：华东理工大学出版社，2007.

12. 仝利民. 老年社会工作[M]. 上海：华东理工大学出版社，2006.

13. 范明林，张钟汝. 老年社会工作[M]. 上海：上海大学出版社，2006.

